Manto púrpura

Pederastia clerical en tiempos del cardenal
Norberto Rivera Carrera

SANJUANA MARTÍNEZ

Manto púrpura

Pederastia clerical en tiempos del cardenal
Norberto Rivera Carrera

Grijalbo

Manto púrpura
Pederastia clerical en tiempos del cardenal Norberto Rivera

Primera edición, 2006
Primera reimpresión, 2006

D. R. © 2006, Sanjuana Martínez

Derechos exclusivos de edición en español reservados
para todo el mundo:

D. R. © 2006, Random House Mondadori, S. A. de C. V.
Av. Homero No. 544, Col. Chapultepec Morales,
Del. Miguel Hidalgo, C. P. 11570, México, D. F.

www.randomhousemondadori.com.mx

Comentarios sobre la edición y contenido de este libro a:
literaria@randomhousemondadori.com.mx

ISBN-13: 978-970-780-251-3
ISBN-10: 970-780-251-0

Impreso en México / *Printed in Mexico*

A las víctimas de abuso sexual de sacerdotes

Índice

INTRODUCCIÓN

Por el bien de los fieles

El crimen del abuso sexual de menores es uno de los más deleznables. Cuando el delito lo comete un sacerdote, ese acto despreciable cobra una significación especial: para un niño el cura representa su universo celestial en la tierra. Es casi como un Dios, un ser en el que confía plenamente, un hombre por encima del bien y del mal que indistintamente le ofrece bienestar a través de la palabra de Jesucristo. Por tanto, el asalto sexual ejercido desde las sotanas es doblemente condenable.

«Dejad que los niños se acerquen a mí.» Con esta aseveración, recogida en el Evangelio según San Marcos (10, 13-16), Jesús tomó partido claramente por quienes eran los favoritos entre los seres humanos que constituían su rebaño. Los niños, los corderos, los más inocentes y necesitados de protección, aquellos a quienes el pastor debe dedicar sus mayores desvelos. Los niños son la esperanza de cualquier país. Quien daña a los niños está destruyendo el futuro de la humanidad.

La Iglesia católica, siguiendo las enseñanzas del Hijo de Dios, ha dedicado siempre sus mayores y mejores esfuerzos a los más jóvenes, consciente de que con ello está apostando por el futuro.

Eso no quiere decir que no se produjeran abusos sexuales. Siempre los ha habido. Sin embargo, en las últimas décadas, los abusos se han multiplicado. O quizá no, tal vez sólo se han hecho más visibles. De cualquier forma, los abusos sexuales dentro de la Iglesia ocupan un lugar preponderante en todos los medios de información desde hace unos años. Y lo ocupan como escándalo. No solamente el hecho en sí es reprobable, porque ejemplifica la abyección de un sujeto que aprovecha la indefensión de la víctima menor de edad. La abyección del hecho queda subrayada por la superioridad física y moral de la cual se aprovecha el agresor y, sobre todo, por su posición de ascendencia religiosa. La pederastia clerical, los abusos sexuales del clero católico en perjuicio de los más jóvenes de sus feligreses, escandaliza doblemente porque el abuso es de quien aprovecha su ventaja y predominio, su fuerza alevosa sobre una víctima indefensa, y porque el ataque proviene de quien debiera ser el defensor, el protector, el guía, el maestro. A la violencia más denigrante se añade la traición. Podemos condenar al lobo sin ningún problema. ¿Pero cuál es el nivel de nuestra indignación cuando el que devora al cordero es su pastor?

Al escándalo de la violación se añade en ocasiones el del encubrimiento. En esta historia no solamente tenemos un depredador, una alimaña que devora como Saturno a quienes debiera considerar sus hijos, pues no en vano la liturgia lo denomina padre; sino que el escándalo se duplica cuando quienes debieran —desde la responsabilidad del peso de la púrpura— expulsar del seno de la Iglesia a aquellos que la manchan cada día con su presencia corruptora e indecente, a cambio los encubren y defienden, los amparan y protegen. El escándalo es aún mayor cuando —las más de las veces para guardar las monedas de la bolsa como Judas Iscariote— se desacredita a la víctima, porque dicen que miente, porque afirman que provocó al agresor y mereció lo que le pasó, o porque argumentan que los afectados actúan por dinero. ¿Cuánto vale una vida destruida? ¿Qué precio tiene una sexualidad amputada por el daño irreparable de la violación? Que lo estipule el cardenal Norberto Rivera Carrera, a quien parece importarle más su bolsillo que extender los brazos como hizo Jesús en un gesto compasivo.

Los pederastas padecen una compulsión difícil de resolver, aunque no imposible de controlar, según diagnostican la mayoría de los psicólogos. Sin embargo, si el abusador es un sacerdote, esa posibilidad de «solución» a través de la vigilancia médica desaparece casi por completo. El cura pederasta no sólo es protegido por sus superiores (sacerdotes, obispos o cardenales) para evadir la acción de la justicia, sino que su patología sexual ni siquiera es atendida eficazmente. En la mayoría de los casos, la institución eclesiástica prefiere no reconocer lo que ellos llaman «su problema». Y ante las denuncias de los feligreses, reacciona únicamente removiéndolo de parroquia a parroquia, de estado a estado y a veces de país a país, sin advertir en sus nuevos destinos sobre la condición de depredador sexual del recién llegado. En otros casos, los sacerdotes pederastas son enviados a las llamadas «clínicas de la Iglesia» que atienden —con dudoso éxito— la homosexualidad, el alcoholismo o la pederastia de las «ovejas descarriadas del rebaño clerical».

La Iglesia comete así un doble crimen: proteger al sacerdote abusador sexual, para evadir la acción de la justicia, y luego desatender una obligación moral contraída con la feligresía, que consiste en cuidar y proteger a los más pequeños de cualquier peligro. La falta de atención especializada sólo genera el incremento de abusos y el crecimiento del dolor. Por donde pasa un cura pederasta deja su estela de destrucción. Hay sacerdotes que abusaron de sus víctimas durante años, que continuaron asaltando sexualmente niños mientras vivieron. Existen casos documentados de presbíteros que, a pesar de que sus superiores conocían perfectamente su patología, fueron colocados nuevamente en cargos que tenían que ver con los monaguillos, la preparación de la primera comunión, o con las actividades infantiles a nivel pastoral. Incluso hay sacerdotes pederastas que finalmente han sido arrestados luego de haber abusado de niños durante 20, 30 o 40 años.

La estrategia de encubrimiento no debe sorprender porque fue el hoy papa Benedicto XVI quien siendo el cancerbero de la fe, el cardenal Ratzinger, extendió una orden escrita a todas las diócesis para tratar estos asuntos confidencialmente, a puerta cerrada, sin comunicarlos a la autoridad. En este panorama del mal, salido de cualquier novela negra, la jerarquía católica queda muy mal parada. El Vaticano, máxima institución que rige el destino de más de mil millones de católicos, ha establecido todo un sistema de complicidad, simulación y protección en torno a los curas pederastas que hay repartidos por el mundo, en la mayoría de los casos con conocimiento de causa. El papa Benedicto XVI no ha tenido la valentía de afrontar uno de los mayores cismas que afectan a la Santa Sede. Ratzinger ni siquiera se ha atrevido a denunciar ante la justicia a su pederasta número uno: el fundador de los Legionarios de Cristo, Marcial Maciel Degollado. El Santo Padre consideró que retirarle el ministerio sacerdotal era suficiente castigo. La postura reveladora del nuevo pontífice ofrece una imagen lamentable de la institución. La Iglesia, como institución, se ha convertido en una guarida para delincuentes, en una especie de mafia, cuyos códigos secretos y oscuros permiten a cientos de hombres evadir su responsabilidad, su deuda con la sociedad, cumpliendo condena en una cárcel.

Sin embargo, muchos católicos nos preguntamos: ¿de qué privilegios goza un cura pederasta para no ser llevado ante la justicia de los hombres? ¿Se trata de seres superiores que se encuentran por encima de la acción de la policía? ¿Son acaso, los pederastas con sotana, distintos del resto de los abusadores sexuales? ¿Acaso la Iglesia en México se coloca al margen del estado de derecho?

Efectivamente en México el mensaje es de absoluta impunidad. ¿Cuántos sacerdotes pederastas están en la cárcel? Pocos, de hecho, la cifra se cuenta con los dedos de la mano, en tanto que el número de abusadores se sitúa en 30 por ciento de los más de 14 000 sacerdotes en activo. En algunos países, ahí termina el escándalo porque se hace justicia y se encarcela al sacerdote pederasta como a cualquier otro sujeto que ha violado la ley. En México no. En este país, al escándalo del pastor que oficia de lobo y devora a sus propios corderos, al escándalo del manto púrpura que lejos de proteger a sus hijos más vulnerables se convierte en refugio de sodomitas, malhechores, madriguera de cazadores ahítos de sexo robado y de inocencia allanada a la sombra de la cruz, se une la lenidad de las autoridades. En la orgullosa república hija de la Revolución, laica y libre, los gobernantes acuden bajo palio para arrodillarse ante la misma púrpura bajo cuyo manto se cobijan los hijos de Sodoma. ¿Dónde están los jueces? ¿Dónde están los agentes del Ministerio Público que deben actuar de hecho ante aberrantes crímenes?

En Estados Unidos han proliferado las condenas, la verdad, la justicia, la reparación. En México, como reconoció el cónsul en Los Ángeles, en 1995, Jorge García Villalobos, «el sistema no va a perseguir nunca a un cura». ¿Qué es el sistema? ¿El poder judicial de la Federación? ¿O el contrapeso de poder que hace que la Iglesia no tenga reconocimiento oficial pero resulte extraoficialmente intocable?

No existen muchos casos de juicios exitosos para las víctimas que se han atrevido a denunciar a la poderosa Iglesia. Generalmente los Ministerios Públicos mexicanos funcionan como tapaderas de los curas abusadores, encargados de extraviar los expedientes, de ordenar exámenes físicos humillantes para las víctimas y de intimidar —o en ocasiones amenazar airadamente— a los indefensos menores de edad, traumatizados por los instintos depravados de un cura. Hasta ahora en México la justicia para las víctimas de abusos sexuales de sacerdotes es una quimera.

Por eso, hay víctimas como el joven Joaquín Aguilar Méndez que, afrontando con valor las amenazas y el escarnio social, deciden buscar la justicia en otro país, en este caso Estados Unidos. Se trata de un caso paradigmático que ofrece nítidamente el *modus operandi* de la Iglesia. El cardenal Norberto Rivera Carrera no sólo protegió al sacerdote abusador Nicolás Aguilar Rivera, sino que decidió cambiarlo de país, enviándolo a la diócesis de Los Ángeles para de esta manera evadir la acción de la justicia. En tan sólo nueve meses el cura pederasta ya tenía 26 denuncias de abusos cometidos contra niños residentes en su nuevo destino. El delincuente huyó de Estados Unidos apoyado por el cardenal Roger Mahony, cuya diócesis enfrenta 580 denuncias de abusos sexuales y volvió a encontrar refugio bajo el manto púrpura del príncipe mexicano. El padre Nicolás siguió abusando de menores de edad a donde era enviado, mientras la justicia seguía garantizándole la impunidad solicitada por él y sus superiores. Actualmente, este depredador sexual, abusador de casi 90 menores —es la cifra oficial—, sigue ostentando su ministerio sacerdotal. La institución eclesiástica ni siquiera ha tenido la intención de retirarle los hábitos, una investidura de la que se ha servido para cometer sus crímenes al amparo de uno de los hombres más poderosos de México.

El cardenal Rivera Carrera, al enterarse de la denuncia interpuesta contra él en la Corte Superior de California, ha reaccionado intentando colocarse en el lugar de las víctimas, desacreditando a quienes de veras han sufrido las secuelas terribles que deja el abuso sexual clerical. ¿Por qué el cardenal se niega a abrir sus archivos? El que nada debe, nada teme. Sería la única manera de enterarnos del camino nefando que ha recorrido el cura pederasta a sus órdenes. La institución católica es jerárquica, autoritaria, vertical, por tanto, cuenta con documentos que acreditan cada una de las acciones de sus autoridades a la hora de decidir el destino de un abusador sexual. ¿Por qué el cardenal no ha colaborado con la justicia a fin de determinar el aún indeterminado paradero del delincuente? Roger Mahony fue obligado a abrir sus archivos por medio de una orden judicial. ¿Tal vez eso es lo que espera el cardenal Rivera? Mientras tanto el depredador sigue suelto. El arzobispo de México asegura que no es ningún policía para perseguir al cura pederasta. ¿Acaso la primera obligación moral de un sacerdote no es velar por la seguridad de su rebaño más pequeño?

Sudoroso, nervioso, con un hilo de voz casi inaudible, el cardenal apareció en público luego del embate judicial en su contra. El purpurado recibió el apoyo casi unánime de sus compañeros obispos, de las autoridades vaticanas, del gobierno y por si fuera poco —según un evento preparado— también de su feligresía. El príncipe de la Iglesia se dice objeto de «una venganza política» y considera que la denuncia en su contra persigue «motivos espurios». Pero el cardenal rehúsa remontarse a su pasado, no quiere revisar ese momento en el cual les dijo a las víctimas de Nicolás Aguilar que mejor se callaran para no afectar a la Iglesia, que comprendieran y perdonaran al «padre enfermo». Gracias a su protección, el cura pederasta siguió aumentando su colección de fechorías. Habría que preguntarse por qué las autoridades mexicanas no han ejercido una acción penal contra el susodicho pederasta. ¿Será porque siguen protegiéndolo para que no hable y así evitar que incrimine a su protector o sus protectores?

La apología hiperbólica, el panegírico a Norberto Carrera Rivera abundan en el ambiente mediático mexicano. Tal vez por esa razón son pocas las voces que se han atrevido a disentir y denunciar. Escasos son los líderes de opinión que han asumido el compromiso de difundir objetivamente los graves hechos que se le imputan. Aquellos que se dicen editorialistas, comentaristas o columnistas apenas han reaccionado ante un hecho inédito de nuestra historia: Norberto Rivera es el primer cardenal denunciado en una Corte estadounidense, es el primer alto jerarca eclesiástico acusado de ocho cargos, entre ellos el asalto sexual y la conspiración internacional a la pederastia. Al hacerse pública la denuncia contra el purpurado el pasado 19 de septiembre, incluso ha habido periódicos nacionales que se han autocensurado, otros medios electrónicos apenas han informado de puntillas sobre el asunto, mientras que medios impresos de tirada nacional sencillamente se han dedicado a ofrecerle el espacio para que se defienda. En cambio, hubo medios de comunicación que decidieron atender el asunto con el debido respeto y repercusión que merece.

¿A cuántos curas pederastas ha protegido el manto púrpura de Norberto Rivera Carrera? Eso lo determinará la Corte Superior de California, lugar donde se definirá el destino del cardenal. Es algo que sabremos en la medida del valor de las víctimas para denunciarlo. Como católicos tenemos un compromiso con la Iglesia, pero también con la justicia y la verdad. No se vale permanecer en silencio. Tampoco es válido aceptar las presiones de la jerarquía para callarse o dejarse convencer por «el bien de la Iglesia» para que no se presenten cargos ante la justicia. No es posible seguir «linchando moralmente» a las víctimas, mientras los abusadores escapan bajo el manto púrpura. Nos jugamos mucho. Los católicos no debemos permanecer impávidos ante los abusos sexuales de un sacerdote, porque eso significa que el número de sus pequeñas víctimas aumentará, así como se incrementó en el caso de Nicolás Aguilar. Su protector tendrá que asumir responsabilidades. Su permanencia o renuncia a su cargo lo decidirán sus superiores y también la presión que ejerzan los católicos mexicanos.

Se trata, pues, del futuro de México. Lo que está en cuestión es la protección de los más vulnerables. La Iglesia mexicana tiene que limpiarse por el bien de sus fieles.

SANJUANA MARTÍNEZ
Monterrey, 7 de octubre de 2006

I

Pastores, lobos y corderos

> Lo que hagáis a uno de estos pequeños, a mí me
> lo hacéis.
>
> Mateo 25, 40–45.

Cuando el diablo usa sotana

Joaquín Aguilar Méndez luce nervioso. Se frota las manos constantemente y humedece sus labios con regularidad. Tiene 25 años y desde hace ocho meses está esperando con ansia la llegada de este día: 18 de septiembre de 2006.

El altavoz anuncia el inicio de abordaje al vuelo de Mexicana número 902 con destino a Los Ángeles, California. Joaquín permanece sentado en la sala de espera, sumido en sus pensamientos y en voz baja alcanza a decir: «Llegó el momento. ¡Vámonos! Estoy listo».

Se levanta abruptamente, como si deseara terminar con lo que aún no ha empezado. Viste camisa blanca y pantalón de mezclilla. Lleva una pequeña maleta negra de ruedas y camina con pasmosa lentitud: «No he podido dormir, y apenas he comido durante los últimos tres días. Estoy muy nervioso», confiesa.

21

Sentado, y antes de que despegue el avión, suspira profundamente y musita: «Sólo quiero justicia, tengo derecho a la justicia. Me destrozaron la vida. Fue horrible lo que me hicieron». Es entonces cuando Joaquín empieza a remover sus recuerdos. Tenía 13 años y era conocido como un niño «normal y travieso». Sus padres, con profundas creencias católicas, lo convencieron de convertirse en monaguillo al lado de Julio, su hermano pequeño: «Un día el titular de la parroquia del Perpetuo Socorro en la colonia Torreblanca, ubicada en la calle Lago Ayarza número 35, Antonio Núñez Núñez, nos presentó a un sacerdote acabado de llegar a la comunidad —cuenta—. Nos dijo que el padre Nicolás Aguilar Rivera estaba allí para apoyarnos y que había llegado hasta allí por motivos de salud». Luego sabría que el padre Nicolás venía de una casa de retiro de los sacerdotes: «Esas clínicas adonde son mandados los padres acusados de abuso sexual. En la capital hay más de tres».

Cuenta Joaquín que el sacerdote buscó inmediatamente ganarse la confianza de su familia. Su madre prestaba servicios a la parroquia e incluso lavaba la ropa del altar: «El padre Nicolás empezó a visitar a mi familia para ver cómo estábamos. Un sacerdote en la casa era visto por mis padres como una bendición».

El presbítero se fue acercando cada vez más a los niños, concretamente a Joaquín, que era el más travieso y «relajiento»: «Empezó a tener confianza con nosotros y como teníamos el mismo apellido decía que éramos sus sobrinos», aunque aclara que no les une ningún parentesco.

Después lo cambiaron a la iglesia de San Antonio de las Huertas ubicada en la calzada México-Tacuba número 70 en el Distrito Federal, y fue a ver a los padres de Joaquín para pedirles que los niños se trasladaran de acólitos para esa parroquia, a lo que la familia accedió: «Inclusive durante esa conversación les dijo a mis padres que me quería llevar a Acapulco, pero a mis padres no les gustó la idea. De plano le dijeron que no».

Era octubre de 1994 y Joaquín acudía regularmente a prestar sus servicios de acólito a la nueva iglesia. En una ocasión, durante la misa, sintió la necesidad de ir al baño, por tanto salió del altar por la puerta trasera y cruzó un pasillo: «Era necesario pasar por su recámara, que estaba al lado de la sacristía. En ese momento me llamó para preguntarme si quería nuevos casetes de su música. Fue allí donde aprovechó para agarrarme del cuello violentamente. Me bajó los pants, sacó su pene erecto, me tumbó en la cama y me violó. Sentí tanto dolor. Salí corriendo y alcancé a escuchar cómo me amenazaba: "Si dices algo, les pasará lo mismo a tus hermanitos". Nunca más regresé a la iglesia».

No era la primera vez que Joaquín percibía una conducta lasciva por parte del padre Nicolás; de hecho en una ocasión en pleno altar, al término de una misa, lo abrazó y el niño pudo sentir su miembro erecto: «Mi hermano de nueve años me dijo que a él le había hecho lo mismo».

Después de la violación, Joaquín se sintió totalmente desconcertado, no sabía qué hacer. Su escuela quedaba a dos cuadras de la iglesia y a los pocos días de lo sucedido, el padre Nicolás lo fue a buscar a la salida para pedirle que regresara al templo: «Me dijo que ya no me iba a pasar nada, que volviera. Yo le dije que no, que le iba a decir a mi mamá todo lo que pasó. Tenía miedo, pero me aguanté. Él es muy alto y me parecía un gigante, un ser enorme».

Ese mismo día, en la tarde, el padre Nicolás acudió a su casa: «Le dijo a mi mamá que me cuidara porque él había visto cómo el sacristán de la iglesia me había violado. Obviamente mi madre se puso como loca. Yo no le había dicho nada y seguramente, si él no le hubiera dicho, yo nunca lo habría contado».

El sacerdote salió de su casa, pero Joaquín decidió contarles a sus padres toda la verdad: «No fue el sacristán —les dijo—. El que me violó fue el padre Nicolás». Incrédulos, sus padres le pidieron en tres ocasiones que confirmara su versión: «¿Seguro? ¿Estás seguro de lo que dices?»

Como suele suceder en estos casos, los padres de Joaquín acudieron primeramente a las autoridades eclesiásticas. El 1° de noviembre de 1994 se lo contaron primero al padre Cándido Hernández de la glesia del Perpetuo Socorro: «Él nos dijo que lo denunciáramos a la policía».

Ambos sacerdotes, Hernández y Aguilar, hablaron sobre el tema. Una conversación que fue grabada por el primero. Luego los padres de Joaquín fueron a la policía para denunciarlo y la grabación fue utilizada como una de las pruebas: «Pero el Ministerio Público inmediatamente la hizo perdediza. En esa grabación Nicolás le dice a Cándido que le ayude, que convenza a mi familia para que retire la demanda».

El joven recuerda cómo cuatro años antes que él Alfonso Sánchez había denunciado a Nicolás Aguilar por violación en la agencia del Ministerio Público número 30 ubicada en la delegación Miguel Hidalgo. Al igual que él, el niño de 13 años fue atacado sexualmente por el padre Nicolás en la misma habitación al lado de la sacristía de la parroquia de San Antonio de las Huertas.

Siguiendo el mismo camino, sus padres interpusieron una demanda ante el agente del Ministerio Público de la 46 Agencia Investigadora, con el número de expediente 46/DC/385/94-11. Fue así como inició un proceso judicial complicado. Todo fue retrasos, burocratismo, engaños, dilaciones. Las autoridades «perdieron» en tres ocasiones el expediente de Joaquín:

«Yo vi que no había nada que hacer, que no querían enjuiciarlo.

La policía nos pidió testigos de lo que me ocurrió y el padre Nicolás llevó a 40 personas de la comunidad para que hablaran bien de él. Esas personas se encargaron de hablar mal de mí diciendo que era yo quien provocaba a los hombres, incluso en la calle me decían «el calientasotanas» y se atrevieron a afirmar que yo era su amante, pero que el problema fue que mi mamá nos había cachado y por tanto mis papás querían dinero para callarse. Inclusive hoy en día hay gente que sigue diciendo eso».

La hoja parroquial de la iglesia de San Antonio de las Huertas, publicada en diciembre de ese mismo año, acusó a la familia de Joaquín de mentirosa por haberle levantado «falsos» al padre Nicolás Aguilar. Un reportaje en ese entonces del periódico *El Universal* da cuenta de cómo los fieles católicos defendieron al sacerdote en lugar de a la víctima.

Todo eran obstáculos y desde el principio Joaquín recuerda perfectamente la actitud de los agentes del Ministerio Público que le pidieron hacerse exámenes anales para comprobar los daños físicos de la violación: «Empínate, ahora ábrete más, inclínate todo lo que puedas». En fin, era una humillación, además me preguntaban cosas que un niño no sabe responder: «¿Como cuántos centímetros te metió el pene? ¿De qué forma te la metió? ¿De qué tamaño era?»

Como víctima, Joaquín sufrió una triple condena: primero asumirse como víctima de abuso sexual, luego recibir el escarnio de la feligresía y finalmente la burla de la justicia. Cuando a Joaquín Aguilar le informaron que el abogado del padre pederasta estaba siendo pagado por la misma Iglesia, él mismo pidió a sus padres que ya no siguieran con el caso que se prolongó año y medio: «El sacerdote José Reyes Chaparro nos dijo que él le pagó los abogados al padre Nicolás y nos pidió que ya le paráramos al asunto, porque estábamos dañando a la Iglesia».

Al sacerdote —nunca fue encarcelado— únicamente lo trasladaron a la segunda vicaría en Tacubaya, donde estuvo trabajando durante 1995, año en el que ya era obispo de México el cardenal Norberto Rivera. Incluso, Nicolás Aguilar se atrevió a demandar a su víctima por «difamación», pero luego, haciendo alarde de su «bondad», se retractó de la denuncia argumentando que él «sí perdonaba» al que tanto daño había ocasionado a su «honor».

En 1997, reportes periodísticos de la zona ubican al presbítero en Tehuacán, donde el 27 de noviembre fue interpuesta una demanda por cuatro padres de familia que acusaban al padre Aguilar de haber violado a cuatro niños en la parroquia de San Vicente Ferrer, junto a otros 56 niños más cuyas edades oscilaban entre los 11 y 13 años.

La Dirección Regional de Averiguaciones Previas y Control de Procesos en Puebla inició el proceso 3497/997/DRS, pero el sacerdote nunca fue encarcelado. El padre Nicolás declaró ante el juez Carlos Guillermo Ramírez Rodríguez, en la causa penal 6/1998/1, que se le seguía por «ataques al pudor», no por corrupción de menores o pederastia.

El magistrado Ramírez Rodríguez desechó el cargo de corrupción de menores argumentando que no encontró las señales físicas de abuso sexual en los menores que habían presentado las denuncias tres años antes y condenó al presbítero a un «delito menor», por lo cual le fijó una fianza de 8 mil 500 pesos. Quedó inmediatamente en libertad.

Las víctimas del padre Nicolás siguieron luchando por encontrar justicia al igual que las demás víctimas que prosiguieron. El 23 de marzo de 2002, el Tribunal Superior de Justicia de Puebla le decretó un año de prisión por corrupción de menores, pero mantuvo su libertad bajo fianza. Finalmente, un Tribunal Federal le perdonó la sanción bajo el argumento de que el delito ya había prescrito.

Volvió a acercarse a la jerarquía y acudió ante Daniel Nolasco Roa, obispo de la segunda vicaría de Cristo Rey: «Él escuchó toda la historia y nos recomendó que siguiéramos intentando hacer justicia y que me iba a dar ayuda psicológica. Hasta ahorita la sigo esperando».

En el año 2002, Joaquín ofreció una entrevista al periódico *La Crónica*. Su caso volvió a llamar la atención en la Iglesia de México, por lo que contactó con el obispo auxiliar José de Jesús Martínez Zepeda, para intentar que la Iglesia le iniciara un juicio canónico, pero éste le recomendó mandarle una carta al cardenal Norberto Rivera.

Viendo que ya no se podía hacer nada ante la justicia mexicana, Joaquín buscó el apoyo de las autoridades eclesiásticas, luego de que escuchó al cardenal criticar a los curas pederastas de Estados Unidos, cuando en aquel país se incrementaba la crisis de la Iglesia debido a los escándalos de abusos sexuales cometidos por sacerdotes.

En la carta mencionaba el problema de los curas pederastas en México y narraba de manera concisa su caso y mostraba su decepción por la impunidad de la que gozaba el padre Nicolás: «Usted ha manifestado el interés de la Iglesia por que esto ya no siga sucediendo», le escribió el joven.

«Esa carta la mandé hace cuatro años y todavía sigo esperando la respuesta del cardenal — confiesa Aguilar—. Ya después me enteré, por medio de tu reportaje, que él estaba implicado en más violaciones en la diócesis de Los Ángeles.»

«En México no encontré justicia. Todos lo protegieron — dice con tristeza Joaquín Aguilar—. Por eso me animé a buscar justicia en Estados Unidos, porque sé que en nuestro país hay una impunidad absoluta y que el gobierno y la policía protegen a los pederastas.»

El purgatorio y el chamuco

Joaquín se acomoda en su asiento. El vuelo transcurre con normalidad y pide a la aeromoza una bebida para continuar narrando su historia. La violación dejó marcada para siempre su existencia. Con la pubertad llegaron las drogas y el alcoholismo.

Las burlas de sus vecinos subieron tanto de tono que tuvieron que abandonar su casa. La crisis familiar se intensificaba: «Mis padres se culpaban uno al otro por lo que me había sucedido. Mi casa se convirtió en un infierno, todo eran pleitos. Por desgracia mis padres terminaron divorciándose y mi familia quedó destruida».

Con dificultades, Joaquín culminó la carrera de administración de empresas, aunque en sus trabajos siempre alguien terminaba enterándose de su pasado y empezaban las burlas, por lo que su vida laboral ha sido errática. Durante tres años se sometió a terapia psicológica. Le diagnosticaron trastorno bipolar.

«Esto me destruyó la vida —dice Joaquín—. El cardenal Norberto Rivera dice que él no supo nada del comportamiento de su sacerdote, pero si desde que él era obispo en Tehuacán empezaron las noticias con los casos. En 1986 al padre Nicolás casi lo matan mientras participaba en una orgía con unos muchachos. Fueron cachados y Norberto lo cambia».

Efectivamente, reportes periodísticos de ese entonces dan nota de cómo el sacerdote fue brutalmente golpeado y apareció con la cabeza herida en medio de un charco de sangre en una casa parroquial de Cuacnopalan, en donde prestó sus servicios. Al año siguiente, apareció en los medios la denuncia de una maestra que narraba la violación de su hijo menor de edad por parte del padre Nicolás. La maestra acudió con el obispo Rosendo Huesca y éste, a su vez, le exigió a Norberto Rivera que lo removiera del lugar.

Fue entonces cuando Norberto Rivera le escribió a su homólogo el cardenal Roger Mahony, de la diócesis de Los Ángeles, para decirle que recibiera al padre Nicolás por «motivos familiares y de salud». El traslado se hizo y en sólo nueve meses el sacerdote abusó sexualmente de 26 niños en la iglesia de Nuestra Señora de Guadalupe y en la de Santa Ágata, según consta en la denuncia presentada ante la policía de Los Ángeles el 7 de mayo de 1988: «Norberto se quiso lavar las manos, por eso lo mandó a Estados Unidos y para protegerlo».

El sacerdote volvió inmediatamente a México y presuntamente se ocultó en Santa Clara Huitziltepec con su amigo el padre Gilberto Nájera: «Norberto lo volvió a proteger. El cardenal dice que Nicolás se fue luego de que él tomó posesión como arzobispo de México. ¿Cómo lo sabe? ¿Cómo puede saber si se fue o se quedó? Porque Norberto lo tenía en donde lo hospedaba Nolasco Roa en la segunda vicaría, concretamente en San Miguel Chapultepec, allí lo tenía Norberto».

Los caminos del padre Nicolás y de Joaquín Aguilar se cruzan en 1994, en la iglesia del Perpetuo Socorro. El extenso recorrido delictivo del sacerdote no bastó para detenerlo en su periplo como depredador sexual. Ni las autoridades eclesiásticas, ni las policiales, gubernamentales o judiciales lo detuvieron. Y así continuó violando niños.

A Joaquín se le ilumina el rostro cuando se le pregunta por el motivo de su viaje a Los Ángeles: «Voy a interponer una demanda contra el padre Nicolás Aguilar y contra su protector el cardenal Norberto Rivera. También contra el cardenal Roger Mahony. Sigo buscando justicia, quiero que se castigue a los responsables. En realidad se trata de hacer un poco de justicia».

—¿Por qué un poco?

—Porque no sólo ellos son los únicos responsables, además de Norberto, lo sabía José Reyes Chaparro, Daniel Nolasco Roa, Rosendo Huesca, José de Jesús Martínez Zepeda, Corripio Ahumada... nadie quiso investigarlo, nadie quiso decir nada. A eso se le llama protección, complicidad.

—¿Por qué crees que el cardenal lo protegió?

—Porque no quiso hablar. Norberto Rivera dice que él no supo, que no es su problema. Pero algo tan delicado, y con la calidad moral que se supone debe tener el cardenal, es para que por lo menos hubiera hecho algo. Y es que al no decir nada permitió que siguiera violando. Si el cardenal hubiera hablado, Nicolás no me hubiera violado.

—El cardenal Roger Mahony no sólo ha sido acusado por protección, sino por abuso sexual. ¿Crees que el cardenal Norberto Rivera protege a Nicolás porque él mismo es pederasta?

—Eso no me consta, pero lo que sí está demostrado es que hubo una protección total. Si él hubiera detenido a Nicolás yo no tendría la vida destrozada.

—¿No temes que te critiquen por buscar justicia en Estados Unidos?

—Es que es una vergüenza; yo no encontré justicia en México, por eso me he tenido que venir a Estados Unidos. Ahora los mexicanos ya no sólo nos vamos a ir a buscar trabajo, sino también a buscar justicia.

Joaquín está seguro de que la protección que las autoridades les otorgan a los ministros de culto obedece sencillamente al poder que ostenta la Iglesia en México: «El juicio duró siete años, fueron puras mentiras y vueltas, nos engañaban para que nos aburriéramos, para que viéramos que con la Iglesia no íbamos a poder. Es una vergüenza que se estén respaldando en Cristo para abusar sexualmente de niños».

La hora del juicio

«Llevo 12 años esperando este momento —le dice Joaquín Aguilar a Éric Barragán, portavoz de Survivors Network of Those Abused by Priests (SNAP), en cuanto llega al aeropuerto de Los Ángeles—. Ahora más que nunca sigo firme en mi determinación: quiero que se haga justicia.»

Ambos se funden en un abrazo fraternal. Cuando Joaquín leyó mis investigaciones sobre el intercambio de curas pederastas entre México y Estados Unidos se interesó en relacionarse con la SNAP, la Red de Sobrevivientes de Abusos Sexuales de Sacerdotes, que apoya a las víctimas con ayuda psicológica.

El primer contacto entre ambos fue hace diez meses. Joaquín no sabía qué hacer, pero tenía una historia que contar. Todo se dio en cadena y afortunadamente encontró la confianza necesaria para exponerme su caso y luego para hablar con Barragán.

Ambos son víctimas de abuso sexual de sacerdotes: «¡Relájate! Todo va a salir bien. Lo tenemos muy bien preparado— le dijo Éric con una amplia sonrisa—. Allí estaremos todos para apoyarte. No estás solo».

Efectivamente, Joaquín logró controlar sus nervios y a los 15 minutos de estar con Éric sintió un deseo intenso de comer en el restaurante del aeropuerto, mientras esperábamos a Jeff Anderson, el abogado que ha interpuesto más de 1 200 denuncias contra sacerdotes por abuso sexual.

Jeff lleva 21 años persiguiendo a los curas pederastas. Fue el abogado que se atrevió a interponer la única demanda que existe en el mundo contra el Vaticano y su máximo representante: el Papa.

La demanda está interpuesta en el estado de Oregon, después de los escándalos de abuso sexual del clero en 2001 que se registraron en Estados Unidos. Cuando Jeff estudió el caso de Joaquín Aguilar y analizó todos los elementos disponibles para interponer una denuncia no sólo contra el violador, el padre Nicolás Aguilar, sino contra sus encubridores o protectores, dijo: «Llevo 21 años esperando este caso. Es lo que necesito para demostrar la corrupción interna de la Iglesia, para comprobar cómo la jerarquía católica funciona igual que una mafia».

Anderson llegó acompañado de Mike Finnegan. Ambos vienen procedentes de St. Paul, Minnesota, donde se encuentra el despacho dirigido por Jeff en el First National Bank Building. Cargan una caja que contiene varios kilos de documentos, grabaciones de conversaciones telefónicas, reportes policiales y testimonios para emprender las primeras acciones judiciales contra dos cardenales.

Es la primera vez que se acusa a un cardenal estadounidense y también la primera vez que un purpurado mexicano es demandado. Anderson es uno de los abogados más prestigiados de Estados Unidos, reconocido por la American Board of Trial Attorneys, por la National Board of Trial Advocates y por la Minnesota State Bar Association.

Ha ganado decenas de casos contra la Iglesia por la pederastia de sus sacerdotes y ha obtenido millones de dólares en compensaciones para las víctimas. El triunfo de su primer caso contra un obispo católico de la diócesis de Stockton, bajo los números de expedientes 287468 y 275237 de la Corte Superior de California, se saldó con 6 millones de dólares en compensación y 24 millones más en daños para dos víctimas de abuso sexual.

En menos de seis años, Anderson ha conseguido —con sus triunfos— un cambio sustancial en el funcionamiento de la institución eclesiástica. Por lo pronto, la jerarquía ha empezado a colaborar con la justicia, abriendo sus archivos, denunciado a los curas pederastas, ofreciendo apoyo psicológico a las víctimas y creando grupos de apoyo y alerta a los fieles, promoviendo la cultura de la denuncia de estos hechos deleznables.

Las arcas de la Iglesia estadounidense —la más poderosa económicamente hablando— están dañadas y ante la hecatombe financiera han decidido atender a las víctimas y no despreciarlas. El método sistemático de remover a los sacerdotes pederastas para encubrirlos aún no desaparece y es promovido incluso desde el Vaticano, pero las autoridades de la Iglesia se han dado cuenta de que sus sacerdotes son simples mortales que también están obligados a responder ante la autoridad policial y judicial. Los ministros de culto han gozado de un privilegio inaceptable, una protección que sólo genera impunidad.

¿Cuántos niños no se han salvado de la humillación y el daño irreparable del abuso sexual de un sacerdote como resultado del trabajo de Jeff Anderson? Joaquín considera que su abogado le hace un bien a la humanidad. Cuando ambos se encuentran a la salida de los vuelos nacionales del aeropuerto se funden en un abrazo.

«Jeff, más que un abogado, es un luchador social —dice Joaquín—. Gracias a él, ¿cuántos padres no están volteando a ver a sus hijos? Gracias a él cientos de niños están a salvo. Merece un respeto impresionante.»

Ya en el Hotel Biltmore de Los Ángeles, Joaquín se encontró con el resto de los abogados que acompañan a Anderson en este proceso: Robert Waters, Vance Owen, Rafael Alday, Dijon Aragon y Lawrence Drivon. También estaba la documentalista Jennifer Ballantyne y Stuart, su camarógrafo. Todos le agradecieron su presencia y su valor para decidirse a interponer esta demanda.

El último en llegar fue David Clohessey, director de la SNAP. Emocionado, David le dio un fuerte apretón de manos a Joaquín y un largo abrazo. El directivo de la Red de Sobrevivientes de Abusos Sexuales de Sacerdotes es también una víctima de abuso sexual, junto con sus dos hermanos. El padre John Whiteley de la diócesis de Jefferson en St. Louis, Missouri, los sodomizó: «Puede hablar de mis pesadillas, de mis depresiones, de mis problemas sexuales, de cómo incluso ahora casi a diario me siento como un auténtico fraude, pero honestamente mi dolor no es diferente del de mis colegas víctimas», dice.

«Estamos muy agradecidos y honrados contigo —añade David mientras sus lágrimas surcan sus mejillas—. Pienso en todos aquellos niños que estarán a salvo gracias a tu decisión de emprender estas acciones legales en un tribunal estadounidense y pienso en todos aquellos que ahora están siendo abusados sexualmente por un sacerdote».

Jeff propone reunirse a todos en una amplia *suite*. Jennifer graba todo lo que sucede a partir de ahora. Cada uno ofrece su testimonio sobre el caso. Jeff expone las líneas maestras del proceso legal, sus consecuencias inmediatas y los pasos a futuro. No hay nada al azar. Todo está perfectamente planeado, revisado y estudiado. Habla de las pruebas, de los documentos en poder de la parte acusadora y sobre los escenarios que afrontará la víctima y demandante.

Mañana será un largo día. Los abogados y la SNAP están de acuerdo en que yo dé a conocer la noticia, de manera exclusiva, a través del programa de radio de Carmen Aristegui a las seis de la mañana, hora de Los Ángeles. La noticia constituye un hecho inédito en la historia de la Iglesia. A continuación todos se encaminan a la Corte Superior de California, ubicada a unos minutos del hotel. En los escalones del edificio ya hay periodistas. Han sido citados a las 9:30 de la mañana, pero no se les ha dicho para qué, ni se les han informado los detalles de la acción judicial.

Hay expectación, curiosidad, nerviosismo, ansiedad y sobre todo un profundo deseo de saber qué va a pasar. Jeff inicia su alocución a los reporteros informando el número de expediente de la demanda que acaban de interponer contra el cardenal Roger Mahony y el cardenal Norberto Rivera Carrera por conspiración a la pederastia y contra el sacerdote Nicolás Aguilar Rivera por asalto sexual, entre otros cargos. Se trata del caso número BC358718.

Joaquín es presentado y empieza a contar nuevamente su historia. Los periodistas lo bombardean con sus preguntas pero, al final, parece haberse quitado un peso de encima, una carga que lleva aguantando más de 12 años: «Me siento muy bien —confesaba mientras caminaba rumbo a la catedral de Los Ángeles acompañando a los abogados para entregarle una copia de la denuncia al cardenal Mahony seguido por los reporteros—. Es como si algo estuviera cambiando para mí. Mi nombre ha estado mancillado. Se me ha tratado de mentiroso en México, se me ha humillado. Ahora quiero un papel, una sentencia que condene a los responsables de lo que me pasó. Quiero ese documento para decirles a todos: "Aquí está la limpieza de mi nombre. Yo no debo nada a nadie. Mi conciencia está tranquila"», dice sin poder contener el llanto.

Recuento de daños

«A los ojos de las víctimas, el cardenal Norberto Rivera es un pederasta porque él tenía el poder de pararlo y no lo hizo. No sólo es condenable el crimen de pederastia, también lo es en igual manera el encubrimiento, porque el cardenal Rivera o el cardenal Mahony no reportaron a las autoridades los crímenes del cura pederasta —dice tajante Mary Grant, portavoz en Los Ángeles de la SNAP—. Me siento muy agradecida con Joaquín porque gracias a su demanda, por fin, muchos niños estarán a salvo, muchos niños dejarán de ser abusados, incluso aunque sólo fuera uno, eso merece todo nuestro esfuerzo por evitarlo. Estoy muy esperanzada por la forma en que Joaquín ha expuesto su verdad, rechazando el silencio que tanto daño hace. Es muy triste, pero es necesario que las víctimas en México se decidan a hablar. Sabemos que tienen un sentimiento de culpabilidad impuesto por su perpetrador, pero ése es un largo camino que todos hemos recorrido eficazmente. Y es mejor hacerlo juntos todos los sobrevivientes. Por eso les ofrecemos nuestro apoyo a todos aquellos que en este momento están sufriendo por el abuso sexual de un sacerdote.» Ella junto con otras víctimas están apoyando a Joaquín. Su historia los une. Mary, de 40 años, sufrió abuso sexual durante años por el sacerdote John Lenihan en la década de los setenta en el sur de California. El cura se retiró del sacerdocio luego de reconocer públicamente que había abusado de otras dos adolescentes, pero nunca fue enjuiciado gracias a la protección de las autoridades eclesiásticas.

David Clohessey también se siente entusiasmado: «Cuando pienso en la población de México y en el número de católicos que existen allá, se me vienen a la mente los miles de niños que han sido abusados y están sufriendo con vergüenza, silencio y soledad y esos miles de niños que ahora están en peligro. Pero, a la vez, me siento esperanzado y muy inspirado por la conducta de Joaquín. Él es un héroe para nosotros. Esto es sólo el principio de algo muy bueno para México, algo muy sano».

Desde la noche anterior, Anderson le entrega a la autora una copia de la denuncia. El documento no deja ningún cabo suelto. A Norberto Rivera se le trata como el jefe de una corporación, cuyo empleado ha cometido una serie de delitos. La demanda de los despachos de abogados Drivon Law Firm, de Stockton, California, y Jeff Anderson & Associates, de Saint Paul, Minnesota, se dirige en nombre de Joaquín Aguilar Méndez. Los demandados son el cardenal Roger Mahony, el cardenal Norberto Rivera, el padre Nicolás Aguilar, el arzobispado de Los Ángeles, la diócesis de Tehuacán, y las demás personas, hasta ahora indeterminadas, que puedan resultar responsables de los hechos.

Se trata de una reclamación por daños, y los cargos que se imputan a los demandados, divididos en doce capítulos diferentes, son los siguientes: negligencia, supervisión negligente, omisión de advertencia, contratación negligente y mantenimiento negligente de la misma, conspiración civil, acusación intencional de sufrimiento emocional y asalto sexual. Según las leyes de California, la víctima no puede perseguir la conducta delictiva como tal por sí misma: el ejercicio de la acción penal corresponde a la acusación pública, el equivalente al procurador o Ministerio Público, General, Statu o District Attorney.

La víctima sí puede, por el contrario, ejercer por sí misma las acciones civiles que considere oportunas en reparación del daño producido por el delito. Y puede dirigir esa acción contra cualesquiera personas naturales o jurídicas (empresas, corporaciones o, en este caso, diócesis o arquidiócesis) a las que considere responsables, bien por haber participado directa y voluntariamente en el delito, bien por haberlo consentido o no haberlo impedido, bien por no haber observado el cuidado que les correspondía para impedir que se dieran las circunstancias en que el delito se cometió.

Eso es lo que hace Joaquín Aguilar Méndez. La demanda reclama un juicio por jurado, y construye una reclamación civil sobre la base de una conducta criminal y lesiva padecida por el demandante, de la que hace responsable directamente al autor material de aquélla, el padre Nicolás Aguilar, y extiende sucesivamente la responsabilidad a los demás demandados que habrían participado en aquélla, bien de manera intencional, bien por negligencia, descuidando sus deberes de cuidado y vigilancia.

Los cargos contra Nicolás Aguilar se refieren, obviamente, a lo que éste realizó personal e intencionalmente. Los cargos contra las demás personas naturales o jurídicas están graduados de mayor a menor, siempre sobre la base de los mismos hechos, en una serie de imputaciones o causas de acción alternativas, que van escalonadas de mayor a menor. En esa escalera, que va de la absoluta intencionalidad —el asalto sexual— hasta la simple negligencia, el jurado deberá determinar dónde ubica a cada cual; sin perjuicio de que pueda ubicar a todos o a alguno de los demandados en más de un escalón: por ejemplo, si determina que la arquidiócesis de Los Ángeles fue negligente al contratar a Nicolás Aguilar y también al permitirle escapar. Son, evidentemente, más graves aquellas imputaciones que implican el conocimiento, consentimiento y participación activa de los demandados en los hechos, que aquellas otras que se refieren sólo a su falta de cuidado al no advertir a las víctimas o a las autoridades.

Sintetizando el documento de 22 páginas con 127 apartados, los hechos son los siguientes:

1) En 1970, Nicolás Aguilar fue ordenado sacerdote en la diócesis de Tehuacán. Había comenzado a abusar sexualmente de sus compañeros en el seminario a finales de los años sesenta, pero aunque fue denunciado, los responsables del seminario no le hicieron nada y expulsaron al denunciante.

2) En 1986 o 1987 Nicolás fue brutalmente golpeado en su vivienda-parroquia, presumiblemente por uno o varios de sus muchos visitantes varones. Pidió a la policía que no se investigase.

3) El 27 de enero de 1987, el demandado Norberto Rivera, a la sazón obispo de Tehuacán, escribió al demandado Roger Mahony, ya entonces arzobispo de Los Ángeles, solicitando a éste que admitiese al padre Nicolás Aguilar para trabajar como sacerdote en la arquidiócesis, informándole de sus «problemas homosexuales».

4) Seguidamente, Nicolás Aguilar se desplazó a Los Ángeles y en marzo de 1987 Mahony le nombró párroco asociado en Nuestra Señora de Guadalupe, Los Ángeles, transfiriéndolo en mayo a la parroquia de Santa Ágata. En ambas trabajó con el expreso permiso y bajo la supervisión de Mahony.

5) En marzo de 1987, Rivera informó por carta a Mahony que Nicolás Aguilar había abusado sexualmente de menores durante su desempeño como sacerdote en México.

6) Entre marzo y mayo de 1987 se produjo la primera denuncia de un niño de la parroquia de Nuestra Señora de Guadalupe contra Nicolás Aguilar. En diciembre se denunciaron otros dos casos. El 8 de enero de 1988, si no antes, fue informado monseñor Thomas Curry, uno de los vicarios de la

arquidiócesis. Al día siguiente, monseñor Curry pidió explicaciones a Nicolás Aguilar, quien le manifestó que se marcharía inmediatamente a México. Curry no avisó a la policía. Ese mismo día por la tarde el sacerdote «fue transportado» a Tijuana. La hermana Renee, de la parroquia de Nuestra Señora de Guadalupe, informó a la policía el 11 de enero.

7) La policía encontró que Nicolás Aguilar había abusado de 26 niños en los nueve meses de su estancia en la arquidiócesis de Los Ángeles, y lo inculpó por 19 delitos graves.

8) En marzo de 1988, Mahony pidió a Rivera ayuda para retornar a Aguilar a Estados Unidos a fin de que respondiera por sus delitos. Rivera le respondió que no podía encontrarlo y menos aún obligarlo a regresar, y le recordó la carta de 23 de marzo de 1987 en que le había advertido de la conducta de Nicolás Aguilar. Mahony le respondió que nunca había recibido esa carta.

9) Joaquín Aguilar nació en 1980, fue criado en una familia católica practicante y educado en la religión y obediencia de la Iglesia católica romana, a cuyos sacerdotes se le enseñó a respetar como representantes de santidad y autoridad.

10) En 1992, Nicolás Aguilar llegó a Torreblanca, arquidiócesis de México. Allí lo conoció Joaquín Aguilar, que era monaguillo.

11) Un día de octubre de 1994 en la parroquia de San Antonio, Joaquín ayudaba en misa al padre Antonio Núñez cuando quiso ir al baño, y al salir fue abordado por Nicolás Aguilar, que lo condujo a su habitación en la rectoría, lo desnudó y lo violó penetrándolo analmente. Luego le dijo que si lo denunciaba, haría lo mismo con los hermanos de Joaquín.

12) Tres semanas más tarde, Joaquín y sus padres fueron a la policía. Las primeras pruebas confirmaron que había sido

violado, pero el informe desapareció. El segundo informe, que confirmaba la violación, también desapareció. Luego del tercer informe, la policía ofreció dinero a la familia a cambio de archivar el caso; rehusaron la oferta. A causa de la violación Joaquín sufrió y sufre severo dolor físico y mental, *shock* postraumático, pérdida de autoestima y de interés por la vida, pérdida de ingresos y de capacidad para obtenerlos, y ha gastado y seguirá gastando en asistencia médica, psicológica, terapia y asistencia legal.

13) En 2002, Joaquín Aguilar informó por escrito de su caso a Norberto Rivera —ya arzobispo de México— a través del obispo José de Jesús Martínez Zepeda. Ese mismo año, Rivera hizo público que no existían, que él supiera, informes escritos sobre abusos de sacerdotes en México. En 1997, Nicolás Aguilar había sido denunciado por otros cuatro casos de abusos a niños. Según un funcionario de la diócesis de Tehuacán sus víctimas eran 60 niños.

14) Nicolás Aguilar siguió trabajando en la diócesis de México hasta 2003, cuando fue condenado. Nunca ingresó en prisión.

La demanda reprocha a Mahony y a la arquidiócesis de Los Ángeles que no denunciaran a las autoridades los abusos sexuales con niños de Nicolás Aguilar, que no advirtieran a los niños de la peligrosidad del sacerdote, y con todo ello, que propiciaran el abuso que sufrió años más tarde el demandante. Se asegura que Mahony sabía o debía haber sabido de la peligrosidad de Aguilar, por lo que no debía haberlo contratado, y de hacerlo, debía haber supervisado, vigilado e investigado su trabajo con menores para evitar que abusara de ellos.

La demanda incide especialmente en el hecho de que Mahony y la arquidiócesis de Los Ángeles pudieron y debieron impedir que

Aguilar escapase, y de esa forma conspiraron para ayudarlo a que violase las leyes de California y lo encubrieron para evitar el castigo que le correspondía. Permitiéndole «volver tranquilamente» a México se hicieron responsables de lo ocurrido después, puesto que sabían o debían haber sabido que era altamente probable que siguiera abusando de otros niños.

La demanda hace imputaciones análogas respecto del encubrimiento dispensado a Nicolás Aguilar por el cardenal Norberto Rivera y la diócesis de Tehuacán, una vez en México, donde tampoco fue perseguido, se le contrató, no se le supervisó ni controló, y no se advirtió a las víctimas potenciales, todo lo cual hizo posible que varios años después abusara de Joaquín.

La demanda acusa a todos los demandados de formar parte de una conspiración, o lo que es lo mismo, un acuerdo de intenciones para esconder y defraudar, distorsionando y ocultando información sobre la actividad sexual del padre Aguilar, omitiendo denunciarlo, permitiendo su fuga y ocultamiento, pervirtiendo y obstruyendo la acción de la justicia, y perjudicando la salud y la moral pública y la debida aplicación de la ley. La conducta de los demandados para con la víctima —haya sido intencional o se haya debido a imprudencia temeraria— ha sido para el demandante extremada y ultrajante, y le ha causado un profundo daño emocional.

La más grave de las imputaciones de la demanda es la de asalto sexual. En el caso de Nicolás Aguilar, la imputación es directa, una conducta sexual impermisible, lesiva y ofensiva contra el demandante, a la sazón de 13 años de edad. En el caso de los demás demandados, la responsabilidad es establecida sobre la base del principio *respondeat superior,* es decir, la responsabilidad que corresponde a los superiores jerárquicos por la conducta ilícita de los subordinados que aquéllos ordenaron, autorizaron o consintieron;

y también por aquello que conocieron y no impidieron, o que después de realizado no castigaron; e incluso por aquello que, cometido por quienes estaban bajo su autoridad, debieron haber conocido y evitado.

En relación con este delito de asalto sexual, la demanda dice de Mahony y Rivera, y de las instituciones eclesiásticas que ambos regentan, que los demandados actuaron voluntariamente, con intención de lesionarlo, con deliberado desprecio de sus derechos, distorsionando, engañando y ocultando información que conocían para perjudicarlo. Los considera culpables de malicia, opresión y fraude, y en consecuencia les reclama no solamente los perjuicios económicamente evaluables que le hayan causado, sino también daños punitivos. Es decir, solicita que sean condenados a pagar la cantidad, a determinar por el jurado, en que se estime deben ser castigados por el consciente desprecio que han demostrado por los derechos de la víctima.

Luego de la presentación de la demanda en la Corte Superior de California y de acudir personalmente a la iglesia para entregarle una copia al cardenal Roger Mahony, Jeff Anderson se dirige al aeropuerto. Lleva meses preparando su viaje a México, D. F., y luce radiante, sin disimular su entusiasmo: «México no debe convertirse en un paraíso para pederastas —dice de entrada—. Luego de violar casi a 90 niños Nicolás Aguilar sigue siendo un fugitivo y sigue perteneciendo a la diócesis de Tehuacán, principalmente porque ambos cardenales hicieron un compromiso en una conspiración del silencio y de la indiferencia, que dañó la seguridad de los más pequeños en Los Ángeles y en México. Ambos cardenales son fugitivos de la verdad. Por eso estamos haciendo esto, para proteger a los niños a través del coraje y la valentía del sobreviviente de abuso sexual Joaquín Aguilar Méndez. Vamos a México para llevar la verdad y esperamos que algún día podamos llevar también la justicia, especialmente para otros sobrevivientes y para todos los mexicanos».

Los otros

«Es normal lo que hacemos. Son sólo caricias entre amigos para demostrarnos nuestro amor —le decía Nicolás Aguilar a Homero Sánchez, un niño de 13 años del que abusó sexualmente durante dos años en la parroquia de El Sagrario, ubicada en Quebrantadero, Morelos, colindante con el estado de Puebla—.Y es mejor que no digas nada. Por tu bien y el de tu familia, no se lo cuentes ni a tu mamá.»

Homero guardó el secreto 18 años, hasta que el 19 de septiembre de 2006 vio en la tele la noticia de la denuncia contra el padre Nicolás Aguilar, acusado de haber abusado sexualmente de 86 niños: «Yo pensaba que era el único, por eso me callé. Cuando estaba viendo el noticiero me sorprendí tanto que hablé por primera vez. Allí mismo se lo solté a mi hermana Anilú».

Fue ella quien lo animó a buscar a la SNAP para ofrecer su testimonio y apoyo a Joaquín. Homero tiene ahora 30 años y vive en Los Ángeles, California, y aceptó inmediatamente participar en la denuncia contra su agresor y los cardenales Norberto Rivera y Roger Mahony: «Son muchas las víctimas y mucho el encubrimiento que se ha hecho. Ellos [los cardenales] no le pusieron ninguna restricción a pesar de que ya sabían lo que hacía. No es justo. Cuando vi la noticia sentí una rabia, primero porque no hablé en ese entonces, y luego porque yo pensaba que sólo eran unos pocos, sólo yo y mis primos».

Su vida adulta se parece a las de todas las víctimas: depresiones, fracaso escolar, alcoholismo, drogas, problemas para sostener una relación de pareja: «Destrozó mi vida. Nunca me recuperé. Toda mi vida he estado con depresiones tremendas, he perdido semestres en la escuela. No he podido rehacer mi vida. Mi vida afectiva es un desastre. Tengo 30 años y estoy solo».

Nacido en una familia pobre y profundamente católica, Homero conoció en 1988 al padre Nicolás, quien pronto se fue ganando la confianza de la familia. Incluso llegó a mostrarles un árbol genealógico para demostrar que eran parientes.

Homero tampoco se lo dijo a la policía: «¿Para qué? Lo primero que me iban a decir es:"¿Qué pruebas tienes?" ¿Y qué iba a hacer? Enseñarles mi trasero todo adolorido. En México las leyes los protegen. Eso es lo que tiene que cambiar».

El padre Nicolás abusó de él durante dos años. Lo fue conquistando, primero diciéndole que le iba a enseñar a conducir. Ambos se dirigían a un descampado para practicar: «La primera vez fue en su coche. Me metió la mano en los pantalones y me empezó a tocar, luego me dijo que también lo tocara y que lo masturbara con sexo oral. Yo no sabía ni lo que era eso, tenía sólo 13 años».

Aprovechando la pobreza extrema de la familia, el sacerdote involucró a Homero en las actividades pastorales de la iglesia, junto a otros niños. Todos se confesaban con él, pero el niño le expresaba sus dudas sobre «las caricias y el afecto» que él solía expresarle de manera sexual. El sacerdote lo exculpaba inmediatamente sin penitencia: «El hecho de que te masturbes mucho es normal y si lo hacemos entre nosotros, también es normal. Son sólo caricias. Ésos no son pecados, así que no hay nada que rezar», le decía el párroco.

En una ocasión, al término de la misa, el padre Nicolás intentó violarlo en la sacristía: «Fue todo muy brusco, me quiso forzar. Yo creía que me iba a asesinar, no supe cómo logré zafarme. Me venía siguiendo y me gritó: "No se lo digas a nadie". Salí corriendo de la iglesia muy asustado. No sabía qué hacer».

Al pasar los días, el padre Nicolás intentó nuevamente violarlo en la parroquia, esta vez sin violencia: «Empezó a besarme. Me penetró, fue muy doloroso. Yo pensaba que era por mi culpa, él así me lo decía… y yo aún no sabía el gran daño que me estaba haciendo, porque eso se repitió durante dos largos años».

El sacerdote lo convenció para ingresar al seminario: «Yo quería irme con los dominicos, pero él me convenció de que fuera con los diocesanos y me aseguró que él me iba a pagar los estudios. Así me tenía enganchado. Yo iba cada mes a recoger el dinero de la colegiatura que él me daba y él aprovechaba para hacerme eso. Luego, como él tenía apostolado lo cambiaron de parroquia y ya no se hizo cargo de mis estudios y abandoné el seminario».

El presbítero afectó a toda la familia. También se fue acercando a los primos de Homero, bajo el argumento de que era pariente: «Tal vez era un primo muy lejano, pero eso le sirvió. A los 16 años, un primo me contó que a él también lo había abusado sexualmente y después supe de otros primos. Pensé que lo había hecho sólo con mi familia».

Así que prefirió no contárselo a nadie, ni siquiera a sus padres. Luego, a través de los escándalos del sacerdote publicados en la prensa, han ido atando cabos: «Seguramente ellos ya saben, pero yo no quiero decírselo. Mi mamá tiene 74 años, mi padre es mayor; ambos tienen diabetes, así que prefiero que no sepan. ¿Para qué? Mi mamá es muy religiosa, sería terrible para ella».

Homero se alejó del catolicismo: «Ya no sé ni en quién creer. Es tanto el encubrimiento de los obispos, cardenales, de todos, que voy a misa y no siento nada. Siento odio, coraje, tengo años de que no me confieso por lo mismo. El problema es que los curas pederastas te cortan la fuente de sanación, que es Dios. Con tanto encubrimiento, ¿cómo voy a confiar en Dios?

Hace siete años decidió dejar su pueblo y trasladarse a vivir a California, donde trabaja de cocinero en un restaurante y estudia inglés: «He estado a punto de suicidarme en tres ocasiones, chocando mi carro a propósito. Ahora que tengo la oportunidad de hacer justicia sólo quiero que lo metan a la cárcel y que la Iglesia pague por las pérdidas que hemos tenido las víctimas».

Homero recuerda que desde hace 17 años todo en su vida ha sido «pérdidas»: «He ido con muchos psicólogos y no son baratos que digamos. He tenido que gastar todo lo que tenía en intentar solucionar mi problema de una manera u otra, pero sólo encontré fracaso. ¿Quién me paga eso? Los que han protegido a un hombre tan depravado. Los que han preferido mantenerlo en la Iglesia en lugar de cuidar a los más pequeños. ¡Son ellos: la Iglesia mexicana! No se pueden llamar representantes de Jesús si te están destruyendo la vida».

Los niños de la Sierra Negra

El camino devastador del padre Nicolás Aguilar Rivera pasa por la Sierra Norte de Puebla. A pesar de sus crímenes en México y de los 26 niños que violó en Los Ángeles, California, durante nueve meses en 1988, a Nicolás nunca le fue retirado su ministerio sacerdotal. De hecho, seguía ejerciendo en distintas parroquias de México, Puebla y Morelos. El cardenal Norberto Rivera fue nombrado segundo obispo de Tehuacán por el papa Juan Pablo II el 5 de noviembre de 1985.

En 1995 regresó a la iglesia de Tehuacán para hacerse cargo de la preparación de los niños a la primera comunión. Pese a su historial delictivo seguía trabajando con los menores de edad. En el caso de la iglesia de la Virgen de Juquilita, era responsable de la relación con monaguillos y los niños que ayudaban en las distintas actividades pastorales.

Alrededor de 60 niños cuyas edades iban de los 5 a los 13 años, que vivían en las colonias populares Viveros, Aeropuerto, La Huizachera, Aviación y Emiliano Zapata, iniciaron su preparación para hacer la primera comunión. El niño Sergio Sánchez Merino de 12 años estaba en ese grupo que recibía del padre Nicolás Aguilar las clases de catecismo: «Él venía todos los domingos a dar misa. La iglesia era de madera y lámina. Las clases eran en su casa, que estaba a cinco minutos de la capilla. Después de la misa nos íbamos todos caminando hasta su casa. Nos acomodaba en unas bancas que puso en el patio».

Sergio tiene ahora 22 años y su voz se entrecorta cuando empieza a recordar aquellos hechos: «Yo veía que él, al final de cada clase, siempre le decía a un niño que se quedara para "hacerle la prueba"; el resto nos íbamos. Hasta que un día me tocó: "Oye, quiero que te quedes —me dijo— para hacerte unas preguntas y ver si estás aprendiendo"».

El joven suspira y antes de continuar guarda unos segundos de silencio: «Yo no podía desconfiar de él porque era el padre. Yo estaba en la banca y me dijo: "Métete por aquí", señalándome la puerta de su casa. Entré y él cerró la puerta con llave. Me acuerdo de que en la tele estaba pasando un partido de basquetbol. Me preguntó si yo hacía algún deporte y otras cosas que no venían al caso. Lo empecé a notar medio raro porque se me quedaba viendo mucho. Estaba parado viendo la tele y en eso se me paró enfrente. Yo me espanté.

»Recuerdo perfectamente cómo era el lugar. Tenía una cama, un espejo y otros pocos muebles. Me agarró de los brazos y me contó una historia sobre un tumor que supuestamente tenía en el estómago. Me agarró muy fuerte las manos y me las puso a su alrededor, pidiéndome que le tocara el tumor. Luego se desabrochó el pantalón y me puso mis manos en su pene… yo sentí mucho miedo, no sabía qué hacer.»

Sergio repite: «Es un trauma, un trauma, un trauma. Yo era un niño aterrorizado». Y continúa con su relato: «En ese momento me dijo: "¿Quieres morirte? ¿Quieres que se muera tu mamá? ¿Verdad que no? Pues entonces hazme así". Me puso su pene en mi boca. Y se vino».

Inmediatamente después, el padre Nicolás se dio cuenta de que era tarde y estaba oscureciendo. Le preguntó si existía la posibilidad de que algún familiar lo viniera a buscar. Sergio asintió, por lo que rápidamente se subió el pantalón y decidió llevar al niño a su casa. En el camino le advirtió: «Más te vale que te quedes callado y no digas nada de lo que hemos hecho porque se trata de un secreto. Yo estaba muy asustado y más cuando empezó a hablar con mi mamá: "Señora —le dijo el padre Nicolás—, ¿por qué no deja que su hijo se venga a dormir esta noche a mi casa? Préstemelo, mañana temprano se lo traigo"».

La madre de Sergio se negó: «Estoy seguro de que si voy a dormir con él me hubiera penetrado como a los otros niños. Yo sabía que muchos ya se habían quedado a dormir con él. Seguramente su plan era violarme esa misma tarde, pero como se le pasó el tiempo manoseándome y se dio cuenta de que ya era muy tarde, le dio miedo que me fueran a buscar a su casa. Por suerte mi mamá no me dejó ir».

Sergio no contó nada a su madre, pero se lo confió a su amigo Joaquín, quien, a su vez, le confesó que a él le había hecho lo mismo: «Pero más feo. A mí me penetró», le dijo. Ambos niños decidieron abandonar sus casas y huir sin rumbo fijo.

«Queríamos escaparnos, irnos, para que ya no nos siguiera molestando. Conseguimos 50 pesos, agarramos un poco de ropa y nos fuimos. Así anduvimos varios días. Nos fuimos hasta la terminal de autobuses de Puebla y en la noche dormíamos en las sillas. Las dos familias nos andaban buscando y fueron a preguntar a otro amigo que les contó que él también había sido violado por el padre Nicolás. Y les dijo: "Por eso se fueron, porque a ellos les hizo lo mismo".»

La noticia de los abusos sexuales contra los niños corrió como la pólvora. Las familias de los 40 niños se movilizaron para ayudar a encontrar a los dos niños desaparecidos. La multitud enardecida fue a buscar al padre Nicolás a su casa con la intención de lincharlo, pero él fue advertido por las autoridades y pudo escapar.

Sólo cuatro familias de los niños víctimas de bauso acudieron al Ministerio Público para presentar una denuncia, el resto prefirió ir a la diócesis para hablar con los superiores del padre Nicolás: «Los obispos los convencieron de guardar silencio sobre lo sucedido. Dicen que les dieron mucho dinero, por eso nunca movieron nada».

El proceso 6/1998 duró cuatro años y el sacerdote fue sentenciado a un año de prisión por el delito de «ataques al pudor». Sin embargo, nunca pisó la cárcel, ya que mantuvo su libertad bajo fianza.

Los afectados intentaron inmediatamente buscar el apoyo de la iglesia a cargo de manera interina por el padre Teodoro Lima: «Luego de presentar la denuncia, las mamás y los niños fuimos a la casa del obispo Norberto Rivera. Él ordenó que no dejaran entrar a las mamás, que sólo pasáramos los niños por separado. Nos fue atendiendo uno por uno. Recuerdo que me pidió que le contara todo. Luego me dijo: "A ustedes pronto se les va a olvidar lo que el padre Nicolás les hizo. La Iglesia les va a dar asesoría psicológica y con el tiempo ya no se van a acordar"».

Afirma que Rivera estaba muy serio y que enseguida apeló a su silencio y comprensión. «Tienes que entender que el padre Nicolás es un hombre enfermo de la cabeza —le dijo Norberto al niño—. Fue un error lo que hizo, pero es mejor que esto no se sepa. Es mejor que ustedes no vayan a la policía porque luego los perjudicados van a ser ustedes. Todos se van a enterar de lo que les pasó. Es mejor guardar silencio, para que ustedes no salgan dañados.»

Sergio reprueba el proceder del obispo, sobre todo, porque dice que nunca mostró ningún afecto o cariño por los niños: «Para él era muy fácil decir que nosotros lo íbamos a olvidar. Nos dijo que nos iban a dar terapia, que nos iba a mandar un psicólogo. ¡Mentiras! Nunca llegó esa ayuda. Cuando supieron que nosotros ya teníamos demandado al padre Nicolás, menos».

Lo que más molesta a Sergio es el «fingimiento» de los obispos que ahora dicen no haber sabido nada de lo que hacía el padre Nicolás: «Fue un escándalo, salimos en todos los periódicos, en la radio, en la televisión. Me entrevistaron muchas veces. Por eso me sorprende que ahora Rivera diga que no sabía nada. ¿Cómo? Si yo mismo hablé con él. Todavía me pregunto cómo pueden seguirlo protegiendo. Para ellos es un "enfermo", pero para los demás es un criminal».

Sergio, Joaquín, Efrén y Felipe enfrentaron, luego de la denuncia, el escarnio social por haberse atrevido a denunciar penalmente a Nicolás Aguilar: «Íbamos por la calle y nos decían: "Allí vienen los violados por el padre". Todo eran burlas. En la escuela salía de pleito porque les pegaba a todos los que me hacían bromas. Me peleaba mucho. Así que me salí de la escuela, ni terminé la secundaria».

Las vidas de Joaquín, Efrén y Felipe se vieron igualmente dañadas: «Mis compañeros acabaron mal porque se metieron a las drogas
y algunos se hicieron alcohólicos. Cada uno es distinto, a algunos
les afectó más que a otros, pero nos destruyó la vida. Yo recibí amenazas, así que mejor me desaparecí de allí».

Dice que en su pueblo hay muchos «fanáticos católicos» que
insultaban a su familia. Incluso a la madre de uno de los cuatro la
querían linchar por haber ido a la policía: «El padrecito es muy
bueno, no como su hijo que es de lo peor. Por andar de chismosa
te vamos a linchar», le gritó una señora entre la multitud que fue a
la salida del juzgado.

Sergio decidió irse a Estados Unidos en 2003. Ahora vive en
Cary, Carolina del Norte, donde trabaja en un restaurante. Aunque
intentó sostener una relación afectiva, no pudo. De esa relación
tiene una hija de siete años que actualmente vive en Veracruz. La
pequeña nació con discapacidad y no habla ni camina: «Desde aquí
estoy luchando por mi hija, para sacarla adelante, aunque no puedo
volver a México porque no tengo papeles».

Antes de partir al vecino país, Sergio ratificó la denuncia en 2002
y el abogado que lo atendió le dijo que existía una sentencia sin
cumplir, ya que Nicolás había logrado escapar gracias al aviso del juez
Ramírez: «Me dijo que todo estaba arreglado, que el sacerdote había
sido condenado a pagarnos 40 000 pesos a cada uno, pero fueron
puras mentiras. Nunca nos dieron nada. No teníamos ni abogado».

Decidido a presentarse ante la Corte Superior de California,
donde el abogado Jeff Anderson irá interponiendo demandas individuales por cada una de las víctimas, contra los cardenales y el
cura pederasta, el joven tiene ahora una nueva esperanza: «Esto
no puede quedarse así. Tienen que castigarlos, tanto a él [Nicolás
Aguilar] como al obispo Norberto Rivera por haberlo protegido».

«Líbranos del mal»

El 6 de junio de 2002 se giró la consignación número DAPCP/007/98/DRZS para detener al sacerdote Nicolás Aguilar. Los judiciales lo buscaron en Jonacatepec y Cuautla, Morelos, y en Huehuetlán el Chico, Santa Clara Huitziltepec y Tehuacán, Puebla, pero no lo encontraron, según consta en el informe del 7 de junio del 2002 enviado al juez primero de Defensa Social.

Según este documento, los policías interrogaron al sacerdote Gilberto Nájera Nájera, amigo cercano del padre Nicolás Aguilar, ya que había informaciones que señalaban que el prófugo estaba siendo encubierto en su casa. Para sorpresa de los policías, Nájera les dijo que el presunto pederasta se había ido gracias a que el juez del caso, Carlos Guillermo Ramírez Rodríguez, lo alertó.

Los judiciales lo explican: «Nájera informó que el padre Carlos Nicolás Aguilar Rivera estuvo apoyándolo en ese lugar, pero que el día 24 de mayo del año en curso se trasladó a la ciudad de Tehuacán, Puebla, a firmar el libro de procesados y que ya estando en el juzgado le informó el licenciado Carlos Guillermo Ramírez Rodríguez, juez primero de Defensa Social, que ya no podía firmar el libro, ya que el Tribunal Superior de Justicia había llegado a una sentencia no favorable y que habían ordenado su reaprehensión y que ya nunca viniera a la ciudad de Tehuacán».

La corrupción del sistema judicial mexicano quedó claramente expuesta. El juez dictó, en una sentencia definitiva del 19 de agosto de 2003, que el padre Nicolás Aguilar dejó de cumplir su obligación de firmar su libertad condicional. En lugar de recibir una amonestación, el magistrado sencillamente lo sentenció a un año de prisión, con goce del beneficio de libertad provisional con base en una fianza, por lo cual el sacerdote nunca pisó la cárcel.

Autoridades judiciales y eclesiásticas se unieron para dar protección al pederasta. La víctima sufrió el rechazo general de la feligresía. Desde el Arzobispado se instó a los fieles, a través de la hoja parroquial Retoñando que se distribuye en la parroquia de San Antonio de las Huertas, a que mostraran su rechazo contra Joaquín Aguilar y su familia por haber «levantado falsos» al padre Nicolás.

La bestia

El padre Carlos Nicolás Aguilar Rivera nació el 10 de septiembre de 1941. Su negro historial de pederastia inicia desde su entrada al seminario. Así lo confirma Agustín Ríos Nájera, otra de sus víctimas.

Ambos nacieron en Huehuetlán El Chico, estado de Puebla. Agustín pertenece a una familia numerosa con diez hermanos y un padre que falleció un día antes de nacer la última hija.

Ante su extrema pobreza, el seminarista Nicolás Aguilar los empezó a visitar regularmente. Era sobrino lejano, pero para los niños significaba un primo, casi un hermano: «Mi madre estaba abrumada tratando de sacar adelante a diez hijos y él se hizo cargo de mí. A partir de los cuatro años empezó el abuso sexual. Me llevaba a su casa y allí lo hacía».

Agustín ha guardado el secreto celosamente. Tiene 49 años y vive en Hawai. Habla con dificultad sobre estas cosas e intenta evadir los fantasmas del pasado, aunque abruptamente se le presentan. El pasado 19 de septiembre estaba viendo la tele con sus amigos en Hilo mientras asaban carne en el patio. Al tiempo de entrar en la cocina para tomar una taza de café escuchó en la televisión, a través de Fox News, la noticia de la demanda contra el padre Nicolás Aguilar y el cardenal Norberto Rivera interpuesta en la Corte Superior de California.

«Fue terrible —comenta aún con la sorpresa en el cuerpo—. Me quedé helado, tanto que mis amigos me preguntaron si me pasaba algo. Yo intenté despistarlos, pero inmediatamente me vino a la mente todo mi pasado, todo mi sufrimiento.»

Agustín fue sodomizado por Nicolás durante nueve años. Conoció a Nicolás Aguilar junto al amigo del sacerdote Gilberto Nájera Nájera. Ambos eran alumnos del seminario y asistían juntos al trabajo pastoral en las colonias más pobres: «Ellos eran como dioses, así los trataba la gente cuando iban a las casas. A mí me gustaba cantar y ellos me invitaban a pertenecer al coro de la iglesia. Nicolás tocaba el piano y a mí me buscaban porque yo tenía buena voz y podía cantar solo».

Nicolás se llevaba a Agustín a su casa —con permiso de su madre— con el pretexto de practicar canto: «Allí empezó el abuso con cuatro años. Me enseñó cómo tocarle el pene y siempre me pedía que lo masturbara y él también me tocaba. No había penetración, pero sí sexo oral».

Su infancia y pubertad quedaron marcadas para siempre. A los 13 años Nicolás dejó de abusar de él. El sacerdote fue alejándose poco a poco. Y Agustín nunca habló de lo que le había pasado, hasta que hace tres años su hermana Hilda le cuestionó insistentemente: «Me escribió una carta y me dijo: "Tú eres muy callado y no te comunicas. A mí se me hace que algo anda mal. Yo presiento que a ti te abusó Nicolás, ¿verdad?" Yo no contesté esa carta, pero luego nos vimos y se lo conté».

Cuando Agustín tenía 11 años, el padre Nicolás le comunicó a su madre una noticia importante: «Tía, su hijo tiene vocación sacerdotal», le dijo. Y la convenció para llevarse al menor a Mérida, Yucatán, hasta donde había sido trasladado: «Yo no tenía ganas, el sacerdocio no me atraía para nada, pero mi madre accedió. Nicolás me llevó a una casa en 1968 y allí, por supuesto, siguió el abuso sexual. El rector del seminario consideró que era mejor que yo terminara mi secundaria, para ver si realmente tenía vocación. A pesar de eso, Nicolás me mantuvo allí por dos meses».

Al regresar, Agustín se reincorporó a la secundaria y siempre que Nicolás iba a su pueblo buscaba un momento para estar a solas con él a fin de abusarlo sexualmente: «Yo no sabía nada de nada. Él decía que me quería y que todo era normal. Entendí que eso formaba parte de la vida. ¿A quién iba a acudir? ¿A mi madre? Era muy católica. Ella me mandaba con él porque consideraba el interés de Nicolás como un honor. Y si se lo decía a mis hermanos era como darles una oportunidad de burlarse o algo así».

Experimenté las drogas. Las depresiones se presentaron. El abuso sexual no me afectó tanto como para convertirme en un alcohólico o drogadicto, en donde más lo sentí es que nunca más volví a confiar en la gente. Estoy solo, no tengo pareja».

Desde hace años, Agustín abandonó el catolicismo para convertirse al cristianismo. Dice que perdona a su agresor, por el cual siente una profunda compasión. Sin embargo, cree que es necesario hacer justicia: «Pensaba que sólo era yo, pero lo que ha hecho es muy grave; tiene que ser juzgado y sentenciado. Nada justifica que haya abusado de otros seres humanos. ¿A cuántos hombres no les ha destruido su vida? No todos han tenido mi suerte, de encontrar a Dios».

Luego de lo vivido, considera a la Iglesia católica como «una farsa» porque cree que «el celibato no es de Dios»: «Protegen a los sacerdotes pederastas. Forma parte de la corrupción de la Iglesia, de la mentira».

Dejó su pueblo en 1976 para irse a Los Ángeles, California, después vivió en Chicago y en 1985 se trasladó a Hawai, donde radica desde entonces. Cada año vuelve a su pueblo y prefiere seguir viviendo en Estados Unidos.

Sacrilegio público

Los crímenes sexuales cometidos por el padre Nicolás Aguilar contra menores de edad continuaron después del seminario. En la década de los ochenta era párroco en Tehuacán, bajo la protección del cardenal Norberto Rivera. El sacerdote forma parte del «grupo Rivera» constituido por varios prelados que siguen gozando del favor y amparo del entonces obispo de Tehuacán y actual arzobispo primado de México.

Las violaciones contra los acólitos eran un «secreto a voces» hasta que, en 1986, el padre Nicolás apareció mal herido tirado en un charco de sangre como consecuencia de una fuerte contusión en la cabeza. El periódico Cambio de Puebla lo consignó señalando que el sacerdote mantenía relaciones sexuales con dos muchachos en Cuacnopalan, Puebla, y que luego lo golpearon. Posteriormente, otros reportes periodísticos de la zona difundieron la denuncia de una maestra que acusaba al sacerdote de haber violado a su pequeño hijo.

La «enfermedad» del padre Nicolás —como calificaba Norberto Rivera la pederastia del cura— estaba causando serios problemas con la ley a la Iglesia de Tehuacán, por lo que el obispo trasladó al sacerdote a la diócesis de Los Ángeles en 1988 bajo el argumento de que el presbítero tenía problemas de «salud» y «familiares». (véase cartas en el capítulo III, «Operación púrpura»).

El sacerdote volvió a México huyendo de la justicia angelina, donde enfrenta denuncias por 26 violaciones a niños. A pesar de conocer los hechos a través de las cartas del cardenal Roger Mahony, Norberto Rivera, aún obispo de Tehuacán, no lo retiró del ministerio sacerdotal a pesar de que el derecho canónico establece que quien abuse sexualmente de un menor puede ser amonestado con la suspensión al sacerdocio.

Rivera Carrera no fue el único en encubrir al cura pederasta, también lo supo el obispo de Puebla, Rosendo Huesca Pacheco, quien según Joaquín Aguilar estaba plenamente enterado de los crímenes del padre Nicolás: «El caso de este sacerdote es una muestra de la debilidad del corazón humano», dijo en conferencia de prensa al enterarse de la denuncia presentada en la Corte Superior de California. Y reconoció que desde antes de que el cardenal Rivera Carrera llegara a la diócesis ya se conocían «los señalamientos» de este sacerdote.

Como prófugo de la justicia estadounidense, el padre Nicolás simplemente fue enviado a una «clínica» de la Iglesia donde se aplican terapias a los sacerdotes homosexuales, pederastas o alcohólicos, pero luego fue incorporado a la parroquia de San Antonio de las Huertas, donde violó a Joaquín Aguilar.

«Siempre ha sido el protegido de Norberto Rivera —afirma sin titubeos el experimentado periodista de Tehuacán Marco Aurelio Ramírez Hernández—. El padre Nicolás pertenece a su grupo. Aunque el cardenal ya no es obispo de aquí, sigue moviendo los hilos del poder.»

Con 34 años de experiencia, Ramírez Hernández ha trabajado para varios medios de comunicación y actualmente es corresponsal de El Heraldo de Puebla del Grupo Monitor. Comprometido con la libertad de expresión, el periodista lleva siguiéndole los pasos al padre Nicolás desde su época del seminario: «Norberto Rivera sabía que Nicolás era pederasta desde antes de las denuncias de la década de los ochenta. Cuando Norberto llega a Tehuacán llega haciendo una limpia de toda la gente del primer obispo de la localidad, Rafael Ayala y Ayala. Así ajustaba intereses económicos y de poder político».

Explica, con base en documentos, que Rivera Carrera fue haciendo acopio de propiedades: «Eran cotos de poder y el obispo comienza a consentir varias corruptelas. En ese tiempo el padre Nicolás era maestro en el Seresure (Seminario Regional del Sureste) y Norberto lo clausuró. Hay dos motivos, unos dicen que porque se descubrió que en el seminario había prácticas homosexuales y otros que lo cerró para combatir a los teólogos de la Liberación».

Fue entonces cuando Norberto Rivera «acomoda» a su gente desempleada luego del cierre del seminario: «Ya en 1986-1987 luego de que al padre Nicolás lo golpearan, se ventilaron sus problemas. Diez años después vienen las denuncias de los 60 niños de la Sierra Negra que acudieron a ver a Norberto Rivera y éste les dice que lo perdonen».

—¿Pero el cardenal Rivera ya no era obispo de Tehuacán?

—No, pero seguía teniendo todo el poder. De hecho, estaba de interino el padre Teodoro Lima. Nicolás regresó en el interinato, por más de un año no tuvimos obispo.

—Norberto se exculpa diciendo que a él lo nombran arzobispo de México en 1995. Él toma posesión de su nuevo cargo en la Ciudad de México el 26 de julio de 1995…

—Sí, pero siempre hay un tiempo que se les da para que asuman los cargos. A pesar de que ya no era obispo, él seguía manejando todo en Tehuacán. De hecho, cuando él regresa huyendo de Los

Ángeles se reintegra y Norberto nunca lo suspendió como sacerdote, incluso sigue dentro.

—¿Es decir que el cardenal sí sabía de los abusos sexuales cometidos por el padre Nicolás?

—Claro que sí, tan son así las cosas que incluso presiona a las madres de los cuatro menores que interpusieron la demanda para que no atacaran al padre Nicolás bajo el argumento de que el padre «está enfermo». La pregunta es que si el mismo cardenal está admitiendo que su sacerdote está enfermo, entonces es obvio que él sabe que es un peligro. ¿Cómo no lo retiró del ministerio? ¿Cómo no lo recluyó?

Los procesos judiciales contra Nicolás Aguilar Rivera son una muestra de la descomposición de la impartición de justicia en México. La corrupción del juez primero de Defensa Social de Tehuacán, Guillermo Ramírez Rodríguez, está comprobada con el testimonio del padre Gilberto Nájera y con el discurrir del proceso en contra del cura pederasta.

Por ejemplo, el sacerdote interpuso una denuncia por difamación contra Joaquín Aguilar Méndez y el día 6 de diciembre de 1995 el juez lo cita para que aporte las pruebas de la «deshonra». En lugar de eso, al sacerdote se le permite «otorgar el perdón» a su víctima: «Son las porquerías de la justicia mexicana», dice Marco Aurelio Ramírez Hernández al señalar que el juzgado «desapareció» el expediente del sacerdote, que tiene la ficha número 491701, un documento que inexplicablemente se perdió hace unos años, pero que el periodista logró recuperar y entregó a esta periodista.

El expediente de los procesos contra Nicolás Aguilar consta de más de 200 páginas. El director de El Heraldo de Puebla, Pablo Ruiz, un periodista comprometido con la verdad y la justicia al igual que el corresponsal Marco Aurelio Ramírez Hernández, decidieron entregar a esta periodista toda la documentación. Analizando el contenido, se puede ver cómo cuando el cura interpone una denuncia contra su víctima Joaquín Aguilar «por difamación», la autoridad correspondiente envía el 20 de diciembre de 2005 un citatorio al presbítero a la dirección que éste había dado como domicilio permanente. Se trata de la Segunda Vicaría del Arzobispado de México, en ese entonces a cargo de monseñor Daniel Nolasco Roa. El citatorio va dirigido a la calle General José Morán número 52, colonia San Miguel Chapultepec, delegación Miguel Hidalgo. «Ese documento es una prueba más de que Norberto lo tuvo bajo su protección después de volver a Los Ángeles» dice tajante Joaquín Aguilar. «Es una prueba valiosa. Y por eso extraviaron todo el expediente, así como el expediente de los niños de la Sierra Negra. El mismo Marcelino Hernández me dijo que él estaba a cargo de todos los curas pederastas del país y que no había nada que hacer en este caso».

La consignación del juez sobre las graves acusaciones que pesan contra el sacerdote pederasta puede resultar una pieza histórica y sobre la manipulación de la justicia a favor de los ministros de culto. A pesar de que le magistrado Carlos Ramírez hace un razonamiento sobre la violación contra Joaquín Aguilar, consigna al presbítero únicamente por «tentativas».

Ahora que la víctima puede acceder a estos documentos por primera vez en su vida, se muestra profundamente decepcionado de la justicia mexicana y por supuesto de la jerarquía católica mexicana: «Para que luego diga el cardenal Norberto Rivera que no busqué justicia en México. Todo el proceso fue una porquería. El cura no sólo fue protegido por él, sino que le apoyaron con abogados y le dieron toda la ayuda a nivel de influencias frente al juez».

Ramírez Hernández fue testigo de cómo el padre Nicolás Aguilar ingresó al penal de Tehuacán luego de que se le condenara a un año de prisión: «Pero sólo estuvo una hora, tiempo en el que se le tomaron las huellas y toda la información. Luego lo sacaron sus abogados pagados por el Arzobispado».

La impunidad de la que goza el padre Nicolás queda al descubierto no sólo en el nivel eclesiástico y judicial, también en el político. El Ayuntamiento de Tlalmanalco de Velásquez, Estado de México, le entregó en 2003 una carta de buena conducta cuando trabajaba en la iglesia de San Miguel Arcángel: «Oficio que desempeñó con honestidad y honradez y que durante su estancia no ha tenido problema alguno con la comunidad».

Y como colofón a este camino de despropósitos, el juzgado le «obsequia» un amparo en febrero de 2003 para librarse de la acusación de los cuatro niños de la Sierra Negra: «Se deja sin efecto la resolución del año 2000 dictada por esta sala y se confirma en todos sus términos el auto de libertad por falta de méritos o elementos para procesar con las reservas de ley a favor de Carlos Nicolás Aguilar Rivera en la comisión del delito de corrupción de menores…»

El pederasta quedó «limpio». Y para completar su impoluto historial la Suprema Corte de Justicia de México desechó la solicitud de extradición expedida por las autoridades estadounidenses en 2003 a consecuencia de los 26 casos de abuso sexual cometidos contra niños en la diócesis de Los Ángeles.

Todo un sistema

El Vaticano estableció un método bien estructurado para proteger a sus pederastas. El intercambio de sacerdotes que han incurrido en este delito no solamente ha sido entre México y Estados Unidos. Los pedófilos son removidos de parroquia en parroquia, de estado a estado y también de país en país, de manera sistemática.

El sacerdote Andrew Ronan es un claro ejemplo de esta rotación. El cura había abusado de un número indeterminado de menores de edad en su natal Irlanda, por lo que sus superiores decidieron enviarlo a Estados Unidos. En Portland abusó de un niño entre 1965 y 1966, no era la primera vez que lo hacía en territorio estadounidense; antes el arzobispo de Chicago decidió cambiarlo por las denuncias de algunos feligreses en su contra.

Algunos abogados que llevan los casos de pedofilia clerical en Estados Unidos han decidido no solamente presentar cargos contra las autoridades eclesiásticas de la diócesis en cuestión, sino que han investigado el historial de los curas pederastas. De esta manera las demandas también se centran contra quienes removieron al presunto delincuente de parroquia en parroquia con el fin de protegerlo.

Así existen cientos de casos en ciudades como Boston, Los Ángeles, San Luis, Filadelfia, Palm Beach, Washington, Portland, Maine, Chicago, Bridgeport, San Francisco…

II

Fast track de curas pederastas

> Por mí se va hasta la ciudad doliente,
> Por mí se va al eterno sufrimiento,
> Por mí se va a la gente condenada

«Infierno», *Divina Comedia*,
Dante Alighieri

Aciago cambalache

¿Existe un intercambio de curas pederastas entre México y Estados Unidos? La Red de Sobrevivientes de Abusos de Sacerdotes asegura que sí, y por tanto alerta a la comunidad católica mexicana del grave peligro que representan estos «depredadores sexuales, protegidos por el cardenal Norberto Rivera».

Éric Barragán, portavoz de la SNAP, afirma en entrevista que con base en investigaciones y documentos publicados por la arquidiócesis de Los Ángeles, hay sacerdotes acusados de abusos sexuales cometidos contra menores de edad que han sido removidos de parroquias entre ambos países para evadir la actuación de la justicia.

65

Además del caso del sacerdote Nicolás Aguilar Rivera, que abusó de 86 niños en Estados Unidos y México, se encuentran los casos de los presbíteros Fidencio Simón Silva Flores, Willebaldo Castro, Wallace John Daley y Nemorio Villa Gómez, enviados a México a pesar de haber cometido el delito de pederastia.

«Exigimos al cardenal Norberto Rivera que abra sus archivos para saber a dónde ha enviado a estos sacerdotes pederastas y conocer los casos de pederastia del clero mexicano —dice luego de anunciar la creación de SNAP México, una filial que pretende apoyar a las víctimas de abusos sexuales cometidos por el clero en aquel país—. Hemos abierto un correo electrónico y una línea de teléfono gratuita para que todo aquel que ha sufrido los abusos de los curas mexicanos se ponga en contacto con nosotros a fin de ofrecerle asistencia legal y emocional.»

La red estadounidense de sobrevivientes ha conseguido millonarias compensaciones para las víctimas de abusos sexuales del clero en Estados Unidos: «En un país como México con 90 por ciento de católicos y 50 millones de pobres, la vulnerabilidad de los fieles aumenta. El patrón de conducta del cardenal Rivera, en cuanto a su silencio y la protección a los curas, es el mismo que el de los cardenales estadounidenses. Estamos seguros de que habrá decenas de víctimas de sacerdotes pedófilos. Es hora de que la gente y las autoridades eclesiásticas hablen del tema abiertamente».

Depredadores

Durante los últimos años las Iglesias de México y Estados Unidos han protegido al clero pedófilo enviándolo de un país a otro. En el caso del siniestro intercambio entre México y Estados Unidos el cardenal Norberto Rivera ha tenido un papel preponderante.

Según la Red de Sobrevivientes de Abusos Sexuales de México, unos 40 sacerdotes católicos que huyeron de Estados Unidos acusados de pederastas vivirían ahora en México. «Vamos a luchar contra la impunidad, contra el miedo de acusar a sacerdotes a quienes vemos como mayores, como siervos de Dios, cuando muchos no lo son», dice Joaquín Aguilar, director de la SNAP México y víctima de abusos sexuales en 1994 por un sacerdote intercambiado entre las Iglesias de México y Estados Unidos para evadir la justicia.

La SNAP ha presentado alrededor de 1 200 denuncias de abusos sexuales cometidos por sacerdotes: «Los sacerdotes huyen de Estados Unidos hacia México porque saben que aquí los protegen tanto las autoridades eclesiásticas como el gobierno, pero nosotros los hallaremos, ése es nuestro compromiso», comenta Aguilar.

Desde el año 2002, la Iglesia de Estados Unidos está padeciendo las consecuencias del mayor escándalo mundial de pederastia clerical y enfrenta multimillonarias demandas y la persecución policial para algunos de sus sacerdotes acusados de pedofilia.

Del intercambio de curas pederastas entre México y Estados Unidos dio cuenta la propia Iglesia mexicana: «No pretende tapar el sol con un dedo y reconoce que [en México] sí han existido casos verdaderamente lamentables, aunque no tan frecuentes como algunas ONG (organizaciones no gubernamentales) han magnificado de manera malévola», dijo a fines de 2005 la Arquidiócesis Primada de México en su publicación semanal Desde la Fe. La Iglesia está interesada en buscar la excelencia vocacional y ella misma se ve afectada seriamente cuando malos sacerdotes denigran con sus acciones a la Iglesia de Cristo y «causan daños al prójimo», por eso pide a los fieles denunciar «cualquier tipo de conducta indebida», añadió la publicación. Este mea culpa surgió después del informe presentado por el Departamento de Investigaciones de Abusos Religiosos de México en el que divulgó que 30 por ciento de los poco más de 14 000 sacerdotes activos en el país cometían algún tipo de abuso sexual contra sus feligreses.

De hecho en 2002, Abelardo Alvarado, portavoz de la Conferencia Episcopal de México, reconoció que la Iglesia mantuvo en secreto durante muchos años los casos de pederastia para proteger su imagen y la de las víctimas: «La impunidad es una de las constantes, aquí está mi caso como ejemplo. Yo denuncié al sacerdote Nicolás Aguilar por abusos sexuales, y a pesar de que este señor también abusó contra otros, anda libre e incluso puede seguir ejerciendo como cura».

El sacerdote Aguilar trabajó en la ciudad de Puebla, donde cometió los abusos sexuales, luego fue trasladado con el apoyo y la protección del cardenal Rivera a la arquidiócesis de Los Ángeles, gracias a que el cardenal Roger Mahony accedió a recibirlo. Una vez instalado en esa ciudad estadounidense abusó de 26 menores de edad.

Este sacerdote prófugo de la justicia fue condenado en México por abuso de menores, pero obtuvo su libertad bajo fianza en 1999, luego huyó y se encuentra escondido presuntamente bajo la protección eclesiástica: «Incluso puede seguir ejerciendo su ministerio, como la mayoría de los sacerdotes pederastas que son protegidos por la Iglesia».

Otro de los casos de este intercambio diabólico es el del sacerdote Willebaldo Castro, que según el informe de la arquidiócesis de Los Ángeles, regresó a México en 1980. Fue ordenado en la diócesis de Tlalnepantla en 1956 e inmediatamente lo enviaron a la iglesia de San Antonio de Padua en Los Ángeles; ese mismo año lo regresaron a México, hasta que en 1969 lo reubican en la iglesia de Nuestra Señora de Guadalupe en El Monte.

El obispo de Tlalnepantla informa a la diócesis de Los Ángeles que le suspendió la administración de sacramentos. En 1972 el obispo auxiliar de Tlanepantla informa al cardenal Manning de Los Ángeles que el sacerdote está viviendo con una familia en esa ciudad y le aclara que la suspensión se debió a «cargos morales».

A pesar de esto, Castro fue readmitido en octubre de 1972 en el sacerdocio, pero lo devolvieron «a casa», en México. En noviembre lo enviaron nuevamente a Los Ángeles a la iglesia de San Alfonso.

En septiembre de 1973, el reporte informa que lo enviaron a «terapia» desde julio de 1972 y luego lo reinstalan. En 1975 fue denunciado por abusar sexualmente de un chico de 16 años. En lugar de llevarlo a la autoridad policial, la diócesis de Los Ángeles lo removió a la iglesia Saint Mary of the Assumption. Cuatro años más tarde, en julio de 1980, lo removió a la iglesia del Sagrado Corazón en Pomona, California, y en septiembre lo «regresó a México».

En el caso del padre Nicolás Aguilar Rivera, el reporte de la arquidiócesis de Los Ángeles no dice que el sacerdote se fue a México. En los otros casos de los sacerdotes pederastas enviados a México, el informe termina simplemente con la frase «regresó a México» o fue enviado a México, como le ocurrió al padre estadounidense Wallace John Daley, que ante las repetidas denuncias de abusos sexuales fue enviado en 1976 a Baja California, México, y en 1988 lo localizan en la Misión de San Juan Capistrano. En el año 2000 el presbítero murió y en 2001 surgieron más denuncias de abusos sexuales cometidos por el sacerdote.

El caso del sacerdote Fidencio Simón Silva Flores es paradigmático. Nació en la Ciudad de México en 1949, fue ordenado sacerdote en la congregación del Espíritu Santo en 1978. Ese mismo año fue enviado a Oxnard, California, a la iglesia de Nuestra Señora de Guadalupe, hasta que en 1986 «dejó la arquidiócesis», dice el informe sin especificar las razones.

En realidad, el padre Silva Flores fue acusado de abusos sexuales por un grupo de niños. En lugar de someterlo a la justicia, la arquidiócesis lo envió a una residencia de los Misioneros del Espíritu Santo a Playa del Rey y luego a Long Beach. En 1991 lo reinstaló en el Ministerio Hispano y en 1995 aparecen las denuncias nuevamente. En abril de ese mismo año «regresa a México» y un reporte del terapista del superior provincial le permite que siga adelante en su ministerio. En 2002 una carta del abogado Jeffrey Anderson notifica que el sacerdote se encuentra bajo investigación por abuso sexual cuando servía en Oxnard recién llegado de México.

El sacerdote Fidencio Silva fue encontrado el año pasado trabajando aún como sacerdote en un pueblo de San Luis Potosí, donde fue entrevistado por un canal de televisión de Los Ángeles: «Estaba nuevamente a cargo de los monaguillos y cínicamente aceptó que nos tomaba fotografías desnudos», dice Manuel Vega, una de sus víctimas que sufrió abusos sexuales en 1986 en la misma iglesia de Nuestra Señora de Guadalupe, donde servía como monaguillo.

En el caso de Nemorio Villa Gómez, quien fue ordenado sacerdote en Culiacán, Sinaloa, en 1957, las acusaciones de abuso contra él se acumularon en la arquidiócesis de Los Ángeles, donde sirvió desde 1962 hasta que en 1990 fue enviado a una «residencia privada» en México.

«Los informes indican que hay un intercambio de curas pederastas, todo está documentado y la policía estadounidense está investigando —dice Barragán—. Tanto el cardenal Rivera como el cardenal Mahony han enviado respectivamente sacerdotes que han cometido abuso sexual en México y en Estados Unidos para protegerlos. Si el cardenal Mahony ha protegido a estos sacerdotes en California donde las leyes están para proteger a la comunidad y funcionan más o menos, imagínese en México donde hay corrupción e impunidad y a la Iglesia no se le toca.»

Y añade: «El intercambio es muy escandaloso. Lo increíble es que la Iglesia católica mexicana no ha pensado en la protección de los niños, sino en la protección de su propia imagen y de los sacerdotes delincuentes. Qué desgracia que en una nación tan católica como México sucedan estas cosas».

—¿Por qué las diócesis de Estados Unidos están mandando sacerdotes pederastas a México?

—Porque en México no existen leyes de extradición efectivas. Y porque hay protección del cardenal Rivera Carrera. El cardenal ha enviado curas mexicanos para acá de igual forma. Y él se lava las manos en esto, diciendo que envió a los sacerdotes a otra arquidiócesis en Estados Unidos, de esta manera cree que el problema ya no lo tiene, pero es lo contrario, nosotros estamos haciendo un seguimiento.

Silencio cómplice

La actitud del cardenal Rivera Carrera, que se niega a dar explicaciones del encubrimiento a curas pederastas en México y descarta abrir los expedientes, es un «patrón de conducta» utilizado en otras diócesis del mundo: «Qué fácil es lavarse las manos y poner en peligro a miles de niños mexicanos. Es una auténtica tragedia. Es un crimen contra la humanidad dejar que depredadores sexuales sigan siendo curas», dice Barragán.

71

Otros nombres de sacerdotes hispanos acusados de abusos sexuales están siendo investigados para saber si se encuentran en México o bien para contactar con sus víctimas: Peter (Pedro) García, Richard Francis (Ricardo Francisco) García, Charles (Carlos) Hernández, Luis Jaramillo, Richard (Ricardo) Loomis, Joseph (José) López, Daniel Martínez, Rubén Martínez, Francisco Mateos, José Méndez, Samuel Orellana Mendoza, Henry (Enrique) Pérez, Joseph (José) Piña, Eleuterio Ramos, Efraín Rozo Rincón, John (Juan) Salazar y Manuel Sánchez Ontiveros, entre otros.

«Tenemos que alertar a los mexicanos de lo que está pasando, por honor a la religión católica. La humanidad está sufriendo por esto. Hay muchos sacerdotes pederastas de origen latino, los enviaban a los barrios hispanos porque hablaban español para conectar con la comunidad latina.»

Comentó que también han descubierto cómo la Iglesia católica estadounidense ha enviado a sacerdotes acusados de pederastia a Irlanda, Filipinas y a otros países de África: «Los quieren proteger escondiéndolos. La Iglesia está cometiendo un delito tipificado en las leyes internacionales y aún goza de impunidad. Queremos que los fiscales y los jueces mexicanos tomen cartas en el asunto».

Dijo que está demostrado que el cardenal Rivera ha enviado a los sacerdotes a otras parroquias donde nadie sospecha de sus fechorías para intentar mitigar el escándalo.

Barragán, que fue abusado sexualmente por el sacerdote de origen mexicano Carlos Rodríguez, actualmente en la cárcel, afirma que tan sólo en su barrio de Santa Paula en los suburbios de Los Ángeles hubo seis curas pederastas durante 20 años: «En las dos parroquias de mi barrio hemos contabilizado a seis curas pederastas y recuerdo perfectamente que eran hispanos. Después los movieron a otras parroquias. En mi comunidad el 85 por ciento es latino de bajos recursos. Miles de familias pertenecen a esas iglesias y son los más vulnerables, claro».

Explica que los pobres buscan a la Iglesia para que les dé esperanza: «Algunos sacerdotes dan esperanza gratis, pero bajo el alto precio de perpetrar abusos sexuales contra los niños. Esto tiene que terminar y la tolerancia cero significa empezar por las parroquias. En las iglesias de California tenemos charlas para que los demás escuchen las historias de nosotros los sobrevivientes, y para que se quite el miedo y se asuma con respeto el sufrimiento de las víctimas. Hay que hablar, es la única manera de terminar con este cáncer de la Iglesia».

Barragán, junto con otros dirigentes de la red de sobrevivientes, tiene planeado visitar la capital mexicana para organizar una serie de actos de difusión de su organización a fin de establecer vínculos con la comunidad católica afectada por la pederastia de los sacerdotes. El correo electrónico de apoyo a las víctimas de abusos sexuales del clero es: SNAPMEXICO@aol.com

Informe de la vergüenza

La arquidiócesis de Los Ángeles permitió durante los últimos 75 años abusos sexuales cometidos por sus sacerdotes contra cientos de menores de edad, según reconoció la propia institución en el informe «Report to the people of God: Clergy sexual abuse archdiocese of Los Angeles 1930-2003» (Documento para el pueblo de Dios: abusos sexuales de la arquidiócesis de Los Ángeles).

Durante los últimos veinte años, el cardenal Roger Mahony —arzobispo de Los Ángeles desde 1985— se había negado a hacer públicos los expedientes de los clérigos, argumentando que se violaban los derechos privados de los sacerdotes, pero el mes pasado la Corte de Apelaciones de California ordenó a la arquidiócesis su difusión.

El informe de 155 páginas desvela el camino que recorrieron 126 religiosos acusados de cometer abuso sexual contra feligreses menores de edad. Los documentos desclasificados muestran, de manera escueta por orden alfabético y a través de fichas individuales, lo que sucedió con estos presuntos pedófilos.

En la mayor parte de los casos el informe deja ver que los sacerdotes recibieron la protección incondicional de la Iglesia, ya que ninguno fue presentado ante las autoridades correspondientes para que se cumplieran las investigaciones ante las 560 denuncias de abuso sexual; por el contrario, fueron enviados a «centros de rehabilitación» de la misma institución y posteriormente, en algunos casos, restituidos en el ministerio, cambiándolos de parroquia en parroquia.

En febrero del año pasado, Mahony había accedido también a hacer público un informe que de manera general señalaba cómo 656 personas habían acusado de abuso sexual a 244 sacerdotes, diáconos, hermanos, seminaristas y un sacerdote falso. De ellos 113 sacerdotes diocesanos fueron acusados civil o penalmente, 43 fallecieron, 54 ya no estaban en la Iglesia y 16 continuaban en el ministerio.

El «añadido» al mismo reporte dado a conocer hace unos días, por la arquidiócesis, es más específico ya que muestra cómo durante años en algunos casos el cardenal Mahony ignoró las acusaciones contra los sacerdotes. Por ejemplo, en el caso del presbítero Michael Baker acusado de abusar de dos niños de 1978 a 1985, el cardenal no reportó el hecho ante la policía, pero lo envió a «rehabilitación». Posteriormente, lo nombró párroco de otras parroquias donde nuevamente tenía acceso a los niños. El padre Baker fue acusado por otros diez niños y no fue sino hasta el año 2000 cuando fue removido definitivamente de su ministerio.

Si en Boston o en el condado de Orange las denuncias judiciales contra sacerdotes alcanzaron indemnizaciones hasta de 500 millones de dólares, los casos de Los Ángeles pueden rebasar los mil millones de dólares, de acuerdo con estimaciones de los abogados de las víctimas.

El nuevo informe incluye los casos de la iglesia de Nuestra Señora de Guadalupe, como el del padre Nicolás Aguilar Rivera acusado en 1988 por dos familias de haber abusado de sus hijos. La arquidiócesis no hizo nada, pese a que la policía de Los Ángeles le informó que estaban investigando 18 denuncias contra el cura.

El informe censura la parte del currículo del presunto pederasta y su próximo destino. Sólo menciona que el cardenal Mahony envió una carta al arzobispo de Tehuacán buscándolo, pero finalmente no lo encontró. Hace cuatro meses el periódico Dallas Morning News fue a entrevistarlo a la parroquia de San Nicolás Tolentino en Tehuacán.

En el caso del sacerdote Joseph Francis Alzugaray se informa que en 1993 este sacerdote fue acusado por Ern Brady de abusos sexuales, incluidos sexo oral, sodomía y penetración con varios objetos, cometidos entre 1967 y 1972. La decisión de la arquidiócesis fue únicamente someter a evaluación psicológica a la víctima y enviar al sacerdote a la diócesis de Santa Rosa, California.

En 1983 la arquidiócesis recibió una denuncia contra el sacerdote Kevin Barmasse. El cura fue enviado a la iglesia de San Andrés en Sierra Vista, Arizona, luego a un terapista en Tucson. Dos años después fue rehabilitado como sacerdote de la iglesia de Santa Elizabeth Ann Seton, en Tucson. En 1991 cinco mujeres adolescentes acusaron al sacerdote de abusar de ellas. En 1992 fue retirado de su ministerio.

«Este reporte representa nuestro mejor entendimiento de la historia de los abusos sexuales en la arquidiócesis y nuestro esfuerzo para eliminar este azote —escribió en el informe el cardenal Mahony—. Incluye la mejor información que hemos podido adquirir hasta este momento sobre el número de sacerdotes y religiosos que han abusado sexualmente de menores y sobre el número de víctimas de dichos abusos.»

Sin embargo, Mary Grant, portavoz de la SNAP, dijo en entrevista que la publicación del informe se hizo porque el cardenal no tenía otra opción: «Este informe muestra sólo una pequeña parte del terrible historial de abusos sexuales cometidos por sacerdotes de Los Ángeles, aunque muestra cómo la Iglesia movió a los sacerdotes de una parroquia a otra, protegiéndolos y propiciando que los curas abusaran de otros cientos de menores. El cardenal ha hecho todo por evitar los juicios y estoy más convencida que nunca de que con este informe él está poniendo en riesgo a otras potenciales víctimas ya que sigue obstruyendo la acción de la justicia».

Grant recordó cómo las autoridades judiciales han exigido a la arquidiócesis la entrega de los expedientes de los sacerdotes acusados y el cardenal Mahony se ha negado a entregarlos: «Él sólo está haciendo relaciones públicas para intentar "limpiar" la arquidiócesis, pero los niños siguen en peligro, porque él mantiene a los abusadores en la Iglesia. Nada ha cambiado en la forma en que esta arquidiócesis ha afrontado el problema de los abusos sexuales».

Sostiene que el 40 por ciento de las víctimas de sacerdotes de Los Ángeles son hispanas, la mayoría de origen mexicano, y advierte que el Vaticano ha ordenado enviar a muchos sacerdotes pedófilos a iglesias ubicadas en México como el caso de Jessy Domínguez,

Nicolás Aguilar o Fidencio Silva: «Hemos ido a protestar al consulado mexicano por estos casos, porque sabemos que decenas de curas pedófilos han sido enviados allá para "limpiar Los Ángeles". Le hemos pedido al presidente Vicente Fox que haga justicia, pero nada. Estoy segura de que hay más del 40 por ciento de víctimas hispanas, pero ellas están aterrorizadas y no quieren hablar».

Secreto canónico

Efectivamente, el cardenal Mahony mantiene bajo secreto los archivos más delicados que implican su participación en la comisión de los delitos por los que ha sido demandado. La Procuraduría de Los Ángeles insiste en que el purpurado angelino les entregue todos los archivos de la Iglesia sobre los curas pederastas, especialmente aquellos casos en los que el purpurado se niega a cooperar que han servido a su arquidiócesis y luego han sido removidos a otros estados o a México por ejemplo. Pero el cardenal solicitó a la Suprema Corte, en febrero de 2006, que le permitiera seguir manteniendo en secreto esos archivos.

Los abogados de Mahony argumentan que al entregar esos archivos se estaría violando el «secreto canónico» contemplado en el Canon 1546, del Capítulo II referente a la prueba documental, en donde se señala que ninguna persona está obligada a desvelar documentos sin peligro de daño de violar la obligación de guardar secreto.

Lo que no mencionan los abogados de Mahony es que ese mismo Canon establece la posibilidad de hacer públicos los documentos de la Iglesia de manera transcrita, e incluso de desvelar una parte del documento sin mencionar las cuestiones relacionadas con el secreto inviolable.

En los últimos años, el fiscal Steve Cooley ha exigido al cardenal la apertura de esos archivos con el propósito de seguir la pista y desvelar información valiosa sobre los curas pederastas, porque piensa que no deben existir privilegios a favor de los ministros de culto para no cooperar o entregar evidencia a fin de comprobar la comisión de los delitos en los que incurrieron los sacerdotes. En especial, le solicita los expedientes de los sacerdotes Michael Stephen Baker, Michael Edwin Wempe y Steven Charles Hernández, los tres con cargos por pederastia.

Éric Barragán, portavoz de la SNAP, no tiene dudas sobre las razones que mueven al cardenal para no cooperar con la justicia: «El problema es que Mahony piensa más en proteger su imagen que en las víctimas y porque sabe que al entregar esos archivos se conocerá toda la verdad».

¿Pecado o delito?

Contrario a lo que ocurre en México, donde las autoridades eclesiástica y judicial prefieren guardar un silencio cómplice en torno a los abusos sexuales contra menores de edad cometidos por sacerdotes, en Estados Unidos las iglesias han implementado un programa dirigido a los fieles para prevenir, denunciar y castigar la pederastia del clero, como parte de la exigencia de las autoridades.

Ante la magnitud de las 656 denuncias contra religiosos, la diócesis de Los Ángeles encabezada por el cardenal Roger Mahony se ha visto obligada a colaborar con la policía y creó el programa VIRTUS, diseñado para prevenir el abuso de menores, informando a los adultos la manera en que el abuso sexual es perpetrado.

Desde 1950 en Estados Unidos 4 300 sacerdotes católicos estuvieron implicados en casos de abuso sexual contra menores, la Iglesia inició desde el 2002 el plan nacional «Protegiendo a los niños», un sistema social, psicológico y policial para hacer que la comunidad tome conciencia del abuso sexual contra menores.

En la arquidiócesis de Los Ángeles trabajan más de 355 personas como «facilitadores» del programa de prevención, quienes han proporcionado sesiones informativas a más de 26 000 personas que incluyen padres de familia, diáconos, sacerdotes, obispos, profesores y personal parroquial, así como todos los trabajadores voluntarios que están cerca de los niños en las iglesias.

Los comités diocesanos «Protegiendo a nuestros niños» se han establecido en más del 90 por ciento de las iglesias de la arquidiócesis, que cuenta con 1 200 sacerdotes y atiende a unos 5 millones de fieles, de los cuales el 75 por ciento son hispanos.

Las investigaciones policiales y judiciales se han intensificado en los últimos tres años contra el clero pedófilo, por tanto, desde el 2002 las disposiciones para aceptar personas que realicen las labores eclesiásticas exigen toma de huellas dactilares, investigación del currículo, examen psicológico, revisión de las fichas policiales y gubernamentales y certificado de no antecedentes penales.

«Para garantizar la seguridad de todos nuestros niños, la arquidiócesis de Los Ángeles requiere tomar las huellas digitales de todos los sacerdotes, maestros, empleados de la parroquia, y voluntarios que trabajan con los niños. Las huellas son procesadas por medio de una base de datos criminales, y cualquier persona con antecedentes de abuso sexual de menores está permanentemente excluida del ministerio de la Iglesia», dice el boletín parroquial.

Hasta ahora, más de 6 500 maestros y personal de las escuelas católicas han sido investigados y aprobados por las autoridades para trabajar con niños; adicionalmente, las huellas digitales de otros 7 000 empleados y voluntarios de las parroquias y escuelas de la arquidiócesis han sido investigadas y aprobadas.

Todos los que trabajan con niños en las iglesias están obligados a asistir a los entrenamientos del programa VIRTUS. Los grupos de apoyo a las víctimas de abuso sexual por parte de sacerdotes existen en la mayoría de las parroquias: «La mayoría del abuso de menores ocurre solamente después de que el perpetrador ha ganado la confianza del niño, sus padres y guardianes con un proceso llamado "preparación"», explica el boletín.

Explica que el «perpetrador» prepara física y psicológicamente a su víctima y posteriormente a la comunidad: «El propósito es convencernos de que es alguien que realmente cuida de los niños y que se preocupa por el bienestar de ellos, de modo que no notamos las señales de peligro o no las tomamos en cuenta porque no creemos que el perpetrador sea capaz de un crimen. El proceso puede durar tan poco como algunos días o tanto como algunos meses, pero el perpetrador está dispuesto a ser paciente en un esfuerzo por ganar la confianza de cada uno de los involucrados».

¿Qué debe hacer un padre cuando descubre que su hijo ha sufrido abuso sexual por un sacerdote? La misma arquidiócesis contesta:

«Llame a nuestra oficina del Ministerio de Asistencia para reportar la mala conducta al teléfono gratuito 1-800-355-25-45. Nuestros sacerdotes, diáconos, facultad escolar y administradores escolares y muchos otros empleados de nuestras parroquias y ministros han sido designados como personas que bajo la ley del estado de California tienen la obligación de reportar casos de abuso de niños.»

Si el creyente lo reporta al personal de la iglesia, la parroquia está obligada a hacer un reporte a las autoridades civiles, según lo especifica el Código Penal 11166 (c). La arquidiócesis recomienda también que los fieles se dirijan a las Agencias de Protección de Niños y proporciona todos los teléfonos gratuitos de las agencias en cada condado que cubre la arquidiócesis. Además existe la línea directa hotline de Abuso de Niños: 1-800-54-40-00 y para personas en el extranjero (323) 283-19-60.

La misma arquidiócesis recomienda que los abusos se denuncien a la Agencia de Policía, concretamente a la Unidad de Niños Explotados Sexualmente, al Departamento del Sheriff del Condado de Los Ángeles y por supuesto al fiscal del Condado que está investigado en la Unidad de Crímenes Sexuales y de Abuso de Niños. En este apartado el arzobispado ofrece más de diez teléfonos y páginas Web.

«El abuso sexual de cualquier modo degrada la dignidad que Dios les dio a los humanos, no importa quién es el perpetrador», dice el boletín parroquial. El año pasado el cardenal Roger Mahony, acosado por los cientos de denuncias, publicó el primer reporte de «al Pueblo de Dios» sobre el abuso sexual de los sacerdotes y reconoció que la forma de entender esta crisis en los años sesenta, setenta y principios de los ochenta fue equivocada.

«Mirando hacia atrás podemos decir que el cascarón protector del silencio fue dañino para algunas víctimas. Aguantar en privado las memorias de su abuso no fue el camino adecuado para su recuperación personal [...] la Iglesia por años ha tenido disponible consejería profesional para las víctimas, pero el clima general de "no declaración" no ha servido a las víctimas. Es por esta razón que queremos invitar a cualquier víctima, que todavía no ha empezado a aliviarse de la carga del abuso, a que se presente e informe de cualquier abuso sexual pasado por parte del clero a la arquidiócesis o a las autoridades civiles», dijo.

Mahony reconoce que no reportó judicialmente a los curas pederastas, pero se justifica diciendo que antes de 1997 no había leyes que «obligaban a todos los miembros del clero a hacer tales reportes»: «Ahora todas las acusaciones creíbles que se refieren a clérigos vivientes son reportadas por escrito y sometidas a la ley por la arquidiócesis, tanto si la víctima es o no un menor, tanto si la víctima o sus padres hayan o no hecho un reporte. Ninguna ofensa será ocultada».

Lindo Mazatlán

El padre Siegfried Widera estaba a cargo de la iglesia de Port Washington, Wisconsin, y fue acusado de abusar sexualmente de varios menores de edad. Los escándalos provocaron que sus superiores lo trasladaran en 1973 a California, en donde continuó abusando de otros niños en por lo menos dos parroquias de la diócesis de Los Ángeles.

El padre Widera fue acumulando cargos por pederastia a donde era enviado. Ante la presión judicial, el sacerdote confesó a sus superiores que había vivido «un acto de gratificación sexual con su propio órgano y el de un menor bajo la mirada de otros niños», según constató la agencia española Colpisa, que tuvo acceso al expediente.

En total llevaba 44 denuncias cuando el presbítero decidió trasladarse a México, país donde encontró refugio y protección clerical. El FBI no se daba por vencido y le seguía los pasos. Lo encontró en los primeros días de noviembre de 2002 en Mazatlán, Sinaloa.

Con 61 años y una excelente salud, el sacerdote fue arraigado en un hotel de esa localidad del Pacífico mexicano, en espera de su traslado a Ciudad Juárez y desde allí a El Paso, Texas; pero según las declaraciones de los policías estadounidenses el presunto pederasta decidió tirarse desde la ventana.

Las víctimas del padre Widera son hombres que ahora tienen alrededor de 40 años. El sacerdote se acercó a familias hispanas, mayoritariamente mexicanas, de escasos recursos, pertenecientes a la diócesis de Los Ángeles. Aprendió español con gran facilidad y poco a poco se ganaba la confianza de sus feligreses.

Sherida Ruiz aún recuerda cómo el padre Widera se fue acercando a su hijo Chris luego de la muerte de su padre. El pequeño de diez años en ocasiones no quería salir de su habitación a la hora de las frecuentes visitas del sacerdote. Sherida asegura que el presbítero insistía en ver al pequeño y le pedía permiso para subir a su cuarto. El padre Widera abusó de Chris durante años, mientras su madre permanecía en la casa.

El pequeño nunca fue capaz de desvelar lo que pasaba, seguramente por miedo o por las amenazas del presbítero, pero luego de 20 años Chris decidió interponer una denuncia por abuso sexual contra el sacerdote. Eso ayudó a que los agentes del FBI se hicieran cargo del caso.

Todo un método

«Vamos a ver qué pesa más: mi sotana o tu pinche bata», le dijo el sacerdote estadounidense Charles Theodore Murr Letourneau al doctor Jorge Mejía Iturbe cuando descubrió que el cura abusaba sexualmente de niños huérfanos de la Casa Hogar Francisco Javier de Tepatitlán, Jalisco, y lo denunció con las autoridades eclesiásticas y judiciales.

Efectivamente la sotana pesó más. El delito del «padre Charly» —como se le conoce en la arquidiócesis de San Juan de los Lagos— sigue impune y es un claro ejemplo del camino que recorre un cura acusado de pederastia en México, que cuenta con el manto protector de sus superiores, la policía y el Vaticano.

Los hechos ocurrieron hace 13 años en Tepatitlán. El sacerdote Murr llegó a principios de los años ochenta a esa localidad y fundó una asociación de beneficencia pública dirigida a la protección de los niños desamparados bajo el nombre Cultura y Formación, A.C.

El padre Murr invitó en 1987 al doctor Jorge Mejía Iturbe a trabajar en el orfanato conocido como Casa Hogar Francisco Javier, a cargo de las monjas italianas de las Madres Pías de la Dolorosa: «Mi trabajo era velar por la salud de 100 internos y de las religiosas. Pero cuatro años después me enteré del horror en el que vivían algunos muchachos».

El escándalo de los abusos sexuales inició con la violación de una niña por parte de Alan Israel Oliva, uno de los primeros niños recogidos por el padre Murr y quien con el paso de los años se fue convirtiendo en el adolescente «consentido» del orfanato: «En 1991, en una de sus borracheras, el padre Charly me dijo que uno de sus protegidos, que después él convirtió en su querido, violó a una niña de 11 años en el orfanato. Yo le dije que lo denunciara y se acababa el problema, pero reaccionó de muy mala manera y me pidió que me olvidara del asunto porque él no pensaba ir a la policía».

El doctor Mejía Iturbe dice que como médico no pudo quedarse callado y que empezó a investigar lo que pasaba en el orfanato y en el rancho, ambas propiedades dirigidas por el presbítero: «La administradora del rancho y la cantante Amalia de Lourdes, que hacía obras en beneficio del orfanato, escucharon mis preguntas. En presencia de la cantante, la trabajadora me confesó que el padre había violado a varios niños. Asombrado le dije: "¿Por qué nunca me habían comentado nada?" "Porque el padre me tiene amenazada de muerte, y también porque yo misma lo he visto hacerlo"».

El doctor Mejía buscó a sus víctimas en el orfanato: «El niño Wintilio reconoce que fue violado por el padre Murr y me cuenta que había violado a otros ocho niños. Pensé que sería bueno hacer un careo para ver quién decía la verdad. El padre Murr reconoció delante de Wintilio que había sostenido relaciones con él y descompuesto me pidió disculpas».

Añade: «Supe todos los detalles. El sábado en la noche se los llevaba al rancho donde los emborrachaba y luego abusaba de ellos. El padre Murr les decía que todo estaba permitido, que no estaban haciendo nada malo y los tenía amenazados. Los violaba. Había penetración, sexo oral y todo lo que él quería. Imagínese, era terrible. Yo no sabía nada y regañaba a los niños porque algunos faltaban a misa del domingo. Wintilio fue el que me explicó la razón. Me dijo: "el sábado en la noche tiene relaciones con nosotros y él quiere que al día siguiente estemos en misa como si nada, comulgando y leyendo la Biblia. Francamente no podemos"».

Después de reconocer su delito, el sacerdote le aseguró al médico que se iría de México para intentar rehabilitarse en Estados Unidos, su país de origen: «Tepatitlán es una localidad muy creyente y seguramente el padre se sintió protegido. No pasaron 48 horas cuando el padre Charly se presentó en mi consultorio para despedirme. Me amenazó diciéndome que si decía algo sobre los abusos sexuales tenía que atenerme a las consecuencias: "Acuérdate de que tienes esposa y dos hijas pequeñas, padres y hermanos"», comenta que le dijo.

Inmunidad

El doctor Mejía Iturbe acudió a la diócesis de San Juan de los Lagos para denunciar los abusos sexuales ante el obispo José Trinidad Sepúlveda: «Hablé con las religiosas del orfanato y fuimos a hacer la denuncia eclesiástica. Fue una mofa. El obispo me dijo que hiciera la denuncia con su secretaria, yo le dije que era muy delicado, pero a él no le importó. Después lo protegió en todo momento y la denuncia nunca prosperó».

Explica que siguió tocando puertas en la Iglesia en busca de apoyo. El cardenal Juan Jesús Posadas Ocampo le recomendó que se olvidara del asunto, luego acudió ante el nuncio apostólico Girolamo Prigione, quien fue contundente: «Con una tranquilidad asombrosa me dijo: "La Iglesia no se acaba por un mal sacerdote. Usted debe dejar esto en manos de las autoridades a ver qué se hace, olvídese del tema"».

El doctor Mejía recordó que el padre Charly tenía a un gran protector en Roma donde el sacerdote estadounidense había estudiado: «En una ocasión el padre Charly me confesó que Mario Marini había abusado de él. Fue por eso que Marini decide sacarlo de Roma y lo manda a San Juan de los Lagos y de allí a Tepatitlán, donde empieza a construir el orfanato».

Después de la denuncia eclesial, el doctor y las religiosas del orfanato decidieron hablar por teléfono con Mario Marini, subsecretario de la Congregación para el Culto Divino: «Le llamamos a las cuatro de la mañana para que fueran las 12 del día en Roma. Me identifiqué y le dije que estaba llevando el caso contra el padre Murr por abuso sexual. Le dije: "Tengo entendido que usted abusó del padre Murr antes y le llamamos para que lo quiten de aquí porque está haciendo mucho daño". Marini me "ordenó" que quitara la denuncia y yo le dije que yo no tenía por qué obedecer sus órdenes. Me dejó claro que el padre Charly estaba bien protegido».

Al ver la actitud de la jerarquía católica, el doctor Mejía tocó la última puerta: el patronato del orfanato dirigido por los empresarios tapatíos Benjamín y Noel Pérez de Anda: «Escucharon la historia y me dijeron: "No seas pendejo, hay cosas que es mejor callarse. Haz de cuenta que no pasó nada"».

El doctor Mejía interpuso la denuncia en el juzgado de Tepatitlán contra la violación de la menor perpetrada por el interno Alan, con el fin de llegar a los delitos de violación que el padre Charly cometió contra los huérfanos: «Ese muchacho fue detenido, se comprobó la violación a través de los testimonios de la niña, la mamá y las religiosas del orfanato. Aun y con todo eso, el juez dijo que no había elementos de violación y sólo mantuvo en la cárcel al muchacho por ocho días. Luego supimos que el padre Charly había comprado al juez. La sentencia contra el muchacho fue mandada al Consejo Tutelar de Menores dirigido por el padre Charly. Una burla».

Norberto Cervín, reportero del periódico Siete Días de Tepatitlán, recuerda los hechos. Dice que la policía judicial detuvo al padre Charly por la violación de esa niña, pero que el pueblo se manifestó en la plaza principal exigiendo su liberación: «El padre Charly era muy querido en Tepatitlán. Fue construyendo el orfanato durante varios años con donaciones. Alojaba niños huérfanos que recogía de las calles o bien que le entregaban algunas madres solteras».

El actual obispo de San Juan de los Lagos, Javier Navarro Rodríguez, quien llegó a la arquidiócesis hace seis años y medio, reconoció que sabía de los hechos sobre el padre Murr: «A ese padre nunca lo he tratado. Supe que estuvo trabajando en Tepatitlán.

Cuando llegué al obispado me enteré del caso, porque aquí está el expediente, un expediente muy amplio».

—Al padre Murr lo acusan de haber abusado de niños…

—Sí, pero eso no fue en mi tiempo, yo no sabría decir. En el expediente está todo, aunque es un expediente reservado no se lo puedo entregar.

A Nueva York

«No voy a solapar violaciones de los internos, ni mucho menos que cometas abusos sexuales contra los niños», le dijo el doctor Mejía Iturbe al padre Charly antes de que éste lo despidiera y amenazara. El 30 de agosto de 1992 el médico salió huyendo de Tepatitlán ante la presión social y las acusaciones de difamación: «En lugar de investigarlo y detenerlo, el pueblo se me echó encima. Hay gente que a la fecha desea mi muerte, porque se me ocurrió tocar a la Iglesia católica, concretamente a un sacerdote que pasaba por bueno y en Tepatitlán, cuna del cristianismo».

La «obligación moral» hizo que el doctor Mejía no desistiera en su lucha. Dos meses después del juicio en Tepatitlán la Secretaría de Gobernación mandó llamar al sacerdote estadounidense para entregarle su permiso migratorio: «Tuve una reunión con el licenciado Limón Rojas, de Asuntos Religiosos, y junto con mi hermano, que es abogado, lo pusimos al tanto del caso del padre Murr».

La Secretaría de Gobernación le aplicó el artículo 33: «Conseguimos que lo sacaran del país, pero no por pederasta; lo expulsaron por dedicarse a actividades no autorizadas por la Secretaría de Gobernación. Al menos conseguimos que ya no hiciera daño en Tepatitlán».

Hermenegildo Castro, del Instituto Nacional de Migración de la Secretaría de Gobernación, se negó a entregar el expediente de la expulsión del sacerdote solicitado por esta reportera a través de la funcionaria Adriana Ángeles: «Es información confidencial y no podemos revelarla».

Luego de ser expulsado, las autoridades religiosas mexicanas decidieron enviar al padre Murr a Nueva York. En esta ciudad trabajó en varias iglesias y según el doctor Mejía fue removido de parroquia en parroquia precisamente para protegerlo porque siguió abusando sexualmente de otros menores. En abril del año pasado renunció a la iglesia de San Francisco de Sales, ubicada en el 135 East de la 96 Street, y en julio pasado fue enviado a la parroquia Our Saviour, en el 59 de Park Avenue en Nueva York. Allí desapareció hace cinco semanas, según dijo el padre Ratler: «La diócesis aseguró que no había quejas contra él. Estuvo aquí durante varias semanas y luego desapareció misteriosamente. No sabemos dónde está».

Joseph Zwelling, portavoz de la arquidiócesis de Nueva York, se negó a dar información sobre el padre Murr: «No podemos dar ninguna dirección de su paradero actual. No sabíamos nada sobre los abusos sexuales en Tepatitlán ni en Nueva York, no hemos tenido ninguna denuncia al respecto aquí, ni tampoco sobre su pasado. Él desapareció pero fue algo que él hizo por su cuenta, no tenemos nada que ver. No sabemos si está en Roma o no».

El doctor Mejía fue informado de que el padre Murr se encuentra nuevamente en Roma protegido por sus superiores ante el acoso de las denuncias: «La jerarquía apoya a los pederastas porque tienen relaciones entre ellos, pero él aún tiene mucho poder y seguramente está planeando regresar a México».

El padre Murr sigue ostentando su puesto en el patronato del orfanato y ha amenazado a las religiosas con quitarles la institución: «Trece años después él sigue peleando la posesión del orfanato, el rancho y otro edificio que hizo. Estamos hablando de millones de pesos. Por eso estoy haciendo la denuncia, porque la impunidad aún perjudica el futuro de esos niños. Es necesario que le retiren su licencia para ser sacerdote, para que no siga haciendo daño. Con la protección que la Iglesia le da, él va a seguir haciendo daño allí donde esté. Y es bueno que se sepa quiénes lo protegen».

El orfanato está regido por un patronato de Tepatitlán y otro de Nueva York: «Después de lo que hizo aquí sigue siendo sacerdote a cargo de niños, adscrito a la iglesia de Nuestra Señora de Guadalupe en Nueva York. Hasta allí se llevó a Alan Israel, donde siguió manteniendo una relación con él».

Ambos patronatos entregan los fondos económicos para el funcionamiento del orfanato: «Los cheques que llegaban de Estados Unidos eran de 50 a 300 mil dólares. Fui varias veces a acompañarlo a Nueva York a las juntas del patronato, en una de las ocasiones el presidente de allá le dijo:"Charly, qué buen negocio son los bastardos; te está yendo muy bien", yo me quedé sorprendido».

La madre Gianfranca, que dirige el orfanato, se negó en entrevista telefónica a dar más detalles sobre el padre Murr: «Comprendo que para las víctimas los abusos sexuales son una tragedia. Pero nosotros no podemos decir nada, nada de nada».

El doctor Mejía asegura que las religiosas han recibido instrucciones de sus superiores de «ocultar» el asunto, y sobre ellas aún pesan las amenazas del sacerdote estadounidense, que sigue teniendo una posición en el patronato.

Cuenta que el padre Murr hubiera querido ser el confesor del doctor Mejía: «Es algo que le molestaba, que nunca me acerqué a él como confesor. Si lo hubiera hecho y le cuento mis secretos, me hubiera tenido agarrado; así es como los sacerdotes con el secreto de confesión tienen sometido a medio mundo».

Explica que el mismo padre Murr le confesó que tenía un hijo: «¿Cómo se les llama a los hijos de los sacerdotes? Sobrinos, ahijados, y a sus mujeres: ayudantes. Muchos sacerdotes siempre han tenido mujeres, siempre ha habido abusos sexuales, lo que pasa es que apenas la gente ha empezado a hacer las denuncias».

El doctor Mejía comprende que las víctimas del padre Murr se nieguen a hablar: «Como médico los examiné y puedo ser testigo de las violaciones. No me podía quedar callado. Lo único que quiero es que las autoridades dejen de proteger a los curas pederastas. El estúpido concepto de celibato impuesto por la Iglesia provoca estas aberraciones. Se les olvida que los curas son seres humanos y que lo mejor es que tengan mujer para que no anden haciendo estas cosas; aprovechando su sotana para abusar sexualmente de menores. ¡La impunidad debe terminar!»

Los huidos

La Red de Sobrevivientes de Abusos de Sacerdotes ha elaborado una lista parcial de sacerdotes acusados de abusos sexuales contra niños que huyeron a México, bajo la protección de las Iglesias católicas de Estados Unidos y México; otros más murieron luego de un periplo de traslados y el resto sigue ejerciendo el sacerdocio a pesar de las denuncias de pederastia.

Aguilar Rivera, Nicolás
Rivera huyó a México cuando una autoridad judicial aprobó una orden de arresto en 1998. El cardenal Mahony de Los Ánge-

les, California, no les hizo caso a los avisos: 4/30/04. Los Ángeles (AP). «Una carta escrita en 1987 de un obispo mexicano le dijo al cardenal Roger Mahony de "problemas" de un sacerdote visitante. No recibió atención, permitiendo que el sacerdote, según se alega, abusara sexualmente de 26 muchachos en la arquidiócesis de Los Ángeles, según los abogados. Los abogados, quienes representan a las víctimas alegadas de abuso sexual, acusan que Mahony asignó al padre Nicolás Aguilar Rivera para que trabajara en las parroquias de Los Ángeles en 1987, a pesar de por lo menos un aviso del obispo Norberto Rivera de Tehuacán, México.»

Ávila Avelar, Heladio

Está acusado de abuso sexual de tres muchachos en 1996. Avelar admitió ante sus superiores las acusaciones y lo mandaron a un centro de rehabilitación. En otros casos, los sacerdotes son reinstalados en otras iglesias, ya que la jerarquía católica argumenta que con esos «tratamientos» los sacerdotes se curan de la enfermedad de pederastia.

Baker, Michael

En 1986, Baker le dijo al cardenal Roger Mahony de Los Ángeles que él abusó sexualmente de muchachos jóvenes, pero Mahony lo asignó de nuevo a parroquias y, según se alega, continuó el abuso sexual de niños por más de diez años. Hay documentos y entrevistas. Más tarde, Mahony aprobó un pago secreto de 1.3 millones de dólares a dos hombres quienes dijeron que el padre Michael Baker los abusó de 1984 a 1999. El cardenal arregló todo para que el sacerdote se retirara de manera silenciosa de la arquidiócesis en 2000.

Cabot, Samuel (Sam)

Gastó mucho tiempo en un asilo de huérfanos en México y últimamente regresó a Estados Unidos con una muchacha joven y se alega que él la abusó entre las edades de 5 y 10. Ahora él está acusado de abuso sexual en un litigio civil.

Camacho Baruqui, Manuel Esteban

Está acusado de violación sexual de un menor de edad en 2001.

Castro, Willebaldo

El padre Willebaldo Castro estaba asignado como pastor ayudante de la iglesia de Santa María de la Asunción en Santa María, California, en enero de 1976; cuatro meses después fue acusado de abuso sexual de un muchacho de 16 años, según los documentos. Castro, quien salió de la arquidiócesis y regresó a su patria de México en 1980, también tiene un litigio que alega que él abusó sexualmente de un menor de edad en Santa María en 1977.

Cervantes Gallardo, Alejandro

Cuatro menores de Aguascalientes lo acusaron de abuso sexual. Él fue acusado de corrupción de menores y por actos lascivos con un menor de 16 años.

Chávez Mendoza, Gerónimo

Tiene una acusación de violación sexual de un menor en 1997 y fue condenado a la cárcel.

Cimmarrusti, Mario

Está acusado del abuso sexual de 12 niños, según un documento de la arquidiócesis de Los Ángeles, California.

Coria Mendoza, Salvador

Estaba cerca de ordenarse como sacerdote; fue trasladado en julio de 2002 después de ser acusado de abusar sexualmente de un muchacho de 17 años. Hizo una reclamación primero en junio de 2001, seis meses después del incidente según se alega. La familia del muchacho dice que informó a un sacerdote y a un obispo del abuso, quienes obstruyeron la ordenación de Coria, pero no tomaron más medidas. Finalmente, la familia informó a la oficina del procurador general del abuso, y las acusaciones están registradas en Estados Unidos contra Coria.

Daley, Wallace John

Daley está acusado de abuso sexual de un niño en un litigio civil registrado en Los Ángeles, California.

De Maria y Campos López, José Luis

Está acusado de abusar de tres menores en León, Guanajuato. Se le hicieron cargos por corrupción de menores. Su caso ha sido mandado al Vaticano con una recomendación para que sea apartado del sacerdocio. Fue detenido el 27 de marzo de 2005 y luego de la denuncia contra el cardenal Norberto Rivera, el 22 de septiembre de 2006, en un hecho insólito en México, fue condenado a seis años de prisión por los delitos de «corrupción de menores y abuso erótico sexual» contra tres de sus acólitos. Fue la jueza Nora Patricia Neri quien también lo sentenció a pagar el tratamiento psicológico de sus víctimas con 21 mil pesos. El obispo José Guadalupe Martín Rábago ignoró la denuncia de una de las madres de los menores y protegió al sacerdote al que ahora defiende. El abogado contratado por la diócesis recurrió a la sentencia.

Domínguez, Jesse

Un grupo que apoya a las víctimas de abuso sexual por sacerdotes está pidiendo que la Iglesia dé a conocer los documentos personales de este sacerdote pederasta y convicto, y que usen anuncios públicos para ayudar a la policía a localizarlo y así lograr la extradición de Domínguez de México a los Estados Unidos. La Red de Sobrevivientes de Abuso Sexual por Sacerdotes (SNAP) ha escrito al obispo Gerald Barnes, de San Bernardino, para que anuncie a la comunidad que si alguien ha sido víctima o ha visto los actos de crimen sexual por el padre Jesse Domínguez, ya sea en California o en México, que los declare y que se comuniquen con las autoridades. El obispo Barnes no está dispuesto a ceder los documentos personales de Domínguez a los demandantes locales. Dice que tiene miedo de que Domínguez lo procese por violaciones de secretos.

García, Peter (Pedro)

Está acusado de abuso sexual de un menor en litigio civil contra la arquidiócesis de Los Ángeles.

García, Richard Francis (Ricardo Francisco)

Está acusado de abuso sexual de un menor en el documento de la arquidiócesis de Los Ángeles. Ese litigio civil por abuso sexual del niño está pendiente.

Gaudencio Hidalgo, Édgar

En septiembre de 2002, Hidalgo fue arrestado en la Ciudad de México y también era buscado en Italia por la policía desde noviembre de 1999. Hidalgo está acusado de abuso sexual de menores.

Jaramillo, Luis

Está acusado de abuso sexual de un joven y hay litigio civil contra la arquidiócesis de Los Ángeles, California.

Kane, Thomas A.

El padre Thomas A Kane, quien salió de la diócesis de Worchester en 1993, después de ser acusado de asalto sexual contra un muchacho que tenía nueve años, ha pasado los últimos cinco años como director de un instituto internacional de educación para maestros en Guadalajara, México, a cargo del obispo Juan Sandoval Íñiguez.

Lenihan, John

Lenihan, sacerdote de Orange County, California, dijo que abusó de dos menores y tuvo muchas experiencias sexuales. Presuntamente estaba de acuerdo en pedir al papa Juan Pablo II que se le relevara del ministerio, anunciaron unos oficiales de la Iglesia. Lenihan visitó asilos de huérfanos en México.

Loomis, Richard (Ricardo)

Monsignor Ricardo A. Loomis era el pastor de la parroquia de Santas Felícitas y Perpetua, en San Marino. Era uno de 11 sacerdotes que la arquidiócesis hizo reclamos contra ellos de esta manera: «Sacerdotes que se quedan en servicio activo porque faltan pruebas suficientes o creíbles para que los quitemos del ministerio». Cuando Loomis fue acusado por segunda vez, se declaró puesto en ausencia administrativa.

López, Joseph (José)

Está acusado de abuso sexual por lo menos de un joven, según el documento de la arquidiócesis de Los Ángeles.

Maciel Degollado, Marcial

Fundador de los Legionarios de Cristo. Después de décadas de silencio, nueve hombres han acusado al líder de una orden religiosa internacional de la Iglesia católica romana. Lo acusan de haber abusado sexualmente de ellos cuando eran niños y jóvenes en el seminario. Los hombres, durante entrevistas en Estados Unidos y en México, dijeron que el padre Marcial Maciel Degollado, el fundador de los Legionarios de Cristo, los abusó sexualmente en España y en Italia durante las décadas de los cuarenta, cincuenta y sesenta. Algunos dijeron que Maciel les dijo que tuvo permiso del papa Pío XII de abusar sexualmente por alivio de pena física. Los hombres que hacen estas alegaciones incluyen un sacerdote, un consejero, un profesor, un ingeniero y un abogado. Algunos de los hombres ahora tienen 50 y 60 años de edad, y lloraron durante las entrevistas. El papa Joseph Ratzinger lo retiró del ministerio sacerdotal, pero Maciel no fue sometido a la justicia por sus delitos.

Mandujano Tinajero, José Antonio

Tinajero violó a la hija adolescente de un empleado parroquial que dio a luz a su hijo en marzo de 2002.

Martínez, Daniel

Acusado de abuso sexual.

Martínez, Rubén

Enfrenta acusaciones de abuso sexual infantil en una denuncia con la arquidiócesis de Los Ángeles.

Mateos, Francisco

Acusado de abuso sexual de al menos un niño.

Méndez, José

Méndez es nombrado como sacerdote acusado del abuso infantil en el reporte de la arquidiócesis de Los Ángeles.

Orellana Mendoza, Samuel

Según se informa, es uno de al menos diez sacerdotes acusados de Los Ángeles que permanecen en el ministerio activo. Cada uno ha negado las alegaciones personalmente o por medio de un abogado. Orellana trabajaba en la iglesia católica de la Presentación de María en Los Ángeles. Está acusado del abuso infantil en una denuncia en su contra.

Peralta, Carlos

Sacerdote salesiano de Sudamérica, es acusado del abuso de cuatro muchachos en Chicago en los últimos años de los noventa, según un litigio. El sacerdote ahora está en México.

Pérez, Henry (Enrique)

Procesado en 2003 y demandado en 1993 por abuso sexual. Pérez fue acusado cuando era sacerdote en Arizona. Fue quitado en 1991 cuando los oficios de su nueva diócesis de California se enteraron de las alegaciones anteriores. Pérez ahora trabaja como sacerdote en la Iglesia católica anglicana, donde celebra misa semanalmente.

Piña, Joseph (José)

Piña fue acusado del abuso de una muchacha de 14 años y actualmente enfrenta denuncias en su contra en un pleito civil contra la arquidiócesis de Los Ángeles.

Ramos, Eleuterio

El reverendo Eleuterio Ramos, que admitió a la policía en 2003 que había abusado al menos de 25 muchachos, incluyendo su participación en la violación de un muchacho por un grupo de hombres en un hotel en San Diego en 1984, fue transferido a una parroquia en Tijuana, México, donde la diócesis de Orange continuó enviándole sus cheques mensuales, además de pagar sus gastos de coche. El padre Ramos murió el año pasado.

Romero Yáñez, Leopoldo

Fue detenido en Tamazul, Jalisco, por pederastia.

Rodríguez, Carlos René

Fue encontrado culpable en la Corte Superior del Condado de Ventura, California, por tres denuncias en su contra involucrando a dos menores de Santa Paula, California. Los delitos tuvieron lugar entre 1988 y 1993 cuando el sacerdote vivía en una casa de retiro en Santa Bárbara mientras trabajaba como consultor regional de la Oficina de la Vida Familiar de la arquidiócesis de Los Ángeles. Se reporta que Rodríguez conoció a los padres de los muchachos por medio del programa Encuentro Matrimonio. Originalmente, Rodríguez negó las acusaciones en su contra. Como parte de un arreglo con las autoridades judiciales, dos acusaciones adicionales en su contra fueron retiradas. Rodríguez fue condenado a ocho años y ocho meses en la prisión donde todavía se encuentra hoy en día.

Salazar, John (Juan)

Fue condenado por abuso sexual de niños en 1988 y cumplió casi tres años de una sentencia de seis años. Al salir de la prisión fue empleado por la diócesis de Amarillo, Texas, donde trabajó por 11 años. Salazar fue condenado «a vida» en la prisión por el asalto sexual de un feligrés de 18 años después de una fiesta de bodas en Irving en 2003. Juan Salazar, en el pasado párroco de la iglesia del Espíritu Santo, de Tulia, fue condenado según una ley que impone una sentencia «a vida» en prisión automática por una condena de asalto sexual en serie.

Santillán, John

Niega la acusación de abuso sexual contra un monaguillo en los años setenta. La policía lo fue investigando. Murió en España. Vivió en Bolivia y visitaba una casa de parroquia y seminario de los Calasanzianos (Piarist), la orden ubicada en Ensenada, Baja California.

Simón Silva Flores, Fidencio

Después de una investigación que duró casi un año, las autoridades judiciales pidieron la detención del padre Fidencio Silva, de 53 años, quien sirvió en la parroquia de Nuestra Señora de Guadalupe en Oxnard, California, desde 1978 hasta 1986. Planearon comenzar el proceso de extradición cuando ubicaron a Silva, quien en 2002 servía en una iglesia de San Luis Potosí en México. Sin embargo, el caso fue desechado más tarde debido a una decisión de la Corte Suprema estadounidense que invalidó la ley de California sobre abusadores sexuales y, por tanto, se liberaron a cientos de abusadores admitidos, condenados y personas con denuncias en su contra en el estado de California. Silva negó las acusaciones y lo tenemos reportado que sigue sirviendo en una comunidad religiosa de México, D.F. En Estados Unidos se ha presentado una nueva denuncia en su contra por ocho hombres, incluyendo dos ejecutivos corporativos, un abogado y dos oficiales de policía. Ellos eran monaguillos de 11 a 15 años de edad en aquel tiempo, y ayudaban a Silva en servicios religiosos, según el portavoz del fiscal.

Theodore Murr Letourveau, Charles (Charly)

Ha sido acusado de abuso sexual en donde trabaja con los huérfanos en la Casa Hogar Francisco Javier en Tepatitlán, Jalisco. Las autoridades de migración lo expulsaron luego de las denuncias por abuso sexual a menores en su contra. En Estados Unidos recibió nuevamente la protección de sus superiores y fue readmitido en una iglesia de Nueva York. Después fue enviado a Roma, aunque sigue frecuentando México, ya que tiene propiedades y cuentas a su nombre.

Valenzuela Cervantes, Felipe

Fue detenido en Los Mochis, Sinaloa, por cargos de pederastia.

Velásquez, Francisco Antonio

Está acusado de violar a tres menores de la misma familia en 1991. Los padres de los muchachos se sentían avergonzados y no querían presentar los casos a un juez.

Vetter, Henry

Acusado del abuso de al menos de siete menores según el reporte de la arquidiócesis de Los Ángeles.

Villa Gómez, Nemorio

Además del sacerdote Nicolás Aguilar Rivera, quien abusó de 86 niños en Estados Unidos y México, existen los casos de los presbíteros Fidencio Simón Silva Flores, Willebaldo Castro, Wallace

John Daley y Nemorio Villa Gómez, enviados a México aun cuando pesaban en su contra acusaciones de pederastia.

Widera, Sigfried

Widera se suicidó tirándose desde la ventana de un hotel en Mazatlán, Sinaloa, donde fue encontrado por el FBI. El padre Widera dejó dos cartas pidiendo perdón. Widera tenía 42 denuncias de abuso de niños en su contra en Wisconsin y California; estuvo huyendo de las autoridades estadounidenses por más de un año hasta cruzar la frontera mexicana, donde nadie lo molestaba.

III

Operación púrpura

El lugar mas caliente del infierno se reserva
para aquellos que en momentos de crisis moral
deciden mantenerse neutrales.

John Fitzgerald Kennedy

Cartas probatorias

El intercambio epistolar sostenido hace más de una década entre
Norberto Rivera Carrera, entonces obispo de Tehuacán, y el cardenal Roger Mahony, arzobispo de Los Ángeles, es una de las pruebas
documentales de los abogados encabezados por Jeff Anderson que
intentan demostrar que ambos purpurados realizaron un montaje
para encubrir al cura pederasta Nicolás Aguilar Rivera.

El equipo legal que pretende probar la culpabilidad del cardenal
Norberto Rivera tiene en su poder numerosos testimonios, grabaciones de conversaciones telefónicas y otras pruebas documentales,
que utilizará en el juicio próximo a celebrarse.

Los caminos de los dos «príncipes de la Iglesia» se cruzan a finales de los años ochenta, cuando Norberto Rivera Carrera, entonces

obispo de la diócesis de Tehuacán, y el cardenal Roger Mahony, arzobispo de Los Ángeles, «conspiraron internacionalmente» para dar protección al cura pederasta Nicolás Aguilar Rivera, quien abusó sexualmente de 86 menores de edad, tanto en Estados Unidos como en México.

La trama fue documentada primeramente por The Dallas Morning News. Los hechos están incluidos en el libro Votos de castidad. Incluso, reportes judiciales de Los Ángeles sostienen que el gobierno del presidente Vicente Fox se negó a colaborar con la justicia estadounidense para aprehender al sacerdote.

Luego de que la autoridad judicial lo obligara, el obispo Roger Mahony, presionado por una orden judicial, abrió sus archivos. La policía de Los Ángeles hizo pública la correspondencia privada entre Rivera Carrera y Mahony. Las cartas forman parte de los archivos criminales de la corporación y de los juicios contra la arquidiócesis de Los Ángeles que enfrenta 580 denuncias de abuso sexual contra sus sacerdotes.

Norberto Rivera Carrera tomó posesión como obispo de Tehuacán en 1985 y tuvo conocimiento de la conducta sexual del sacerdote, quien era entonces párroco del poblado de Cuacnopalan, cercano a la ciudad de Tehuacán. En 1987, dos muchachos golpearon en la cabeza al padre Nicolás, al que se encontró bañado en sangre en la casa parroquial. El presbítero no quiso entablar ninguna acción judicial, pero el comisario local de entonces, Miguel Pérez, dijo que los agresores pudieron ser los adolescentes con los que solía pasar las noches, según un reportaje de los periodistas Brooks Egerton y Brendan Case, publicado el 22 de junio de 2004 en el periódico The Dallas Morning News, en donde se afirma que las acusaciones de pederastia contra el padre Nicolás Aguilar empezaron a surgir desde los años setenta en la diócesis de Tehuacán.

Luego del escándalo de sangre, en abril de 1987, el obispo Rivera Carrera logró trasladar al padre Nicolás a la arquidiócesis de Los Ángeles. El cardenal Mahony lo mandó a trabajar a la parroquia de Nuestra Señora de Guadalupe y después en la de Santa Ágata.

Según las investigaciones de la policía, en tan sólo nueve meses abusó sexualmente de 26 menores de edad. El informe, en poder de esta periodista, contiene las fichas de cada uno de estos cargos y cuenta cómo el padre Aguilar abusaba de los niños dentro de los mismos templos, concretamente a un lado de las sacristías. «Cada una de las víctimas entrevistadas describen el mismo modus operandi utilizado por el sospechoso. Él se hacía amigo de los monaguillos y luego les pedía que le enseñaran inglés. Mientras estaba solo con los niños, el sospechoso tocaba los genitales de los niños y luego hacía que los niños se los tocaran a él. En numerosas ocasiones, el sospechoso metía su mano dentro de los pantalones para tocar el pene de los niños y los masturbaba», dice el texto oficial.

El abogado estadounidense Anthony Dimarco, que llevó las 26 denuncias contra el padre Aguilar, comenta en entrevista: «El reporte policial de este sacerdote es terrible. Lo más significativo es la conducta que siguió la arquidiócesis de Los Ángeles; en lugar de denunciar al sacerdote a la policía y dejar que lo arrestaran, permitió que Aguilar Rivera dejara el país».

Gary Lyon fue el detective del caso y también lamenta que la arquidiócesis le haya permitido regresar a México y burlar la justicia: «Mi mayor problema fue la obstrucción de la Iglesia católica», dijo a The Dallas Morning News.

Luego de las denuncias, la policía intentó detenerlo, pero el padre fue alertado por el vicario Thomas Curry, según consta en los informes policiales. El detective Lyon detalla que la huida se dio el 9 de enero. Fue una prima del presbítero que vivía en Estados Unidos, Teresa Márquez, quien lo llevó a la ciudad de Tijuana, «donde el sacerdote tomó un avión con trayecto desconocido en México».

El 4 de marzo, el cardenal Mahony le envió una carta a Rivera Carrera en la que le pide colaborar con la policía estadounidense. La carta firmada por el cardenal de Los Ángeles dice:

Muy estimado Monseñor Rivera Carrera:

Le escribo a Vd. tocante a la situación grave y urgente del Pbo. Nicolás Aguilar Rivera, sacerdote incardinado en la Diócesis de Tehuacán, Pue., México. Nuestro Vicario por Los Cleros, Monseñor Thomas Curry, le ha escrito a avisarle de las acciones depravadas y criminales de este sacerdote durante su tiempo aquí en la Arquidiócesis de Los Ángeles, California. Es casi imposible determinar precisamente el número de jóvenes acólitos que él ha molestado sexualmente, pero el número es grande.

Sabemos que él ha regresado a México, y nosotros queremos cooperar totalmente con la Policía de Los Ángeles en buscarlo y arrestarlo. Es necesario que este sacerdote esté detenido y regresado aquí a Los Ángeles para sufrir las consecuencias de sus acciones tan inmorales. Él ha causado daño terrible a estos jóvenes, y además, ha creado escándalo grave.

Le pido a Vd. si pudiera mandarme lo más pronto que sea posible una lista de todos los familiares de este sacerdote, incluyendo los nombres de sus padres, sus hermanos, tíos, y otros familiares por todas partes de México. Además, necesitamos las direcciones y números de teléfono para todos sus familiares. Es tan urgente que recibamos esta información lo más pronto que sea posible. Favor de llamarme aquí en Los Ángeles, o dejar la información con mi sacerdote secretario, Pbo. Lorenzo Estrada, a este número: (213) 251-3261. O, favor de mandarme la información por correo expreso. Estamos dispuestos a pagar todos los gastos necesarios para obtener esta información muy pronto.

Estoy muy agradecido a Vd. por su cooperación total en este asunto grave, y espero recibir toda la información que Vd. pueda mandarme.

Le ofrezco mis oraciones, y me encomiendo a las suyas durante este tiempo de la Cuaresma.

Sinceramente en Cristo,
Revdmo. Monseñor Rogelio Mahony
Arzobispo de Los Ángeles

El 17 de marzo, Rivera Carrera le contestó a Mahony:

Muy estimado Monseñor Mahony:

Al recibir hoy su carta doy contestación inmediatamente para agradecerle la información que me da sobre el Padre Nicolás Aguilar Rivera. Ha sido muy doloroso para mí recibir estas informaciones de parte de la Curia y por la prensa de Estados Unidos y de México.

Estoy totalmente de acuerdo con usted en que el Padre responda ante las autoridades competentes de los crímenes que se le imputan.

El sacerdote mencionado no ha regresado a esta diócesis, y no cuenta por tanto con las licencias que se le concedieron por un año con motivo del permiso que solicitó para residir en Los Ángeles. Puedo informarle que el padre estuvo por más de diez años en la parroquia de San Sebastián Cuacnopalan y sin duda alguna la policía ahí puede encontrar mucha información. El padre es hijo del señor Senén Aguilar y Fortunata Rivera y nació en Huehuetlán el Chico, Puebla, en donde también hay muchos familiares que pueden informar sobre él. Sé que varios familiares viven en Los Ángeles, California, no tengo idea ni de sus nombres ni de sus domicilios. Usted comprenderá que no estoy en la posibilidad de localizarlo y mucho menos de poder enviar por la fuerza a que comparezca en los tribunales. Estoy en la mejor disposición de colaborar para que se haga justicia y para que se evite el escándalo.

En la carta de presentación del 27 de enero de 1987 incluí una fotografía de identificación y en carta CONFIDENCIAL del 23 de marzo del mismo año le hice un resumen de la problemática homosexual del padre.

107

Aprovecho la oportunidad para encomendarme a sus oraciones y repetirme de usted su hermano y servidor.

Norberto Rivera C.
Obispo de Tehuacán

Mahony le responde a Rivera Carrera en una carta del 30 de marzo, en la que, sorprendido, le dice no tener conocimiento de esa misiva donde le advertía de que el padre Aguilar tenía una «problemática homosexual»:

Muy estimado Monseñor Rivera:
Acabo de recibir hoy mismo su atenta carta con la fecha de 17 de marzo de 1988. Quiero responderle a Vd. inmediatamente porque yo estoy sorprendido y trastornado por estas palabras en su carta: «En la carta de presentación del 27 de enero de 1987 incluí una fotografía de identificación y en carta CONFIDENCIAL del 23 de marzo del mismo año le hice un resumen de la problemática homosexual del padre». Quiero decirle que yo no he recibido ninguna carta de Vd. con la fecha del 23 de marzo de 1987, ni otra información tocante a la «problemática homosexual del padre».
Yo le mando una copia de su carta del 27 de enero de 1987, con la fotografía de identificación. En esta carta Vd. me escribió: «Por motivos familiares y por motivos de salud el padre Nicolás Aguilar Rivera, cura párroco de Cuacnopalan, Pue., perteneciente a esta Iglesia de Tehuacán, desea permanecer por un año al servicio de la arquidiócesis de Los Ángeles». Basado en sus palabras «por motivos familiares y por motivos de salud» yo acepté al padre Nicolás Aguilar Rivera para servir aquí en esta arquidiócesis. Estoy muy confundido, porque en la carta del 27 de enero de 1987, Vd. no mencionó ningún otro problema personal de la parte de este padre Aguilar. Si usted me hubiera escrito que el padre Aguilar tenía algún problema «homosexual», le aseguro que no lo hubiéramos recibido aquí en esta arquidiócesis. Tenemos aquí en la arquidió-

*cesis de Los Ángeles un plan de acción bastante claro: no admitimos ningún
sacerdote aquí con cualquier problema homosexual.*

*Es tan urgente que usted me mande, por favor, una copia de esta carta con
la fecha 23 de marzo de 1987. No la hemos recibido, y ya es una situación
muy grave porque Vd. supo el 27 de enero de 1987 que el padre Aguilar tenía
problemas homosexuales, y no compartió esta información conmigo ni con
los oficiales de nuestra arquidiócesis de Los Ángeles en su primera carta. No
puedo acentuar que ya tenemos una situación más grave porque yo hice una
decisión de dar al padre Aguilar un nombramiento temporáneo aquí, basado
en su carta del 27 de enero de 1987.*

*Voy a compartir con la policía de Los Ángeles su carta del 17 de marzo
de 1988, y espero que ellos puedan ubicarlo allá en México.*

*Le pido a usted que todos los sacerdotes de la diócesis de Tehuacán oren
por los niños y jóvenes afectados por las acciones del padre Aguilar.*

Sinceramente en Cristo:
Revdmo. Roger Mahony
Arzobispo de Los Ángeles

¿Quién de los dos cardenales miente? Ésa es una pregunta que
tendrá que desvelar la Corte Superior de California.

Agua pasada

Frente a la gangrena de la pederastia que carcome los cimientos de
la diócesis de Los Ángeles y a su crisis de credibilidad, el cardenal
Roger Mahony reaccionó anunciando duras medidas para los futu-
ros sacerdotes, no para los infractores bajo su manto protector.

Desde 2002, esa diócesis sólo acepta sacerdotes bajo la toma
de huellas dactilares, investigación en profundidad del currículo,

antecedentes penales, examen psicológico o revisión de fichas gubernamentales con información personal: «Ningún sacerdote o personal religioso que haya abusado alguna vez de un menor, no importa cuándo sucediese, recibirá autorización para desarrollar cualquier tarea».

¿No es ésa la actitud que debería tomar la Iglesia a nivel mundial? El problema es que fue el propio Mahony quien en el pasado cambió de parroquia en parroquia a los curas acusados de pederastia, y aceptó presbíteros con antecedentes de abuso sexual contra menores. Y es que la decisión de los obispos en la reunión de Dallas, en 2002, de perdonar a los sacerdotes por un «desliz», o «delito de pederastia», no ha hecho más que extender el cáncer.

Por eso en México algunos han encendido las luces de alarma. El 16 de marzo de 2006, la Cámara de Diputados aprobó el endurecimiento de penas contra los ministros de culto que cometan el delito de pederastia, debido a que en México los abusos sexuales contra menores cometidos por sacerdotes es un «fenómeno social que se ha multiplicado».

Los diputados pretenden así fomentar la «cultura de la denuncia» en un país donde la Iglesia tiene un gran poder: «El abuso a menores es un fenómeno social que se ha multiplicado, no se trata de casos aislados, las cuestiones de pedofilia se han reproducido de forma alarmante en el núcleo familiar y social», dice el diputado Jorge Kahwagi, impulsor de la medida.

El legislador considera que en el sector clerical los abusos sexuales contra menores abundan: «Los casos de pederastia en muchas ocasiones son cometidos por líderes o guías morales [...]. Las Iglesias no se escapan de tener errores, pero más error es pensar que algunos de sus predicadores son incapaces de tener sus propias depravaciones».

Por tanto, los cambios determinan que el artículo 266 bis del Código Penal Federal admita como grave la sanción por abuso sexual contra menores, cuando el delito lo cometa un sacerdote.

La historia negra de los salesianos

«Que todo quede en secreto» fue la instrucción que el nuncio apostólico Girolamo Prigione y el provincial de los salesianos Luis Valerdi dieron a los padres de familia del Instituto Antonio de Mendoza, de Morelia, que denunciaron los abusos sexuales que el sacerdote Servando Rogelio Dávalos Hernández cometió contra diez alumnos de ese plantel educativo.

Así lo recuerdan Fernando Pineda y Francisco Bravo, dos miembros de la mesa directiva de esa escuela salesiana, que en 1990 empezaron a recibir las primeras denuncias de abuso sexual contra el presbítero, director del instituto, y contra el ecónomo del plantel, el sacerdote Francisco Bravo Hinojosa, quien abusó sexualmente de más de 40 niños.

Su lucha por remover y enjuiciar a estos sacerdotes pederastas fue frustrante. Ambos pederastas recibieron la protección de las autoridades eclesiásticas, educativas y policiales. Y a pesar de las graves denuncias en su contra con testimonios, actas notariales y pruebas, Dávalos Hernández permaneció en su puesto y en su ministerio cuatro años más, luego fue removido temporalmente y posteriormente la orden salesiana lo envió nuevamente a Morelia, donde radica actualmente; mientras, a Bravo Hinojosa lo removieron a otro colegio en Querétaro y después a Guadalajara.

«La triste historia empezó así —dice de entrada Francisco Bravo—. Unos padres decidieron sacar a uno de los alumnos del colegio argumentando que el padre Servando había abusado de él. Le solicitamos pruebas y documentos que acreditaran esa versión. Y a los dos días de ocurrir el hecho, la madre nos llegó con una carta que contaba lo sucedido. El padre Servando citaba al niño después de las prácticas de banda de guerra en la dirección y le hacía tocamientos, lo besuqueaba y luego le bajaba los pantalones para tocarle sus genitales. Después llevaba al acólito a un colegio de unas religiosas en carro, y en cada semáforo le empezaba a tocar nuevamente los genitales. Allí prendió la mecha. Y tomamos cartas en el asunto para denunciarlo.»

Bravo, contador de profesión con dos hijos alumnos en ese instituto, invirtió varios años de su vida en una batalla legal y moral para hacer justicia. Las víctimas le contaron cómo el sacerdote los manoseaba, los besaba y les bajaba su ropa en la dirección del colegio para tocarles sus genitales: «Mi único afán al denunciar estos hechos es que muchos padres de familia abran los ojos, porque en México tendemos a creer que enviando a nuestros hijos a colegios religiosos los tenemos seguros, pero no es así».

Fernando Pineda, ex miembro de la mesa directiva del instituto, añade: «Nos dimos a la tarea de investigar los hechos, buscamos a los muchachos que en ese tiempo ya estaban en la secundaria, era el tipo de muchachos que al padre Servando le gustaba manosear. Los abusos los cometía por todos lados, no tenía ningún recato: en los pasillos, en la oficina, en el salón de clases. Su comportamiento era absolutamente patológico».

Esta periodista ha tenido acceso a un grueso expediente documental que acredita fehacientemente las denuncias presentadas por diez niños; concretamente existen seis actas notariadas por Hilda Navarro Skinfield de la notaría pública número cinco de Morelia, Michoacán, con fechas de 20 y 23 septiembre de 1991; 9,

10 y 19 de octubre y 5 de marzo de 1992. En esos documentos las víctimas narran sus experiencias de abusos sexuales, como la de un niño cuyo nombre se omite para proteger su integridad: «Había escuchado comentarios de que el padre Servando era maricón y un maestro nos advirtió que tuviéramos mucho cuidado con él porque le gustaba manosear a los jóvenes [...] recuerdo que en varias ocasiones que asistimos al aula Don Bosco a ver una película, a la hora de salir en fila, uno por uno, vi cómo el padre Servando manoseaba a varios niños, agarrándoles los genitales y dándoles nalgadas cuando pasaban».

El acta notariada del 4 de marzo de 1991 recoge el testimonio de otra víctima: «Narra que el niño ya no quería ir a la escuela. A raíz de estos acontecimientos y tratando de aclararlos, el niño de forma espontánea nos platicó que era llamado con cierta frecuencia a la dirección por el padre Servando quien lo acariciaba, abrazaba y besaba, lo cual le causaba malestar y descontento».

Ante las denuncias de los niños, los miembros de la mesa directiva empezaron a investigar a Servando Dávalos y encontraron que seis años antes había sido removido de su cargo como prefecto de secundaria del instituto por violar a un alumno: «Tenemos identificado al hijo de un médico de Morelia que fue violado por Servando Dávalos en un viaje a la Ciudad de México. La mamá denunció el caso y en ese entonces lo sacaron de Morelia. Supuestamente le dieron un tratamiento para quitarle lo pederasta, pero eso no se quita según nos han dicho psiquiatras y psicólogos. Luego lo regresaron a Morelia al mismo colegio, ya no como prefecto de secundaria, sino premiándolo y dándole a su cargo la dirección del centro educativo. ¡Eso es una atrocidad! Los hechos demuestran que continuó abusando de niños», dice Bravo.

La peligrosidad de Dávalos Hernández fue denunciada públicamente a nivel nacional por la organización de los Scouts que lo expulsó, según consta en una carta enviada el 28 de septiembre de 1997 por Vicente Tapia Pérez, jefe de Grupo Scout Número 7 de la provincia de Michoacán, por «conductas irregulares en los campamentos: «Tuvimos varios comentarios sobre la conducta personal del padre Servando en el sentido de ser de tendencia homosexual».

Algunos padres de familia de la mesa directiva del instituto consideraron extraño que el padre Dávalos Hernández citara a los niños a «retiros espirituales obligatorios» en el balneario Agua Caliente: «Allí seleccionaba a los niños más guapos y formados. Y como él los confesaba y era su director espiritual, pues sabía quién era materia fértil para convertirlo en su víctima. Todo el que iba tenía la obligación de llevar traje de baño y toalla. Fue cuando dijimos: "¡Por amor de Dios, eso no es un retiro!"», comentan Bravo y Pineda.

Protección celestial

Los miembros de la mesa directiva denunciaron al sacerdote ante el provincial de los salesianos hace quince años, Francisco Javier Altamirano: «Cuando le contamos las denuncias de abusos sexuales nos dijo: "No denuncien a Servando, es mi hijo y yo tengo que responder por él". Le contesté que él estaba cuidando a un hijo espiritual, mientras nosotros teníamos que velar por la seguridad de 500 niños», señala Bravo.

El provincial les ofreció mandar a un sacerdote cada quince días para evaluar la situación de abusos sexuales: «Yo le dije que al sacerdote lo estábamos acusando de pederastia, no de tonto. Y efectivamente mandó a un sacerdote cada quince días, pero para vigilarnos a nosotros, no a él».

La orden envió a Luis Valerdi, actual provincial de los salesianos, quien siguió la consigna de secretismo e impunidad: «El padre Valerdi era todo un experto en cubrir todas esas atrocidades. Le conté cómo a un niño de sexto año el padre Servando un día le dijo que le trajera la Biblia que tenía en su cuarto. El niño va a su escritorio, abre un cajón y encuentra revistas pornográficas, abre otro y encuentra películas pornográficas y en la parte de atrás la Biblia que después llevó al presbítero. Cuando se la entregó el padre le dijo: "Te invito a que vengas por la tarde". Valerdi dijo que entonces Servando no era homosexual, como lo acusaban, pero yo le contesté que ésa era una de las formas que el sacerdote utilizaba para excitar a los niños», dice Bravo.

Los padres de la mesa directiva leyeron la carta notariada de los abusos sexuales cometidos contra el primer niño. «Valerdi nos dijo: "¿Y qué piden?" Yo le dije: "Oiga, Cristo perdonó a muchos: a la prostituta, al cobrador de impuestos, pero no a todos y bien dijo: 'A quien escandalice con uno de estos pequeños más le valiera que le colgaran la piedra de molino y lo arrojaran al mar'. Traducción: no pedimos que lo maten, sólo pedimos que lo quiten y que ya no lo dejen estar cerca de los niños en ningún otro lugar de la República Mexicana. Llévenselo a las misiones con adultos, pero nunca más con niños, porque éstos quedan afectados para el resto de su vida".»

Y añade: «Le dije claramente: "Me da vergüenza como ser humano y católico, no puedo dar crédito que esas manos sacrílegas de ese sacerdote que manosea y toca genitales, tomen el pan y el vino y los transforme en cuerpo de Cristo. Eso es un sacrilegio, es algo que ustedes no deberían permitir". Pero nada hicieron».

La orden de los salesianos decidió proteger al sacerdote pederasta y fue entonces cuando los padres de familia acudieron ante la nunciatura apostólica de México: «Nos reunimos y le llamamos a Girolamo Prigione. Jamás pensé que me lo fueran a pasar y de repente oigo una voz con acento italiano y le digo:"Aquí está sucediendo una situación bastante grave, nos urge que nos reciba"». Fuimos a la nunciatura apostólica y debe estar registrada nuestra visita en los libros. Le planteamos el caso de los abusos sexuales, su respuesta fue:"Le pido que esto no trascienda en la prensa, que guarde secreto".Yo le contesté que eso no dependía de mí, sino de ellos, es decir, de la forma en que procedieran. El provincial de los salesianos nos pidió lo mismo: que mantuviéramos todo en secreto y nos prometió que terminando el año escolar se llevarían a Servando Dávalos de Morelia».

Para sorpresa de los denunciantes, al término del ciclo escolar el instituto expulsó a los hijos de los miembros de la mesa directiva: «Con toda malicia nos quitaron de en medio para tener el campo libre y para dejarlo allí.Y este desventurado cura duró cuatro años más en el cargo», dice Bravo.

Añaden: «Cuando sucedió esa arbitrariedad le hablamos a Prigione, quien inmediatamente nos preguntó: "¿Ustedes son de la mesa directiva?" Claro que ya no éramos, porque habían rechazado a nuestros hijos y fuimos destituidos de una manera vil por parte de la comunidad salesiana. Él zanjó todo diciendo que el problema lo vería con la nueva mesa directiva. Inmediatamente le dije:"Nos equivocamos de persona y no tiene caso seguir perdiendo el tiempo con usted". Fue vergonzoso lo que hizo».

Depredadores con sotana

Al ver que las autoridades provinciales salesianas y la nunciatura apostólica no hicieron nada contra el sacerdote pederasta, lo denunciaron ante el obispo de Morelia, Estanislao Alcaraz, pero tampoco quiso actuar. Después los miembros de la mesa directiva acudieron a las autoridades civiles.

«Lo primero que hicimos fue denunciarlo a las autoridades educativas. Fuimos a entrevistarnos con el secretario de Educación Pública en Michoacán, Marco Antonio Aguilar Cortez. Nos dijo que le entregáramos las declaraciones bajo notario público en presencia de los padres a fin de proceder. El día que le llevamos las declaraciones notariadas ya no nos quiso recibir, simplemente nos pasó a su secretario. ¿Por qué no quiso hacer nada? Él podía destituir a un director de colegio pederasta, pero no lo hizo porque muchos prefieren cuidar su carrera política y no quieren meterse con la Iglesia porque saben que tiene mucho poder. A los pocos meses lo cambiaron, el expediente de Servando Dávalos desapareció misteriosamente, y decidimos denunciarlo ante el nuevo secretario y tampoco hizo nada», comentan Bravo y Pineda.

Continúan narrando: «Como ve, lo primero fue denunciarlo al provincial, luego al nuncio; al ver que nada hicieron, nos fuimos a la SEP y al ver que tampoco actuaron, fuimos ante el procurador de Justicia para exponerle el caso y me dijo: "Para que un criminal sea criminal, basta con que mate a uno; si un violador comete un acto ilícito, basta con uno, aunque ustedes traigan seis. Su caso viene muy bien reforzado"».

Primero les habían dicho que los niños no tenían que declarar, pero después cambiaron de opinión y los niños víctimas de abusos sexuales tuvieron que presentarse ante el Ministerio Público Federal para declarar: «Desde afuera escuchábamos cómo los agentes se burlaban de ellos: "El padre ni te hizo nada. ¿Verdad que no? ¿Verdad que te estás inventando todo?" En fin, se burlaron de cada uno de los niños, porque ya traían línea. Y lo que pasa es que el asesor del procurador fue contratado también como asesor por el Colegio Salesiano para que defendiera al padre Servando de nosotros. ¿Entonces qué hizo la justicia? Le dio carpetazo».

Bravo añade: «Cuando vimos que ni la Iglesia, ni la SEP, ni las autoridades civiles, ni judiciales, querían hacer nada, dijimos: "Ya basta". Creo que cumplimos con creces, no te imaginas las horas que invertimos en hacer escritos, en hablar con la gente. Y entonces sencillamente renunciamos a seguir dando la batalla. ¿Para qué íbamos a seguir? Sencillamente le dimos vuelta a la página».

Un nido

Después de luchar infructuosamente para que enjuiciaran o removieran al sacerdote, a los tres años, los miembros de esa mesa directiva fueron visitados por un salesiano con un alto cargo: «Nos fuimos a tomar un café frente a la Catedral de Morelia y nos dijo: "¿Por qué creen que llego al Hotel Catedral? Porque mientras Servando esté en ese colegio yo no pongo un pie allí por dignidad. Vengo a nombre de la vieja guardia salesiana a felicitarlos, porque han sido los únicos que han dado una lucha sin cuartel"», señaló Bravo.

Pineda dice que les recomendó que le escribieran a Egidio Viganó, reverendo rector mayor de los salesianos destacado en Roma. Así lo hicieron, le enviaron una carta de seis páginas explicándole el problema, pero Viganó murió al poco tiempo y el asunto quedó nuevamente sin resolverse.

Recuerda que la mesa directiva estaba compuesta por 20 padres de familia: «Nosotros les informamos a todos lo que estaba pasando, pero luego el padre Valerdi empezó a manipularlos. Llamó a varios que tenían problemas económicos o a sus hijos con bajas calificaciones para amenazarlos. Nos decía: "Si ustedes tienen un hijo enfermo, no lo abandonan". Todo mundo sabía o lo sospechaba, pero hacían la vista gorda. Era un secreto a voces. Desgraciadamente siguen en peligro otros niños. Yo hice todo lo posible por que todo mundo se enterara de los abusos sexuales cometidos por los sacerdotes, pero incluso algunos parientes me juzgaron de loco. La idiosincrasia del mexicano es muy fuerte y casi tenemos prohibido hablar mal de los sacerdotes, aun cuando esté demostrado que son delincuentes de esta naturaleza».

Pineda considera que los sacerdotes pederastas deben ser tratados como cualquier delincuente: «Los mayores responsables de este mal son las autoridades eclesiásticas, porque ellos lo están permitiendo, para no dañarse su imagen, a cambio de perjudicar a los niños. La orden intentó archivar el expediente del sacerdote Servando Dávalos, pero les dijeron que no era posible, porque la investigación seguía en vigencia. Yo tengo una copia de ese oficio».

El caso de pederastia del padre Servando no es el único, luego recibieron las denuncias en contra del ecónomo del Instituto Antonio de Mendoza, de Morelia, Francisco Bravo Hinojosa: «Nos enteramos de que ese sacerdote, que tiene un defecto físico en uno de sus brazos, abusaba sexualmente de los niños. Una madre de un alumno a quien el padre violó habló con nosotros y decidimos brindarle ayuda y apoyo psicológico para su hijo: "El niño estaba sufriendo, porque al salir a la calle los otros niños se burlaban de él: 'Mira, allí va el maricón al que violó el padre Francisco'". Imagínese, supimos que no sólo violó a ese niño; la psicóloga Laura Antunes empezó a recibir a más y más víctimas. Una de las madres de estos niños le enseñó al obispo hasta la ropita ensangrentada por la violación».

119

Al padre Servando no lo removieron, pero a Bravo Hinojosa lo mandaron a otro colegio en Querétaro y actualmente sigue ejerciendo su ministerio con grupos de niños a su cargo en Guadalajara, según informó Ángeles Becerro, de la oficina salesiana.

Después de la traumática experiencia, Bravo y Pineda tienen una idea muy clara de lo que pasó: «En México la orden salesiana está infestada de pederastas. Esta camarilla de gentes que están incrustados en la orden y en los mandos superiores son unos pederastas y defienden a capa y espada a sacerdotes pederastas que han consumado crímines con niños. Queda un estigma de que hay algo oscuro, mentira y engaño en esta congregación. No quiero lastimar para nada a los verdaderos sacerdotes que son un ejemplo a seguir. La pregunta es: ¿por qué se protegen? Porque la mafia o el grupito de pederastas salesianos llegó al poder para hacer y deshacer en México. Es tan peligroso que amerita escribir un libro y pedir a Roma su intervención para que haya una expulsión masiva», dice Bravo.

El padre Servando Dávalos permaneció cuatro años más en su puesto, hasta que llegó el nuevo obispo de Morelia, Alberto Suárez Inda. Gracias a su intervención, el sacerdote fue removido por un tiempo pero, como formaba parte de la asociación civil del instituto, los salesianos arreglaron todos los papeles para que no lo pudieran destituir. El sacerdote sigue en Morelia ejerciendo su ministerio.

«Deberían castrarlos»

La psicóloga Laura Antunes atendió a algunas de las víctimas de abusos sexuales de los sacerdotes salesianos Francisco Bravo Hinojosa y

Servando Rogelio Dávalos Hernández, y su diagnóstico es contundente: «La pederastia no se cura. Estos dos sacerdotes siguen abusando de niños allí donde estén. Ahora tienen carnada nueva».

Antunes, con 45 años de experiencia, empezó a analizar a las víctimas de abusos sexuales del clero, «sorprendida, asqueada y con horror»: «Cualquier violador es repudiable, ¡pero que en nombre de Dios estos curas violen a los niños! Eso no se vale. ¿Cómo es posible que en lugar de encarcelarlos se les cambie nomás de lugar? ¿Cómo es posible que después de denunciarlos aún sigan usando sotana? Deberían ser castrados y en una plaza pública».

La primera víctima que recibió tenía 15 años y fue violado por el sacerdote Francisco Bravo Hinojosa: «El sacerdote abusaba de él desde que estaba en primaria. Cuando el niño me lo describió me dio asco. Lo penetraba en la misma escuela. Lo llamaba con cualquier pretexto a su oficina o iba por él a su casa para llevárselo a su casa y allí mismo lo hacía; como la mamá trabajaba en la mitra de una Iglesia, ella lo dejaba a cargo del sacerdote. El muchacho tenía mucho odio contra él».

Descubrió que el mismo sacerdote había violado a más de 40 niños: «Entonces, hablé con la mesa directiva para que se hiciera algo, ellos hicieron todo lo posible por hacer justicia, pero todo mundo prefirió proteger a los curas».

En ese intervalo de tiempo, recibió a una de las víctimas más pequeñas: un niño de siete años que había sido violado por el padre Servando Rogelio Dávalos Hernández: «Cuando el obispo Alberto Suárez Inda me dijo que quería ver al niño, yo le dije que era mejor que creyera en mi palabra, porque el niño ya había sufrido bastante como para seguirlo exponiendo. Es verdad que algunos niños dicen mentiras, pero cuando un pequeño te dice cómo el padre lo tocaba y que le dolía su colita, es obvio que no miente».

El tratamiento psicológico que requiere una víctima de abuso sexual de un sacerdote es complejo: «El trauma que se le queda a un niño abusado por un sacerdote es mayor, porque el sacerdote representa la autoridad. Es el que representa a Dios en la tierra».

Cuenta que a la primera víctima de Bravo Hinojosa lo atendió durante cuatro años: «Yo tenía que quitarle su odio a los curas y quería finalmente que aceptara su condición de homosexual. ¿Cómo no se iba a convertir en homosexual si el sacerdote abusador despertó nuevas zonas erógenas en él? Todo a través de la seducción en nombre de Dios».

Después del primer niño, las víctimas fueron llegando poco a poco y a la mayoría atendió sin cobrar sus honorarios, ya que en muchos casos se trataba de familias de escasos recursos: «Estos curas pederastas son muy hábiles. Primero les empiezan a tocar sus partes en nombre de Dios, luego siguen con estimulaciones orales y después la penetración. Por ejemplo, el sacerdote Servando le decía al niño de siete años que por qué no le daba un besito en su pene. Le decía: "Así lo quiere Dios, no es nada malo, al contrario, Dios te va a bendecir". Ése es el proceso, luego les meten la culpa y los hacen sentirse sucios».

Explica que a cualquier niño violado le entra un sentimiento de culpa y suciedad: «Empieza con el manoseo, luego el sexo oral y después la penetración. No sé si estos dos curas estaban bien dotados, no pregunté; pero supongo que no, porque de lo contrario no serían pederastas».

Antunes analiza la patología de los pederastas: «Les gustan los niños porque tienen miedo de ponerse al mismo nivel que un adulto. Tienen miedo a ser castrados, el miedo a ser comido. La pederastia se da en el clero porque es un ambiente de puros hombres, tienen necesidades sexuales, pero las reprimen. Sin embargo, estas necesidades son un instinto, como el comer, como el tomar agua».

En sus estudios sobre la pederastia del clero, la psicóloga explica que no todos los niños son susceptibles de convertirse en víctimas: «Generalmente escogen a niños con el papá fuera. Se inclinan por niños que procedan de un hogar disfuncional o no muy organizado».

Ante la ausencia de la figura paterna, los sacerdotes que abusan de los niños sustituyen ese rol: «Cuando un cura viola a un niño ejerce el poder sobre el menor como si fuera su padre. Ejercen la figura paterna».

—¿Cuál es el patrón de conducta de un sacerdote pederasta?

—Creo que ya son pederastas antes de ordenarse sacerdotes. Por eso eligen ir al seminario.

—La Iglesia dice que a los sacerdotes pederastas los mandan a casas de retiro para someterlos a tratamiento médico.

—No se curan, es una compulsión. Ninguna compulsión se cura, se controla pero no se arregla. Es un defecto de los neurotransmisores. A la fecha no se ha descubierto una medicina para controlar la compulsión.

El problema, añade, es que la Iglesia no quiere aceptar que los curas pederastas no se curan y después de unos años los vuelven a reubicar en las parroquias o colegios: «Es peor porque la compulsión va de menor a mayor. Y todo va acompañado de rituales que se van incrementando, hasta que llega un momento en que matan a un menor».

Añade: «Estos curas tienen que abusar del poder. Como ellos no pueden actuar de una forma tradicional, entonces tienen que amedrentar. Ejercer el miedo sobre la víctima es lo que a ellos los estimula y los hace disfrutar».

Explica que la protección que la Iglesia brinda a estos criminales es por una simple razón: «Lo hacen porque la Iglesia siempre ha tratado de tener el poder. Reconocer estos casos les restaría poder. ¿Cómo los van a denunciar si son los mismos?»

Luego de tratar a las víctimas de abuso sexual del clero, Laura Antunes fue consultada por un seminario para la elección de candidatos a sacerdotes: «Les hacíamos una batería de pruebas terribles a fin de detectar núcleos homosexuales; aunque ser homosexual no quiere decir ser pederasta. Allí lo que los empuja son los menores indefensos. La Iglesia está a punto de estallar como institución».

Antunes considera que la impunidad que disfrutan los sacerdotes pederastas es producto de los «miedos atávicos» de los mexicanos: «Muchas personas aún tienen miedo al castigo de Dios si se toca a un cura, pero éstos no son sacerdotes, son unos buitres».

Y concluye: «La Iglesia debe modificar muchas cosas. Tienen que hacer una selección exhaustiva en los seminarios. Tienen que estar más abiertos. El celibato es una utopía. No sólo hay niños abusados, también mujeres. La institución católica debe renovarse. En ninguna parte de la Biblia dice que los sacerdotes deben ser célibes. Tienen que modificar el catecismo. Dios es amor, no castigo».

Clínicas especiales

La postura del Vaticano hacia los curas pederastas ha sido perniciosa y como consecuencia la enfermedad se ha convertido en una verdadera plaga. La Santa Sede prefiere ir cambiando de parroquia en parroquia a los sacerdotes que abusan de menores de edad, para de esa forma protegerlos de la acción de la justicia civil.

El Vaticano prefiere enviar a los presbíteros depredadores sexuales a «clínicas» para intentar controlar su «debilidad humana» hacia los niños, aunque admite que la pederastia «no tiene cura».

La herida de los escándalos de pederastia no ha sanado en la Iglesia, al contrario, el problema continúa y por tanto la Academia Pontificia para la Vida, creada por el papa Wojtyla en 1994 para asesorar a la Santa Sede sobre la promoción y defensa de la vida, elaboró desde marzo de 2004 un informe para explicar el procedimiento que hay que seguir con los curas pederastas a quienes recomienda recluir en «clínicas especiales» o «monasterios» para aplicarles terapia de choque durante unos meses y posteriormente reinstalarlos en el magisterio.

El informe titulado «Abusos sexuales en la Iglesia católica: perspectivas científicas y legales» desaconseja la expulsión de estos curas delincuentes del seno de la Iglesia, con el argumento de que en la vida civil podrían seguir abusando de los menores, mientras que si están recluidos tienen la posibilidad de encontrar «el control» necesario para su compulsión sexual.

El informe fue publicado como libro por la Librería Editorial Vaticana, coordinado por los expertos Manfred Lütz, Karl Hanson y Friedemann Pfäfflin, y contiene una colección de escritos de científicos.

Lütz, psiquiatra y teólogo alemán, miembro de la Academia Pontificia para la Vida, dijo en una entrevista concedida a Radio Vaticano que el libro no puede ofrecer «respuestas ciertas», ya que la ciencia «no es capaz de garantizar al cien por ciento soluciones». El vicepresidente de la Academia, Elio Sgreccia, reconoció que era «el primer paso para todos aquellos que han sufrido a causa de abusos sexuales».

Sin embargo, el libro no aborda las razones por las cuales el Vaticano va trasladando de parroquia en parroquia a los pederastas, e incluso de país. Para el abogado de decenas de víctimas estadounidenses, Jeff Anderson, la Santa Sede envía a los curas pederastas a otras iglesias, estados o países, para evadir los procesos judiciales aprovechando el cambio de jurisdicción: «Es una forma de interponerse en la causa y de intentar evitar que el peso de la justicia caiga, como se merece, sobre los responsables».

Para los expertos de la Academia Pontificia de la Vida la pederastia no está causada por la homosexualidad, pero consideran que esa «desviación» sí es un «factor de riesgo probable».

El Vaticano está enterado de las dolorosas consecuencias que afrontan los niños que han sufrido abuso sexual, y sus asesores reconocen que el desarrollo mental y sexual de estos menores será anormal con el paso de los años. La Santa Sede sabe que todas aquellas víctimas de pederastia sufrirán depresiones, se sentirán culpables o en algunos casos afrontarán confusión en preferencias sexuales y tendrán, incluso, propensión al suicidio.

A diferencia del desprecio ofrecido por la Santa Sede a las víctimas, cuyas heridas de pederastia no atiende, ni ofrece la restitución moral a través del castigo a los culpables a quienes se niega a someter a la justicia, el Vaticano ofrece a los curas delincuentes la opción de someterse a un «tratamiento médico» para curar su «debilidad humana».

Decenas de clínicas terapéuticas para pederastas abundan en América o Europa. Por ejemplo, en Estados Unidos existe el Instituto Saint Luke ubicado en la avenida New Hampshire 8901 en Silver Spring, Maryland, código postal 20903.

Cuenta con psiquiatras, psicólogos, neurólogos, directores espirituales, doctores en consejo pastoral, trabajadores sociales, psicodramatistas, terapistas en arte, enfermeras psiquiátricas y dietistas.

Su labor: hacer volver al redil a las «ovejas descarriadas» que han cedido a la tentación de la carne, por la «desviación» de la pederastia. El centro médico está dirigido por el reverendo Stephen J. Rossetti, sacerdote de la diócesis de Syracuse, Nueva York, graduado en la Academia de las Fuerzas Aéreas en 1973, donde además sirvió seis años como oficial de inteligencia.

Rossetti se presenta como especialista en «curar la pederastia». Es autor de *Slayer of the Soul: Child Sexual Abuse and the Catholic Church* (Asesino del alma: abuso sexual de niños y la Iglesia católica) y asegura que es especialista en el desarrollo «psicosexual e integración» de los ministros de culto.

El compromiso de este tipo de clínicas es devolver al ejercicio del ministerio a los sacerdotes «sanados». Y en caso de que los «enfermos» aún no se sientan del todo curados, la clínica Saint Luke ofrece un programa de residencia a «medio camino» que consiste en consolidar el proceso de sanación a lo largo de tres o seis meses.

Según los reportes de la diócesis de Los Ángeles, hechos públicos de manera parcial por el cardenal Mahony, muchos de estos pacientes atendidos en las clínicas para curas pederastas volvieron al ejercicio del magisterio y abusaron nuevamente de los menores.

Las terapias a base de Biblia, Freud y fármacos no parecen ser suficientes para acabar con la pederastia de los sacerdotes. Las clínicas ofrecen además un tratamiento a base de Depoprovera, un fármaco que disminuye el apetito sexual y somete a los pacientes a una «castración física y mental», pero momentánea.

Incluso la Iglesia tiene su propia congregación especializada en «ovejas negras». Se trata de los Siervos Paráclitos, creada en 1947 por el padre Gerald Fitzgerald. Existe una clínica atendida por estos «expertos» en Nuevo México, un centro médico cuyos problemas con la justicia no han cesado, ya que se dedica a «curar» a los sacerdotes pederastas y, en ocasiones, devolverlos al ejercicio pastoral en menos de seis meses.

El mismo problema se presenta en Italia, donde en Trento existe el Instituto P. Mario Venturini o en Liguria la clínica Santa Margherita, regida por la Asociación Fraternita; o en España con su Centro Médico Psicológico dirigido por el psiquiatra dominico Jesús Gallego.

Mientras los niños víctimas de abuso sexual llevan una vida de tormento interior y crecen con el estigma físico y psicológico, los sacerdotes delincuentes son protegidos, atendidos de manera benévola y disfrutan de una libertad de movimiento que les permite cambiar incluso de país o estado.

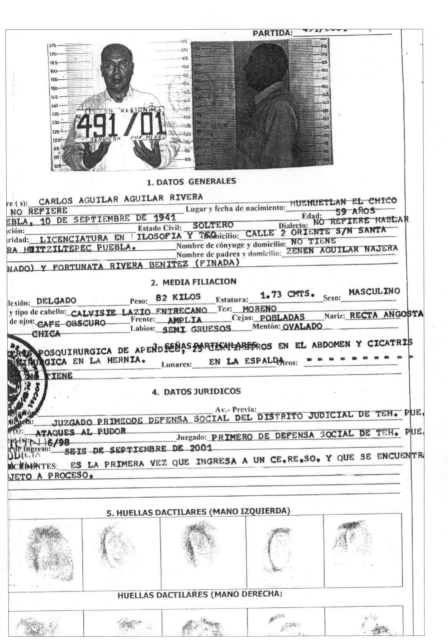

PARTIDA: 491/2001

1. DATOS GENERALES

re (s): CARLOS AGUILAR AGUILAR RIVERA

NO REFIERE   Lugar y fecha de nacimiento: HUEHUETLAN EL CHICO

EBLA, 10 DE SEPTIEMBRE DE 1941   Edad: 59 AÑOS

ción: Estado Civil: SOLTERO   Dialecto: NO REFIERE HABLAR

ridad: LICENCIATURA EN FILOSOFIA Y TEO Domicilio: CALLE 2 ORIENTE S/N SANTA

RA HUITZILTEPEC PUEBLA.   Nombre de cónyuge y domicilio: NO TIENE

Nombre de padres y domicilio: ZENEN AGUILAR NAJERA

NADO) Y FORTUNATA RIVERA BENITEZ (FINADA)

2. MEDIA FILIACION

lexión: DELGADO   Peso: 82 KILOS   Estatura: 1.73 CMTS.   Sexo: MASCULINO

y tipo de cabello: CALVISIE LAZIO ENTRECANO   Tez: MORENO

de ojos: CAFE OBSCURO   Frente: AMPLIA   Cejas: POBLADAS   Nariz: RECTA ANGOSTA

CHICA   Labios: SEMI GRUESOS   Mentón: OVALADO

SEÑAS PARTICULARES

RES POSQUIRURGICA DE APENDICE, 25 CENTIMETROS EN EL ABDOMEN Y CICATRIS

GICA EN LA HERNIA.   Lunares: EN LA ESPALDA   Otros: = = = = = = = =

TIENE

4. DATOS JURIDICOS

Av.- Previa:

JUZGADO PRIMERODE DEFENSA SOCIAL DEL DISTRITO JUDICIAL DE TEH. PUE.

(s): ATAQUES AL PUDOR   Juzgado: PRIMERO DE DEFENSA SOCIAL DE TEH. PUE.

6/98

SEIS DE SEPTIEMBRE DE 2001

CIDENTES: ES LA PRIMERA VEZ QUE INGRESA A UN CE.RE.SO. Y QUE SE ENCUENTR

JETO A PROCESO.

5. HUELLAS DACTILARES (MANO IZQUIERDA)

HUELLAS DACTILARES (MANO DERECHA)

El expediente del cura pederasta.

En la Heroica Puebla de Zaragoza a 17 diecisiete de Febrero de 2003 dos mil tres, la Secretaria de Acuerdos da cuenta a la Sala con el oficio número 4715 del Secretario del Juzgado Primero de Distrito en el Estado, para su acuerdo correspondiente. CONSTE. - - - -

TOCA: 1073/2001

AMPARO 1389/2002

CUMPLIMIENTO DE SENTENCIA DE AMPARO PRONUNCIADA POR EL JUEZ PRIMERO DE DISTRITO EN EL ESTADO.

AMPARISTA: CARLOS NICOLAS AGUILAR RIVERA.

PONENTE: LICENCIADA Y MAGISTRADA BLANCA LOUVIER DIAZ.

Heroica Puebla de Zaragoza, a 17 diecisiete de Febrero de 2003 dos mil tres - - - - - - - - - - - - - - - -

Agréguese a sus autos el oficio número 4715 del Secretario del Juzgado Primero de Distrito en el Estado, y visto su contenido, en cumplimiento a la ejecutoria que remitiera el H. Primer Tribual Colegiado en Materia Penal del Sexto Circuito, dentro del toca R-5/2003, promovido por CARLOS NICOLAS AGUILAR RIVERA, por su propio derecho, contra actos de esta Sala, considerando que la Justicia de la Unión concedió el Amparo y Protección al referido quejoso, este Tribunal de Apelación, con fundamento en lo dispuesto por el artículo 104 de la Ley de Amparo, deja totalmente insubsistente la resolución reclamada de fecha 12 doce de septiembre del año dos mil dos, dictada por esta Sala

La justicia mexicana concedió un amparo al cura pederasta Nicolás Aguilar.

Iglesia de San Vicente Ferrer, donde el cura abusó de los niños.

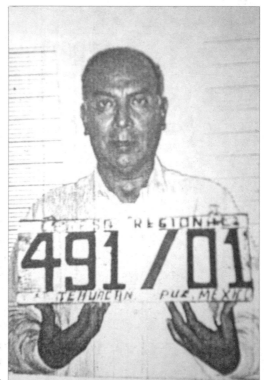

Ficha del padre Nicolás
Aguilar que las autoridades
judiciales «extraviaron».

DIRECCION GENERAL DE PREVENCION ·
Y TRATAMIENTO DE MENORES
DIRECCION DE COMISIONADOS DE MENORES
SUBDIRECCIÓN DE INVESTIGACIONES
DEPARTAMENTO DE INTEGRACION Y SEGUIMIENTO
DE ACTAS SIN MENOR
AVERIGUACION PREVIA NUM.: 46a/DS/385/94-11.

SECRETARIA DE GOBERNACION

AL C.: NICOLAS AGUILAR RIVERA.

DOM.: GENERAL JOSE MORAN NUMERO 52. (PARROQUIA)

COL.: SAN MIGUEL CHAPULTEPEC.

P R E S E N T E .

Por este conducto solicito a Usted, se presente ante el suscrito, en el Area de Comisionados de Actas sin Menor de esta Representación Social, que se encuentra da en Petén s/n esq. Obrero Mundial, Colonia Narvarte, Delegación Benito J C.P. 03020, el día 20. del mes de DICIEMBRE. de 1995 trece. horas, a efecto de que RATIFIQUE SU QUERELLA Y ACREDITE CU FUE LA DESONRRA, DESCREDITO O PERJUICIO, OCACIONADO, A SU PERSONA.

relacionado con la Averiguación Previa citada al rubro, por ser necesaria su presencia para poder integrar la misma y así resolver conforme a derecho; lo anterior con fundamento en los artículos 73, 74, 75, 76 y 81 del Código Federal de Procedimientos Penales, 35 fracción II incisos a), c) y e) de la Ley para el Tratamiento de Menores Infractores para el Distrito Federal en Materia Común y para toda la República en Materia Federal.

Haciendo de su conocimiento que de no comparecer se hará acreedor a una medida de apremio consistente en _ _ _ _ _
_____ de conformidad con lo dispuesto en el artículo 44 fracción _____ del Código Federal Adjetivo.

Deberá presentarse con una identificación reciente con fotografía.

A T E N T A M E N T E .
SUFRAGIO EFECTIVO. NO REELECCION.
México, D.F., a 06 de diciembre. de 199 5 .
EL C. COMISIONADO EN ACTAS SIN MENOR.

LIC. JOSE I. XICO JIMENEZ.

c.c.p. Expediente.

LIC. JOSE I. XICO JIMENEZ. LIC. ROSA MARIA GARCIA LARA.

RAZON.- En fecha seis de diciembre de mil novecientos noventa y cinco, el personal de actuación HACE CONSTAR que se recibe la Razon del citatorio girado al querellante, la cual se anexa a las presentes actuaciones. ------ C O N S T E -------
SE CIERRA, Y AUTORIZA LO ACTUADO. ------

El citatorio donde el cura pederasta dice vivir
en la Segunda Vicaría del Arzobispado de México.

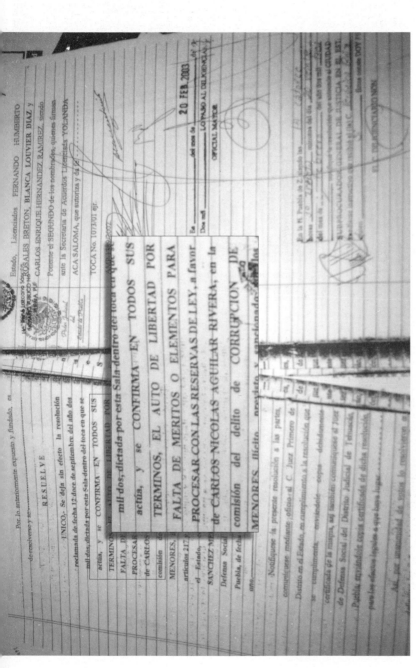

La sentencia que exculpa al cura del delito de corrupción de menores por falta de «méritos».

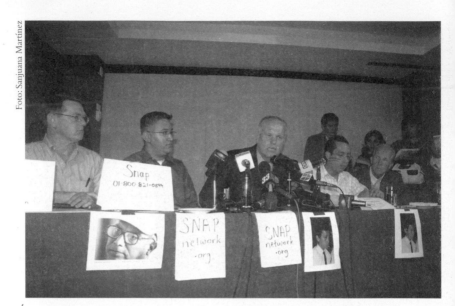

La conferencia de prensa en México terminó con un intento de Gobernación de detener a los estadounidenses.

Personal de Inmigración intentando detener a los estadounidenses que presentaron la denuncia contra el cardenal Norberto Rivera.

Todos camino a entregar la denuncia al cardenal Roger Mahony.

Éric Barragán, Joaquín Aguilar y Jeff Anderson en conferencia de prensa luego
de interponer la denuncia.

Joaquín Aguilar, fuera de la
Corte Superior de California.

El abogado Jeff Anderson y la víctima antes de entrar a la Corte.

El abogado Michael Finnegan con una caja de pruebas
a la entrada de la Corte Superior de California.

El fiscal de Los Ángeles
William Hodgman, que
persigue a Nicolás Aguilar.

Mary Grant: «A ojos de las víctimas, Norberto Rivera es un pederasta».

Algunas víctimas de SNAP.

El cardenal Norberto Rivera rodeado de policías
en una visita a la cárcel.

El cardenal Rivera sudoroso
mientras lee un comunicado
donde se declara inocente y
niega haber protegido al cura
pederasta Nicolás
Aguilar Rivera.

El cardenal
Norberto Rivera
Carrera.

El cardenal Norberto
Rivera con un niño.

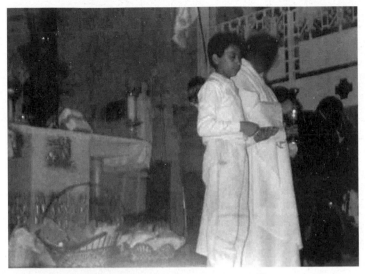

Joaquín Aguilar como monaguillo.

El sacerdote pederasta
Fidencio Silva.

Joaquín Aguilar a la edad en que fue
víctima de abuso sexual del sacerdote
Nicolás Aguilar Rivera.

Éric Barragán con el cura pederasta Carlos Rodríguez.

Éric Barragán de monaguillo.

Los tres hermanos Barragán y sus padres.

David Clohessy, director de SNAP, una historia triste.

IV

Rivera, un cardenal bajo sospecha

> El crimen de la pederastia siempre deberá ser denunciado y condenado, nunca encubierto, por lo que reiteramos nuestra disposición a colaborar con las autoridades encargadas de la promoción de justicia.
>
> MONSEÑOR CARLOS AGUILAR RETES
> *en el comunicado de apoyo al cardenal Rivera*

Insensible y poderoso

La biografía de Norberto Rivera Carrera está marcada por una constante: la lucha por el poder. Sus nexos con los estamentos político, empresarial y policial le han permitido construirse un imperio de privilegios.

El hombre que ha violado con lujo de ostentación el artículo 130 de la Constitución Mexicana, a través de sus compromisos políticos con el Partido Revolucionario Institucional y el Partido Acción Nacional, enfrenta una de las mayores encrucijadas de la Iglesia católica universal.

Por primera vez, un cardenal mexicano ha sido denunciado por «conspiración a la pederastia». Se trata de un hecho inédito, porque el proceso presentado en la Corte Superior de California incluye a otro purpurado: el cardenal Roger Mahony de la diócesis de Los Ángeles. Ambos «príncipes de la Iglesia» constituyen los primeros altos mandos eclesiásticos acusados por un delito relacionado con el abuso sexual a menores de edad.

Nacido en la Purísima, Tepehuanes, Durango, el 6 de junio de 1942, Rivera Carrera estudió en la primaria de su pueblo natal y en 1955 ingresó al seminario conciliar de su estado, donde hizo los estudios de humanidades, filosofía y un año de teología. En 1962 ingresó en el Colegio Pío Latino Americano donde estudió teología dogmática en la Universidad Gregoriana que le otorgó el título de licenciado.

Fue ordenado sacerdote en 1966. Su primer destino fue la parroquia de Río Grande, Zacatecas, donde fungió como vicario cooperador. Y el 5 de noviembre de 1985 lo nombran obispo de Tehuacán.

Noticias de esa época informaron de la presunta «limpia» que hizo el nuevo obispo al llegar. Para empezar hizo acopio de las propiedades otorgadas anteriormente por el obispo Rafael Ayala y Ayala y estableció nexos de poder con los estamentos políticos del PRI y del Grupo Romero Hermanos.

El secreto «a voces» de las prácticas homosexuales en el Seminario Regional del Sureste fue el pretexto para cerrar ese centro. A partir de entonces el obispo fue haciendo su grupo con un número de sacerdotes que recibían la gracia de su protección y beneficio.

Las denuncias contra el padre Nicolás arreciaban en 1986, pero el cardenal no hizo nada: «Norberto Rivera siempre mostró un desinterés hacia los fieles», dice de entrada el sacerdote Anastasio Simón Hidalgo, párroco de San Gabriel Chilac.

En entrevista, el «padre Tacho», de 54 años, comprometido con las comunidades más pobres de la Sierra Negra, se muestra conocedor de los detalles que han rodeado la llegada y partida de Norberto Rivera. Lo define como un hombre más preocupado por sus intereses que por la comunidad católica.

Recuerda que recibió clases del padre Nicolás Aguilar cuando éste era responsable del Seminario Menor, encargado de la disciplina de los internos: «En ese entonces no nos enteramos, fue hasta después. Vimos que pastoralmente estaba trabajando bien».

Fue en 1987 cuando todos se enteraron de la presunta orgía donde fue descubierto el sacerdote: «Como fueron hechos de sangre, se supo ampliamente. Se descubrió que estaba con unos muchachos, pero el problema apareció como homosexualidad solamente».

De hecho, señala que el mismo obispo Norberto Rivera se enteró de «la problemática». Luego de los abusos sexuales contra los niños de la Sierra Negra, el tema se extendió y las víctimas fueron a hablar con Rivera: «Seguramente no tuvo la sensibilidad para tomar en serio esa problemática del padre. El problema de Norberto es que no tiene sensibilidad pastoral, ni sensibilidad humana, ni cristiana».

Considera que el hecho de cambiar a un sacerdote de una parroquia a otra, o de un país a otro, implica una serie de responsabilidades y estudios sobre la persona: «Cuando un sacerdote no puede realizar un trabajo pastoral al interior de la diócesis a la que pertenece, por situaciones de autoridad, obediencia o compromiso pastoral, entonces se intenta dejar esa diócesis para incorporarse a otra, buscando en el otro obispo mayor sensibilidad pastoral en el trabajo que uno realiza».

Por tanto, cree que la actitud del obispo Norberto Rivera de remover al padre Nicolás de parroquia y país fue una irresponsabilidad: «Debió haber tenido mucho cuidado al dar permiso a un sacerdote para que vaya a otra diócesis. Debió haber entregado un informe bien claro a la diócesis de Los Ángeles y seguramente no lo hizo».

—¿Es como un doble crimen? ¿El cura pederasta por un lado y el encubridor por otro?

—Sí, sobre todo al interior de la Iglesia, ya que luego esos asuntos no se ventilan tan claramente.

—¿Usted nunca vio a Norberto Rivera realmente comprometido en la defensa de los menores?

—Desde que lo tuve como mi obispo siempre lo vi falto de caridad pastoral, de compromiso con la gente. Si a veces no tenía esa caridad fraterna con los presbíteros, menos con gente que finalmente no vale nada para él. ¿Qué se puede hacer contra una institución como la Iglesia católica? Él estaba interesado en lo que significaba mayor bienestar para él, mayor ingreso económico.

Las cosas están más que claras, según el padre Tacho, sólo hay que hacer coincidir las fechas: «Norberto llegó en el 85 y el "problema" del padre Nicolás empezó en el 87. El obispo tenía y tiene su grupo. Nosotros lo vimos. Él quería hacer carrera eclesiástica. Estaba en la búsqueda de influencias, de poder. Nada más».

—El cardenal Bernard Law, de Boston, dimitió de su cargo por haber encubierto a un sacerdote pederasta. Fue llamado a declarar en calidad de testigo, ni siquiera lo denunciaron como a Norberto Rivera. ¿Usted cree que el cardenal debería dimitir y asumir consecuencias?

—Me parece que sí. Claro, es una actitud humilde. Eso le daría más credibilidad a la Iglesia.

—¿Usted cree que el cardenal Rivera tenga esa cualidad humana?

—Por supuesto que no. Va a ser un poco difícil. Tal vez, él todo el tiempo lo va a negar. Hay que asumir responsabilidad. Y los daños que haya ocasionado a otros seres humanos, tratar de repararlos. Con dinero y de manera más integral, con apoyo a las víctimas. Por el bien de los niños, sobre todo por ellos.

Con 26 años en el ministerio sacerdotal, el padre Tacho está comprometido con los más pobres en San Antonio Cañada y Coscatlán, aunque tiene cinco años que volvió a San Gabriel Chilac, su tierra natal. Recordó la problemática con los terrenos del padre Ayala: «Era el acopio de tener economía. De obtener varios bienes, él tuvo mucha capacidad para hacer economía en la diócesis».

Está a cargo de la comunidad popoloca, ubicada al lado de la Sierra Mixteca, donde existe una alta marginación. Su contacto con los más desfavorecidos lo ha hecho sensible a temas como éste: «El abuso sexual cometido por un sacerdote es muy grave. No me puedo imaginar la experiencia que puede sufrir un menor. Es traumatizante. Les destruye su condición humana. Es muy difícil sanar y recuperarse para después ser un hombre o una mujer «normal».

Y de manera contundente añade: «La Iglesia tiene que responsabilizarse. No podemos negar que somos una institución humana y por lo tanto debemos asumir responsabilidades. Nosotros proclamamos y tenemos como modelo a Jesucristo, entonces él siempre luchó por la justicia, por los pobres, por la dignificación del ser humano. Si nosotros nos comprometemos de esa manera tenemos que dar testimonio de eso que anunciamos. Si no lo hacemos, caemos en incoherencia o descrédito. Que es lo que finalmente está pasando ahora.

»La Iglesia —dice— debe tener suficiente humildad para reconocer errores. A veces no se quiere reconocer los errores, pero es la única manera de evitar que la gente se vaya a otras religiones. La feligresía tiene que aprender a denunciar estos hechos. Hay que hablar.»

Pleitesía al César

No es fácil responder de manera contraria al coro casi unánime de apoyo a Norberto Rivera Carrera, como lo ha hecho el padre Tacho. El respaldo de la Conferencia del Episcopado Mexicano tardó diez días, pero llegó. Los 125 obispos le dieron su «solidaridad y apoyo fraterno» sin expresar una sola palabra de compasión hacia la víctima.

En el comunicado el embate es directo contra la SNAP, que para los obispos ha emprendido «acciones ilegales e inmorales» contra el cardenal.

Desconocen los obispos que la SNAP no ha demandado a nadie. Que la denuncia contra los dos cardenales fue puesta a título personal por la víctima: Joaquín Aguilar, y que esa asociación no lucra con el sufrimiento de los afectados por el abuso sexual de sacerdotes, sino que simplemente los apoya y acompaña en el trance de su recuperación.

Rivera Carrera quiso inmediatamente cubrirse con el manto de la víctima y se dijo presa de un «chantaje» porque la víctima pretendía «comercializar la justicia», ya que buscaba una compensación.

En todo procedimiento civil, como el que afecta al señor cardenal, la restitución económica forma parte del futuro acuerdo de las partes, ya que no existe en ese nivel procesal el castigo de cárcel, aunque siempre queda abierta la posibilidad de emprender acciones penales en caso de culpabilidad.

Es un derecho esencial de toda víctima. La evolución de los principios de reparación contra los afectados por la violación a sus derechos. ¿Cómo se puede pagar el devastador daño de un abuso sexual? ¿Cuánto cuesta una vida destruida?

Los principios básicos sobre derechos de víctimas aprobados por la Asamblea General de la ONU en diciembre de 2005 establecen la forma de reparar los daños sufridos. Como la libertad e integridad sexual perdidas no se pueden restituir, reaplica una indemnización por todos los perjuicios económicamente evaluables que incluyen: daño físico o mental, los perjuicios morales, los gastos de asistencia jurídica y médica, rehabilitación con gastos de servicios psicológicos y sociales.

Por último, el acusado, en este caso el cardenal Norberto Rivera, deberá otorgar a la víctima una satisfacción, es decir, la revelación pública y completa de la verdad, que en este caso incluye la publicación del expediente del padre Nicolás Aguilar en poder del purpurado, documentos que el arzobispo primado de México se ha negado a desvelar a pesar de la gravedad de las acciones del pederasta, argumentando que sólo lo hará bajo una orden judicial.

Asimismo, si el cardenal quiere llegar a un acuerdo deberá hacer una declaración oficial o judicial que restablezca la reputación y dignidad de la víctima. El príncipe de la Iglesia deberá afrontar además sanciones judiciales o administrativas.

La restitución económica es uno de los derechos de la víctima, que incluye también su derecho a la verdad, a la justicia y a la reparación. Si a alguien le roban un coche, querrá que se lo devuelvan; pero si te han robado la integridad física y mental, la única manera de devolverla es la compensación económica, emocional, social y ante la opinión pública.

135

Después de la demanda, la reacción de algunos medios de comunicación mexicanos fue totalmente de autocensura. El cardenal mantiene lazos muy fuertes con los dueños de esos medios. Su amigo Mario Vázquez Raña incluso le echa la mano y le hace una larga entrevista publicada en dos partes el 27 y 28 de septiembre.

Fue la primera vez que el purpurado habló en profundidad del asunto y dio su versión. Reconoció que desde el primer año de haber llegado a la diócesis de Tehuacán, en 1985, supo del «problema» del cura pederasta: «Oigo rumores, oigo que hay acusaciones, se da un evento incluso en donde hay hechos de sangre por lo que lo llamo y le digo:"Se te acusa y debes responder ante esto". Él me dijo que no había cometido nada. Le dije que tenía que aclararlo. En lugar de aclararlo en ese momento, se va a Estados Unidos, porque allá tiene familiares».

Rivera Carrera no dice que el sacerdote no se fue, sino que él lo mandó a Los Ángeles en 1987, y como prueba está su intercambio epistolar con el cardenal Roger Mahony. El cardenal nunca lo retiró de su ministerio sacerdotal, el cual aún conserva, ya que sigue perteneciendo a la diócesis de Tehuacán: «Yo le digo:"Aquí no puedes ejercer el ministerio sacerdotal, mientras no aclares esto", y me dice:"Ya lo aclaré ante las autoridades, ya me hicieron tres juicios y en ninguno me encontraron culpable". Por lo que le dije:"De todos modos aquí, mientras a mí en lo personal no me clarifiques todo, aquí no puedes ejercer el ministerio"».

¿Qué significan tres juicios por abuso sexual o corrupción de menores para Norberto Rivera? ¿Qué sanción merece? La supuesta amenaza que el cardenal dice que le hizo al padre Nicolás no se cumplió. ¿Desinterés? ¿Desprecio por las víctimas? ¿O simple protección y complicidad?

El cardenal insiste en la entrevista con su amigo en exculparse: «Yo no tengo autoridad sobre él, no tengo ninguna jurisdicción sobre el ejercicio de su ministerio y además el supuesto crimen se comete un año antes de que tu servidor llegue a esta arquidiócesis, entonces no veo por qué a mí se me pueda cargar una acusación cuando ni siquiera estaba yo aquí en esta arquidiócesis de México».

Sencillamente se le acusa de «complicidad a la pederastia» porque si él hubiera expulsado del sacerdocio al padre Nicolás Aguilar desde que se enteró de su «problema», en 1987, éste no habría podido violar a Joaquín al lado de la sacristía en la iglesia de San Antonio de las Huertas.

El cardenal expresa su máxima preocupación: el dinero. Dice que «por allí no nos van a llegar»: «Me gustaría que supieran que hay un acuerdo desde hace muchos años entre los obispos, muy explícito, de jamás dar ni un solo centavo para acallar un delito. Y también otro acuerdo que no viene al caso, pero que es importante: en el caso de que alguno sea secuestrado, nunca dar ningún centavo».

¿Entonces qué significan para el cardenal los millones de dólares que ha tenido que desembolsar la Iglesia estadounidense ante los cientos de denuncias interpuestas por casi 100 000 víctimas de abuso sexual de sacerdotes?

Al purpurado le molestó que la demanda fuera interpuesta en un tribunal estadounidense y no en un mexicano. El proceso mexicano ya ha sido ampliamente documentado en estas páginas y se muestra no sólo la corrupción de la justicia, sino la complicidad en la protección a los sacerdotes pederastas.

«Si un crimen —vamos a suponer— se llevó a cabo en México por un mexicano, debe ser juzgado en México, y no por un tribunal de Estados Unidos; por eso considero que no solamente es ilegal y anticonstitucional, sino es violatorio a nuestra soberanía, es intervencionista, vienen a actuar en donde no tienen jurisdicción.»

La declaración del cardenal parece calcada al pensamiento de las autoridades de Inmigración, que sorpresivamente se presentaron en el Hotel Emporio donde se celebraba el miércoles 20 de septiembre la conferencia de prensa para dar a conocer a la opinión pública mexicana los pormenores de la demanda contra el cardenal Norberto Rivera.

Sin identificarse y sin portar documentación sobre la supuesta ilegalidad, siete hombres se presentaron al final del evento solicitando la documentación de los abogados estadounidenses encabezados por Jeff Anderson. Los supuestos agentes de Inmigración intentaron llevarse a los letrados en un acto que parecía más un secuestro que una diligencia oficial. Al final fue la presencia de la prensa y la policía capitalina lo que abortó la acción.

En medio de la trifulca, Anderson se veía visiblemente sorprendido y no daba crédito a lo sucedido: «Comprendo que esto nos pasa porque México se ha convertido en el paraíso de los pederastas y porque el señor cardenal Norberto Rivera es un hombre muy poderoso. Pero estamos aquí pensando en los niños mexicanos, en su bienestar y en su protección. Los crímenes de abuso sexual clerical no pueden quedar impunes».

El letrado estaba acompañado por el abogado Vance Owen quien, nervioso, les explicaba a los agentes que él tenía nacionalidad mexicana a pesar de tener apariencia estadounidense. En un momento de intensa confusión, Anderson le inquirió a su compañero: «Tú que eres mexicano, ¿qué consejo me das?» A lo que Owen escuetamente contestó: «Esto es México, mejor ponte a rezar». La reacción de Jeff, entre risas y espanto kafkiano, fue inmediata: «Oye, esa clase de consejos no me sirven, dame un consejo legal, por eso te he contratado». Luego de mostrar su pasaporte, Owen aprovechó el sanquintín armado en el *lobby* del hotel para huir por una de las puertas, sin decir adiós.

Incluso hoy en día, el Servicio de Inmigración sigue estudiando la posibilidad de aplicar sanciones a los abogados estadounidenses que se atrevieron a creer que México era una democracia con estado de derecho en donde se respetaba la libertad de expresión.

Rivera Carrera se justifica insistentemente diciendo que él no puede detener a nadie, en referencia al padre Nicolás, y que desde hace 11 años el sacerdote no pertenece a su jurisdicción. Tal vez jurídicamente el cardenal no tenga ninguna obligación, pero moralmente se debe a sus fieles; su responsabilidad es vigilar por su integridad y no dejar en las iglesias a un depredador como Nicolás Aguilar.

Además, en la demanda con número de expediente procesal número BC358718, el cardenal es tratado como el «jefe de la corporación», cuyo empleado incurrió en el grave delito del asalto sexual contra niños. Norberto Rivera enfrenta ocho cargos entre los que se encuentran: «negligencia, intención de provocar trauma emocional, conspiración civil, retención y empleador a un delincuente y asalto sexual».

El crimen del otro lado

Definido por el fiscal de Los Ángeles William Hodgman como un auténtico «depredador», el sacerdote Nicolás Aguilar Rivera abusó al menos de 26 niños en el lapso de nueve meses durante 1987 cuando trabajaba en dos parroquias de la arquidiócesis de Los Ángeles.

«Es un depredador, y la tragedia es que no está arrestado ni en México ni en Estados Unidos», dice en entrevista el fiscal encargado de la acusación y jefe de la División de Juicios Especiales y Crímenes Sexuales de la oficina del fiscal de Los Ángeles.

Hodgman liderea el grupo de 560 acusadores contra los sacerdotes pedófilos de Los Ángeles y desde hace tres años investiga las conexiones que puede haber entre ambos países: «El padre Aguilar Rivera se fugó de Estados Unidos en el momento en que se hicieron cargos contra él. Desde entonces, lo que tengo entendido es que permanece en México. Hemos tenido algunos reportes de dónde puede encontrarse».

El fiscal, que ha llevado más de 130 juicios desde 1978, incluyendo 40 casos de asesinatos, lamentó la falta de acción de la justicia mexicana: «Nosotros trasladamos el juicio hacia las autoridades mexicanas hace algunos años, pero el caso fue desestimado por un juez mexicano. Aun así no tengo conocimiento de que haya ninguna petición de extradición en este momento».

El presbítero fue acusado formalmente en México en 1997, periodo durante el cual permaneció en su ministerio en la parroquia de Tehuacán, con apoyo de la Iglesia, pese a que el año pasado lo había declarado culpable, pero esquivó los cargos gracias al dictamen de un juez que lo liberó.

Las acusaciones de abuso sexual contra el presbítero iniciaron en México en la década de los setenta, hasta que en 1987 el cardenal Rivera lo trasladó a la diócesis de Los Ángeles. Allí fue asignado primero a la iglesia de Nuestra Señora de Guadalupe y después a la parroquia de Santa Ágata, en el sur de la ciudad.

Las autoridades de la Procuraduría General de la República afirmaron que la policía no presentó ninguna evidencia de que el sospechoso era de México, ni que fungía como sacerdote.

El fiscal Hodgman afirma que actualmente está checando con un experto en extradiciones de la oficina del fiscal, para ver si procede: «Habría dos consideraciones que hacerse. Primero: ¿podemos legalmente perseguirlo? Y segundo: ¿podemos técnicamente perseguirlo, es decir, tenemos los testigos y las víctimas? Originalmente los delitos ocurrieron en Estados Unidos, tenemos que saber si todos estarían dispuestos a testificar».

—Después de estudiar el caso, ¿cómo definiría al padre Nicolás Aguilar Rivera?

—Es una pregunta muy difícil. No puedo comprender cómo el padre Aguilar Rivera hizo lo que hizo, pero viendo sus actos es claro que corresponden a la naturaleza de un depredador, no de un sacerdote o un hombre de Dios. No puedo saber sus motivaciones personales, pero estoy seguro de que tendrá que afrontar su responsabilidad.

Hodgman se ha encontrado con numerosos obstáculos para desarrollar su trabajo y ha instado a la arquidiócesis a entregar los expedientes de los acusados, ya que considera que las autoridades eclesiásticas no gozan de ningún privilegio constitucional: «Es muy difícil llevar este caso. La Iglesia de Los Ángeles tiene una gran influencia. Ellos tienen muy buenos abogados que dificultan mi trabajo, sobre todo evitando que obtenga información en ciertos casos».

El fiscal Hodgman encarceló al sacerdote John Lenihan después de que la arquidiócesis le entregara los informes del presbítero, que incluían una carta que Lenihan dirigió al papa Juan Pablo II donde admitía que había mantenido relaciones sexuales con adolescentes: «Ése es un ejemplo de lo importante que pueden ser esos informes para evaluar las evidencias».

Señaló que conoce las cartas que el cardenal Mahony y el cardenal Rivera intercambiaron: «Estoy convencido de que el episodio del padre Aguilar Rivera es embarazoso para el cardenal Moahony. No puedo saber hasta qué punto Mahony puede estar implicado en encubrir a alguien como el padre Aguilar Rivera, si es que lo está».

Pero advierte: «Ciertamente el patrón de conducta que ha seguido la arquidiócesis no es satisfactorio. Tampoco ha tenido una respuesta adecuada sobre las alegaciones en contra de algunos sacerdotes que han abusado de niños. Lo que hizo o lo que no se hizo es inconsistente frente a la obligación que, se supone, los sacerdotes y obispos tienen de proteger a los más vulnerables de los católicos: los niños».

El elevado número de casos surgidos en la arquidiócesis de Los Ángeles sorprende al letrado: «Ellos estaban obligados a hacer más en cada caso. De cualquier forma, fracasaron en su obligación de proteger a los niños y ese fallo puede o no tener consecuencias criminales. Eso es lo que estamos investigando actualmente».

Informe negro

De acuerdo con el expediente policial del padre Nicolás Aguilar Rivera, en poder de esta periodista, las denuncias de abusos sexuales empezaron inmediatamente después de ser trasladado de Tehuacán a Los Ángeles, y nueve meses después escapó de Estados Unidos para trasladarse a México, donde siguió ejerciendo como sacerdote gracias a la protección eclesial.

El presbítero estaba encargado de oficiar diariamente misas en español y presuntamente ofrecía clases de español a los niños. En las dos parroquias donde sirvió estaba encargado de los monaguillos. La mayoría de sus víctimas son hispanos.

Los detectives Esparza y Lyon consignan en su informe —cuya copia está en mi poder— que el 14 de enero de 1988 entrevistaron a la prima del presbítero, Teresa Márquez: «El sospechoso le dijo a la señora Márquez que tenía que irse a México porque ya no podía permanecer en Estados Unidos ya que su visa había expirado. La señora y su esposo señalan que en la mañana del 9 de enero de 1988 trasladaron al sospechoso hasta Tijuana, donde el sacerdote tomó un avión con trayecto desconocido en México».

El sacerdote fue alertado de las denuncias en su contra por abuso sexual. Guadalupe Mendoza había notificado a la hermana Renee, de la parroquia de Nuestra Señora de Guadalupe, que el padre Aguilar abusó sexualmente de sus dos hijos. La religiosa lo reportó el 11 de enero a las autoridades.

Según el informe que contiene fichas de cada uno de los 26 cargos de abusos sexuales, el padre Aguilar abusaba de los niños en las mismas parroquias, concretamente a un lado de la sacristía. En la mayoría de las descripciones de los hechos se detalla cómo el presbítero tocaba los penes de los niños y, a la vez, los obligaba a tocar su órgano reproductor para masturbarlo.

Los nombres de las víctimas fueron tachados con pluma negra del informe, para protegerlos: «Cada una de las víctimas entrevistadas describe el mismo *modus operandi* utilizado por el sospechoso. Él se hacía amigo de los monaguillos y luego les pedía que le enseñaran inglés. Mientras estaba solo con los niños, el sospechoso tocaba los genitales de los niños y luego hacía que los niños se lo tocaran a él. En numerosas ocasiones el sospechoso metía su mano dentro de los pantalones para tocar el pene de los niños y los masturbaba».

Dos hermanos se ofrecieron a dar clases de inglés al sacerdote, pero durante cinco o seis ocasiones diferentes el sacerdote tocó sus genitales. Los niños avisaron a sus padres. Al entrevistar a uno de los padres de los niños, el hombre de origen mexicano les dijo que no había denunciado al padre Aguilar Rivera porque no les había creído a sus hijos y porque el sospechoso era sacerdote.

«El reporte policial de este sacerdote es terrible —dice en entrevista el abogado Anthony Dimarco, que lleva 360 casos de abusos sexuales cometidos por sacerdotes de la arquidiócesis de Los Ángeles, entre los que se encuentran las 26 denuncias contra el padre Aguilar Rivera—. Lo más significante en este reporte es ver el patrón de conducta que siguió la arquidiócesis, principalmente porque en lugar de denunciar al sacerdote a la policía y permitir que lo arrestaran, esperaron todo un fin de semana para hablar con la policía y dejar que Aguilar Rivera dejara el país».

Y añade: «La gente puede sacar sus conclusiones. Él huyó del país para evitar su enjuiciamiento. El cardenal Rivera le dijo al cardenal Mahony, antes de enviarlo, que el padre Nicolás Aguilar tenía conductas homosexuales. Ahora el cardenal Mahony dice que nunca recibió esa advertencia, pero tenemos testigos que dicen que el cardenal Rivera le dijo a Mahony que la razón por la que enviaba aquí al cura fue porque un grupo de feligreses lo golpearon e incluso le dispararon».

—¿A quién le cree: al cardenal Rivera o al cardenal Mahony?

—Yo creo la versión de Rivera. ¿Por qué iba a mentir sobre esto? Él advirtió a Mahony sobre «el problema» del sacerdote. ¿Por qué iba a hacer una cosa así? Sencillamente porque sabían que era «un problema».

Muchos de los clientes de Dimarco son hispanos: «Uno de nuestros objetivos es que las víctimas sean compensadas de alguna manera. Y lo más importante es que queremos que con estos juicios la verdad salga a la luz, queremos ver publicados en su totalidad los expedientes de los sacerdotes acusados de abusos sexuales».

Recordó cómo las autoridades eclesiásticas de Los Ángeles no han cooperado en la investigación: «Ellos han tenido una conducta errónea e incluso han admitido en varios reportes que se han equivocado. Cuando alguien se equivoca, la gente dimite, como el cardenal Bernard Law, para buscar la verdad. Aquí estamos esperando eso, no sólo que el cardenal Mahony se disculpe por sus errores sobre los curas pedófilos y por no reaccionar apropiadamente».

Después de llevar 360 casos de pedofilia cometida por sacerdotes, Dimarco es contundente: «Hemos tenido que escuchar tanto sufrimiento en estos casos. Entre más dolor hay, más se galvaniza la gente. Eso significa que desarrollamos una especie de convicción en los clientes cuando empiezan a soltar todo su dolor. Esto no es sólo un trabajo, de muchas maneras es una causa».

Protector reincidente

La protección que el cardenal Norberto Rivera Carrera ha ofrecido a los curas pederastas durante el devenir cotidiano de su ministerio ha quedado de manifiesto «en el caso Marcial Maciel».

Para dar testimonio del crimen de Rivera Carrera, el padre Alberto Athié, conocido por su compromiso con los más pobres y los desheredados de México, acepta una entrevista.

Cuerpo atlético, pelo cano y barba, Athié es la personificación del hombre entregado a una causa: la justicia y la verdad. Su limpia mirada y expresión de amor para aquellos más necesitados corresponden a toda una vida de servicio. Desde el año 2000 renunció al sacerdocio al enterarse de la complicidad y protección del cardenal Norberto Rivera Carrera al sacerdote pederasta fundador de los Legionarios de Cristo, Marcial Maciel. El arzobispo primado de

México lo protegió desde el principio e incluso actualmente sigue sosteniendo que las denuncias en su contra sobre abusos sexuales a menores de edad son «puros cuentos», pese a que el papa Ratzinger lo retiró de su ministerio sacerdotal como castigo a sus delitos reiterados.

Fue en diciembre de 1994 cuando José Manuel Fernández Amenábar, un alto cargo de los Legionarios de Cristo, hizo una confesión que cambiaría para siempre el ministerio sacerdotal del padre Athié. Le contó sobre los abusos sexuales que había sufrido de parte del fundador de la Legión de Cristo, el sacerdote Marcial Maciel.

El legionario reconocía el gran resentimiento hacia su depredador y por consiguiente su negativa a perdonar a Maciel. El padre Athié intentó convencerlo de ofrecer el perdón a su victimario: «Yo no quiero perdonar a un hombre como Maciel que ha destrozado mi vida. Yo lo que quiero es justicia», le dijo.

El padre Athié le invitó a reflexionar con serenidad bajo el argumento de que los cristianos pueden perdonar y al mismo tiempo pedir justicia: «José Manuel, esos dos valores pueden ir perfectamente juntos en la experiencia cristiana», le aclaró el sacerdote. Al afrontar sus últimas horas de vida en febrero de 1995, efectivamente Fernández Amenábar cedió y escuetamente reconoció: «Le perdono, pero no me olvido de mi deseo: justicia, padre, quiero justicia».

El sacerdote le agradeció su gesto y a la vez le pidió perdón a nombre de la Iglesia católica por lo que le había pasado y le hizo una promesa trascendental: «Yo me comprometo contigo, ante tu lecho de muerte, a buscar la justicia». Luego, a modo de despedida, le ungió el sacramento de la confesión y de la comunión. Finalmente celebró su funeral a cuerpo presente y delante de los allí presentes, el padre Athié cumplió con lo prometido: «José

Manuel se va perdonando, pero a la vez, pidiendo justicia por lo que sufrió dentro de la Iglesia».

Al término de la misa, se le acercó un grupo de ocho señores: «Padre Athié» le dijeron, «entendimos perfectamente el mensaje y sabemos de qué se trata y queremos decirle que nosotros también somos víctimas del padre Marcial Maciel». Sorprendido, sin apenas dar crédito de lo que en ese momento iba sabiendo, el padre Athié accedió a reunirse con ellos para platicar, sobre todo con José Barba, quien inmediatamente le comunicó: «Nosotros ya hemos agotado todas las instancias dentro de la Iglesia y no hemos encontrado justicia. Por tanto, hemos decidido denunciar públicamente a Marcial Maciel».

El padre Athié insistió en su primer objetivo: agotar todas las instancias dentro de la Iglesia, primero en México y luego en el Vaticano: «Yo me voy a dedicar a trabajar dentro de la Iglesia», les dijo, al tiempo de pedirles comprensión y respeto en su búsqueda de justicia dentro de la institución eclesiástica. Las víctimas del abuso sexual de Marcial Maciel salieron a los medios de comunicación en 1997.

A continuación el padre Athié empezó a tocar las instancias necesarias para poder ver a su obispo Norberto Rivera Carrera: «Le quería hacer el planteamiento primero a él porque en la formación que nosotros tenemos como sacerdotes se nos dice que tu obispo es tu autoridad máxima e inmediata y que debemos siempre de recurrir a él y que debes de apoyarlo en todo su ministerio». Athié intentaba presentar el caso de la pederastia de Marcial Maciel ante Rivera Carrera. Por desgracia, las declaraciones públicas del arzobispo hacían ver un negro presagio.

El 11 de mayo de 1997 apareció publicada en el periódico *La Jornada* una nota que hacía referencia a la reacción del cardenal ante este tema. El periodista Salvador Guerrero le preguntó: «Perdón, señor arzobispo, hay acusaciones de abuso sexual contra el padre Marcial Maciel y se van a presentar también mañana en televisión. ¿Qué opinión tiene ellas?» El purpurado respondió volteándose para ver al reportero: «Son totalmente falsas. Son inventos. Dinos cuánto te pagaron a ti».

«Me di cuenta» dice Athié, «que para él todas las noticias que giraban en torno a las víctimas de Marcial Maciel eran falsas y que además acusaba al pobre periodista de recibir un dinero para filtrarlas a los medios de comunicación. Con esta noticia mi lectura de los hechos fue: "Mi obispo tiene información errónea"».

En ese momento, el padre Athié intenta ver con más insistencia a su obispo; pidió con carácter urgente y acudió en mayo de 1997 para verlo en la curia del arzobispado de México en la calle Durango: «Llevé las copias de los periódicos de Estados Unidos sobre los abusos sexuales. Le dije que había leído sus declaraciones en torno a que todas las denuncias eran un "complot" contra la Iglesia. Le aclaré: "En lo personal tengo un caso de un ex legionario que murió y me platicó este tipo de asuntos que tienen que ver con el padre Maciel"».

La reacción de Norberto Rivera fue inmediata. Estaba sentado tras su escritorio y abruptamente se levantó y le dijo en tono severo: «Que no entendiste lo que ya dije a los medios: "Todo es un complot". Todo es falso. Y yo no tengo nada más de qué hablar. Hasta luego, padre Athié». Perplejo y desconcertado, el padre Athié salió de su oficina sin saber qué hacer. Decidió acudir ante la persona que le había conseguido la cita con él para contarle lo que había vivido con el cardenal.

Han pasado nueve años desde entonces, pero al sacerdote aún le sigue sorprendiendo esa reacción tan rotunda de Rivera Carrera:

«Ni siquiera me escuchó. A partir de ese momento mi relación con el obispo empezó a cambiar de una forma drástica».

El cardenal Norberto Rivera empezó una cruda persecución contra el padre Athié, que estaba trabajando en la Comisión para la Paz y la Reconciliación en Chiapas: «En cuanto tenía una oportunidad él trataba de bloquearme en mi trabajo diario. Era muy difícil lograr concertar algo que tuviera que ver con él. Hasta que con esta respuesta yo me quedé con el asunto de conciencia que había adquirido con Fernández Amenábar».

El padre Athié empezó a cuestionarse. Su director espiritual intentó calmarlo diciéndole que él ya había cumplido su promesa porque acudió ante el obispo para contarle, pero éste se negó a atender la queja: «Me dijo: tú deja que tu obispo haga lo que tenga que hacer, tú ya cumpliste».

En los siguientes meses, las víctimas de Marcial Maciel publicaron un desplegado en la revista *Milenio*. Se trataba de una carta abierta al papa Juan Pablo II, aclarando que no eran mentirosos, ya que en algunos medios de comunicación se les habían echado encima. En ese entonces se encontró con el nuncio apostólico en México, Justo Mullor, que al leer el desplegado replicó: «Estos legionarios que no entienden la forma en la que trabaja la Iglesia. Me piden una cita y a la vez sacan esto. Ni crean que los voy a recibir».

En ese momento, el padre Athié aprovecha para interrumpirlo: «A propósito de este asunto, yo tengo algo en conciencia que quisiera platicar con usted porque no encontré en mi obispo alguien que me escuchara». El nuncio le preguntó: «¿Tú eres el que atendiste a Fernández Amenábar?» Le contestó que sí y le contó toda la historia, incluido el respaldo de Norberto Rivera a Marcial Maciel.

Le aclaró: «Yo creo que tenemos que hacer algo. En la Iglesia no podemos tolerar estas cosas. Es un hermano nuestro que ha sufrido muchísimo y él pide justicia y tenemos que buscarla». El nuncio le refirió a la Congregación para la Doctrina de la Fe presidida por el cardenal Joseph Ratzinger. Le recomendó que escribiera una carta narrando todo lo sucedido: la denuncia y la reacción de su obispo. El funcionario vaticanista le advirtió: «No hagas juicios de valor. Y le pido que no me mencione en esa carta. Finalmente le recomiendo que la carta se la entregue personalmente, porque si la deja a su secretario se la pueden desaparecer, no se olvide que el cardenal tiene a varios legionarios a su alrededor».

El padre Athié representaba a México en el Consejo de Caritas Internacionales y tenía previsto un viaje a Roma, por lo cual aprovechó la ocasión para ir a ver a Ratzinger en junio de 1999. Le llamó al cardenal, ahora Papa, y le explicó a su secretario que era un «asunto personal» para entregarle en su mano una carta. El ayudante del cardenal escuetamente le dijo que no podía ser.

Fue entonces cuando el padre Athié le pidió el favor al padre Carlos Talavera, obispo de Coatzacoalcos, para que le entregara en mano la misiva: «Al volver de Roma, monseñor Talavera me cuenta lo que él vivió. Me dijo que el cardenal Ratzinger había recibido la carta, la cual en su presencia abrió y leyó. A continuación le preguntó:"¿Quien escribe esta carta es un sacerdote confiable o moralmente sustentable?" El padre Talavera le cuenta que conoce a Athié desde su juventud y que había compartido su trayectoria sacerdotal. Enseguida el cardenal Ratzinger le contestó:"Lamentablemente el caso de Marcial Maciel no se puede abrir, porque es una persona muy querida del papa Juan Pablo II y además ha hecho mucho bien a la Iglesia. Lo lamento, no es posible"».

Monseñor Talavera regresa a México y le cuenta al padre Athié lo vivido: «Me quedé helado. Se me cayó Ratzinger» dijo el obispo de Coatzacoalcos y le aclaró, «pero creo que tú ya cumpliste.

Tú ya informaste, ahora ponte a trabajar». La reacción de Athié fue contundente: «Ahora entiendo menos que nunca. ¿Cómo es posible que Ratzinger, que le toca salvaguardar la fe y la moral de la Iglesia, le pudiera decir eso? ¿Cómo es posible que el prefecto de la Congregación para la Doctrina de la Fe no vea prudente saber proceso a un violador de menores como el padre Marcial Maciel?» Un sentimiento de indignación y frustración profundo se apoderó del padre Alberto Athié. En ese momento, con voz firme y decidida le dijo: «Monseñor, suspendo mi ejercicio del ministerio sacerdotal. Quiero tomarme un tiempo para yo después tomar una decisión. Yo no estoy de acuerdo con esto. No puedo aceptar».

El padre Athié recuerda cómo en agosto de 1999, después de una reunión que tuvieron con el cardenal Rivera para organizar un encuentro internacional con motivo del año jubilar, saliendo le dijo: «Íbamos en el elevador y el cardenal me dijo: "Por cierto, todos tus servicios al episcopado los terminas en noviembre. Entregas todo. Avísales a los obispos"». El sacerdote le replicó: «Monseñor, en ese momento tiene usted mi renuncia, pero yo no le voy a avisar a los obispos».

El sacerdote, comprometido con la verdad y los pobres, preparó a su gente y les avisó de su próxima renuncia. Sabía que tal exabrupto de Rivera Carrera era motivado precisamente por la denuncia que él hizo contra Marcial Maciel, el líder de los Legionarios acusado de abuso sexual de menores: «Escribí un memorando diciéndoles: "El día de hoy mi obispo Norberto Rivera me ha pedido que deje de prestar mis servicios el mes de noviembre". Hubo extrañeza de algunos, pero luego yo les dije las verdaderas razones. Yo no había divulgado esta situación abiertamente, yo había querido mantener una discrecionalidad, buscando una metodología eficaz y basada en el derecho para buscar la justicia».

Algunos obispos llamaron a Rivera Carrera para cuestionarle su decisión de cesar al padre Athié: «Norberto Rivera les contestó que me había sacado para promoverme para un cargo especial. El cardenal le llamó diciéndole que él había entendido mal. Le comentó que algunos obispos querían convertirlo en obispo, pero le aclaró que si él no quería promoverlo ante la Santa Sede nunca lo harían obispo». Rivera Carrera finalmente le dejó las cosas claras: «Te voy a dar un cargo y si veo que te comportas te haré obispo. Si me obedeces en todo, entonces serás obispo». El padre Athié le contestó de manera inmediata: «Monseñor, le agradezco mucho, pero no me interesa. Lo que yo quiero es un sabático».

El padre Athié siguió sufriendo la inquina de su obispo, que se dispuso a perseguirlo. Intentó irse durante el año sabático a terminar su doctorado a Roma, concretamente al Colegio Mexicano, pero el cardenal sencillamente no hizo los trámites necesarios para permitírselo. Posteriormente, el sacerdote fue invitado por el presidente Vicente Fox para asesorar unas mesas de transición, por lo cual le escribió una carta avisándole al cardenal, quien nunca le contestó. Pasaron seis meses y Rivera Carrera dijo que el padre Athié se había «autonombrado» consultor de la Iglesia: «La relación estaba muy deteriorada, así que decidí irme a Chicago, donde me entero de esta tragedia de más de 3 000 menores de edad violados por sacerdotes que además de ser delincuentes, criminales, habían sido encubiertos por la Iglesia».

Después de la crisis de la Iglesia estadounidense que estalló en el año 2000 por las denuncias de abuso sexual clerical, el padre entró en una crisis profunda: «Me di cuenta que no eran unos cuantos casos, sino miles. Hice una revisión interna y finalmente decidí salir a los medios de comunicación haciendo mi denuncia pública, primero *National Catholic Reporter*. Fue cuando salí del sacerdocio».

—¿Y Norberto Rivera?

—Él desconoció todo. Dijo que jamás lo había buscado. Que jamás le había hablado del tema.

—¿A usted le sorprende que el cardenal Norberto Rivera vuelva a encubrir a un sacerdote pederasta como Nicolás Aguilar?

—Por supuesto que no. Él lo protegió. Y además puedo explicar por qué las denuncias no prosperan. Creo que en la cultura católica de las familias, el primer drama o tragedia que ellos viven es ese conflicto entre los valores religiosos y los valores familiares. Las familias se preguntan cómo aceptar, primero que nada, que un sacerdote que ellos mismos invitaron a la casa terminó violando sexualmente a sus hijos. No saben cómo manejarlo. Me han tocado familias que han vivido estas experiencias y te das cuenta cómo ellos normalmente van primero a decírselo al obispo. Ésa es la primera instancia y allí el obispo tiende a proteger al sacerdote. El obispo intenta desacreditar a los niños, luego les piden que lo mantengan en secreto para no dañar a la Iglesia. Luego les prometen que ellos se van a encargar en «arreglarlo». La mayoría de los casos se quedan allí. Y el obispo sencillamente cambia al sacerdote de parroquia, que fue lo que hizo Norberto Rivera.

El padre Athié asegura que ese procedimiento anómalo existe en países con cultura predominantemente católica: «En el caso de que las familias decidan ir a denunciar al sacerdote con las autoridades civiles, estás lo primero que hacen es ir a ver al obispo. Hay todo un mecanismo interno que pretende neutralizar los casos. Por eso hay tan pocos casos en el país y condenados menos».

—Hay testimonios y documentos que demuestran que Norberto Rivera sabía que su sacerdote era pederasta...

—Por supuesto que los hay. Estoy también cierto que así fue. Seguramente las mismas autoridades le pidieron que sacara a

Nicolás Aguilar del pueblo y Norberto lo envió a Los Ángeles sin avisar de sus delitos. Hay un encubrimiento de los abusadores.

—¿Y por qué cree que Norberto Rivera lo niega con mucha templanza y tranquilidad aparente?

—Porque manejan esta doble moral y doble línea. Son dos líneas simultáneas de conducta. Por un lado encubre y protege a su gente. Niegan todo, desacreditan a los que denuncian, los acusan de buscar dinero. Y después de todo, hacen hacia dentro todo lo necesario para desaparecer las evidencias.

—Después de su experiencia con Norberto Rivera, ¿qué opinión le merece el cardenal?

—Después del caso Marcial Maciel que el Papa le retiró el ministerio y él sigue diciendo que las denuncia en su contra por abuso sexual son «puros cuentos», me queda claro que este señor ni siquiera respeta las autoridades de la Iglesia que al invitar a un sacerdote a salir del ministerio es una de las formas de aplicar una pena severísima, aunque camuflajeada de formas, en términos reales es un forma de decirle: «Usted está fuera». Norberto Rivera con tal de mantener la fidelidad a este tipo de personas no tienen respeto de nadie, de ninguna otra autoridad social o institucional».

Recuerda que el primer obispo de Celaya «un tipo verdaderamente nefasto que hacía orgías en su casa y abusaba de menores», llegó a una situación tan complicada de tantas denuncias internas y externas, que la policía le dijo al nuncio apostólico que si la Iglesia no lo sacaba de esa ciudad, ellos tendrían que detenerlo: «Fue entonces cuando el nuncio se movió para que agarraran al obispo y lo sacaran, no sabemos si del país también. Desapareció de repente. ¿Dónde está ese señor? ¿Qué está haciendo ahorita? ¿Seguirá abusando de menores?»

Para el padre Athié los casos de las víctimas de Marcial Maciel y las víctimas de Nicolás Aguilar se entrelazan, principalmente por el encubridor: «Se deja ver que hay una forma normal de operar en estos casos. En el caso de Maciel el cardenal compromete todo por salvarlo a él. ¿Habría que preguntarle qué ha recibido a cambio? Pero en el caso de Nicolás Aguilar lo que está en juego es que Norberto Rivera sabía de los abusos sexuales a menores de este padre y varias familias lo vieron para pedirle que hiciera algo al respecto. ¿Y sabe qué hizo? Simplemente cambiarlo de parroquia».

Oídos sordos

La actitud del cardenal Norberto Rivera Carrera en el caso del cura pederasta Nicolás Aguilar ha sido de nula colaboración. El arzobispo primado de México se ha negado sistemáticamente a abrir los archivos que contienen la información del sacerdote en cuestión.

La Red de Sobrevivientes de Abuso Sexual de Sacerdotes (SNAP) le envió una carta el 7 de diciembre de 2005 en la cual le solicitaba apoyo para dar con el paradero de Nicolás Aguilar. El documento en poder de esta periodista no deja lugar a confusiones. David Clohessy, Mary Grant y Éric Barragán firman la misiva en la que le explican detalladamente del caso: «Hace dos semanas, un joven de la Ciudad de México que fue abusado, según se alega por Aguilar en 1994, contactó a líderes de SNAP buscando el apoyo y protección de los niños en México. En respuesta, líderes de SNAP estuvieron en la Ciudad de México durante los últimos tres días para apoyar a este sobreviviente valiente y alentar a otros todavía sufriendo en culpa, vergüenza y silencio».

SNAP le ofreció al cardenal Rivera los detalles de la investigación policial contra el cura pederasta: «También estamos convencidos que usted puede remover a sacerdotes conocidos o sospechosos de abuso sexual del ministerio católico en México y ayudar a las víctimas por alentarlas que se les quite el temor de hacer denuncias o declaraciones a los oficiales de justicia. Ya no es un secreto que las súplicas anteriores para protección de abuso por Aguilar se ignoraron. También, no es ningún secreto que durante décadas, los oficiales de la Iglesia Católica han ayudado y escudado a los abusadores conocidos de la persecución transfiriéndolos a las diócesis de otros países. Más peor, pensamos que los oficiales de la Iglesia enviaron a estos abusadores a algunos de los países más vulnerables donde la persecución del abuso sexual de niños raramente ocurre. Creemos que usted tiene una obligación moral y civil de comunicarse con las víctimas y proteger a los niños de estos hombres peligrosos».

SNAP le entregó con esta carta al cardenal una lista de 40 sacerdotes católicos acusados de abuso sexual que han trabajado o han viajado a México. Y le solicitaron una serie de pasos para colaborar por el bien de´la niñez mexicana: «revelando públicamente y anunciando en boletines de las parroquias los nombres de todos los cleros conocidos y sospechosos de abuso sexual que han trabajado o están trabajando todavía en su diócesis, alentando a las víctimas y testigos que se comuniquen con la policía; yendo a cada parroquia donde el padre Aguilar trabajó para hacer una apelación personal fuerte para que las víctimas y testigos salgan del silencio, obtengan ayuda y reporten los crímenes a la policía; y anunciando la información del grupo de apoyo nuevo, SNAP México en todos los boletines de las parroquias. Sabemos que estos tres pasos sencillos funcionan porque centenares de sacerdotes abusadores han sido retirados del ministerio en Estados

Unidos a pesar de encubrimientos de funcionarios de la Iglesia en los últimos 2 o 3 años».

La respuesta del cardenal Norberto Rivera, que nunca accedió a recibir a los miembros de SNAP en sus oficinas, fue un claro ejemplo de su falta de sensibilidad pastoral. La misiva en poder de esta periodista revela además el desinterés del purpurado mexicano por atender una problemática tan grave y profunda, ya que sabiendo que al sacerdote pederasta aún no se le ha retirado del ministerio sacerdotal:

«Respecto al padre Nicolás Aguilar Rivera, una vez más quisiera reiterarle que no pertenece a la Arquidiócesis de México, y por lo tanto no está bajo mi jurisdicción», escribe el cardenal, «por lo que ignoro su paradero, pero hasta donde estoy enterado no ejerce más el ministerio sacerdotal y ninguna comunidad está bajo su cuidado». Como Pilatos, Rivera Carrera se lava las manos: «Por otra parte quisiera reiterarle que no es un servidor, ni la Iglesia Católica quienes tenemos que perseguir y capturar el delincuente, esto es competencia exclusiva del poder judicial si obra de por medio una orden de aprehensión».

¿Qué obligación pastoral tiene un cardenal con respecto a la seguridad de los más pequeños? Para Rivera Carrera, ninguna. Al cardenal se le olvida que si él hubiera actuado conforme a derecho poniendo a disposición de la justicia a este sacerdote pederasta, el sufrimiento de muchos pequeños se hubiera evitado. También se le olvida que si él le hubiera retirado del ministerio sacerdotal las cosas serían diferentes. Entonces, ¿por qué el cardenal no quiere enmendar sus errores?

Y más, Rivera Carrera se atreve a defender en esa carta a «algunos» de los sacerdotes acusados de pederastia: «Me parece injusto que en la misma lista, su Asociación ponga a la par a sacerdotes que han sido encontrados culpables de los delitos imputados y aquellos sobre los cuales sólo pesan acusaciones o sospechas aún no comprobadas o que de plano han sido desechadas por los quejosos o los tribunales, difamando así a algunos sacerdotes que han sido acusados sin las debidas pruebas o investigaciones, pues por desgracia, también se han dado casos en que algunos presbíteros han sido víctimas de calumnias, por lo que le sugiero que estas listas las manejen con un sentido de responsabilidad, seriedad y justicia».

¿Responsabilidad, seriedad y justicia? ¿No es así como debería actuar el cardenal Norberto Rivera Carrera a la hora de denunciar a los curas pederastas?

Luego del escándalo de la denuncia contra el cardenal por conspiración a la pederastia, SNAP volvió a escribirle al cardenal. El 29 de septiembre le envió una carta que nunca fue contestada.

Estimado Cardenal Rivera:

Le escribimos el día de hoy con un corazón pesado. Asumimos nosotros que, como pastor de más de 15 millones de almas, la protección del inocente y el vulnerable debería ser su primera prioridad. Nosotros asumimos que la salud de quienes han sido profundamente lastimados por el clero sería igualmente importante para usted.

Nosotros esperábamos que usted respondiera a las más recientes noticias de los terribles crímenes del padre Nicolás Aguilar como un pastor espiritual preocupado, no como un empresario asustado.

Sin embargo, nos decepcionó cuando usted, a través de un portavoz, respondió con ataques, contra una de las víctimas de Aguilar, víctimas en general y en contra de nuestra organización.

Considere estas palabras de su equipo de trabajo a los medios de comunicación:

«Enemigos de la Iglesia, con fines obscuros»

«Comercializan de la justicia»

«Su único objetivo es lucrar económicamente»

Llamar de esta manera a las personas o tratar de cambiar el curso de la culpabilidad no es honorable ni tampoco ayuda la situación. El maldecir a aquellos que han sido sodomizados y violados no protegerá al inocente ni sanará al lesionado.

En lugar de caridad cristiana, Joaquín Méndez recibió amenazas. En lugar de recibir una pomada para sus heridas, se le untó sal en ellas. En lugar de ser considerado un héroe, se le trató como enemigo por decir la verdad.

Humildemente le pedimos que tanto usted como su equipo de trabajo, respondan como Cristo lo haría, con una mano amiga dispuesta a sanar, en lugar de un brazo firme y un duro ataque.

¿De verdad cree usted que es Cristiano atacar los motivos de aquellos individuos que han sido violados por sacerdotes y a quienes usted ni siquiera conoce?

Nosotros entendemos que esta demanda es molesta para usted. Es claro que usted cree no haber hecho nada malo. Pero usted puede defenderse sin atacar a Joaquín o a quienes lo apoyan, eso es, nosotros creemos, lo que haría Cristo.

En lugar de presentar la otra mejilla, usted ha soltado a los perros de ataque. Esa estrategia simplemente traerá mas dolor y vergüenza a los quizás miles de hombres, mujeres y niños mexicanos que han sido víctimas de abuso sexual del clérigo.

Como sacerdote usted prometió seguir las enseñanzas de Jesucristo y lo felicitamos por esa promesa. Pero no podemos entender cómo es que las acciones de su portavoz puedan ser justificadas a la luz de esa promesa.

Nosotros esperábamos que usted hubiera aprendido algo de sus colegas Obispos en los Estados Unidos. Ellos prometieron apertura y transparencia. En su lugar, muchos de ellos utilizaron elaboradas campañas de relaciones públicas y técnicas legales dilatorias. Esto ha permitido que peligrosos depredadores sexuales continúen acechando a los niños y ha dañado mayormente la reputación de la jerarquía de la iglesia. También ha profundizado el dolor que sienten muchas víctimas.

Joaquín mostró una increíble valentía al dar a conocer el nombre del sacerdote que lo atacó sexualmente. Él debió haber recibido ayuda y terapia, no citatorios legales y amenazas.

En mínimo se le deben dar las gracias a Joaquín por su denuncia, porque por su acción, él le está ayudando a la iglesia a reconocer el mal en que se ha encontrado por muchos años. La verdad expuesta trae curación como el sol trae la luz y actúa como un desinfectante. Joaquín ofrece un regalo a la iglesia y se le debe apreciar.

Esperamos que usted reconsidere su posición frente al abuso sexual del clero y que en su equipo de trabajo no existan miembros cuyos comentarios públicos no sirven ni a usted ni a su congregación.

Gracias.

Atentamente:
David Clohessy y Éric Barragán

En mayo de 2002, Joaquín Aguilar también le escribió en su momento a Norberto Rivera Carrera. La carta en poder de esta periodista reconstruye el momento en que fue acusado sexualmente por Nicolás Aguilar y le pide apoyo.

A. Cardenal Norberto Rivera Carrera
Presente.-

Por medio de la presente me permito informarle, que debido a que recientemente se han dado a conocer casos de sacerdotes pedófilos y que usted ha manifestado el interés de la iglesia por que esto ya no siga sucediendo, he decidido dar a conocer mi caso.

En la parroquia de Nuestra Señora del Perpetuo Socorro ubicada en la colonia Torreblanca, en 1990 yo asistía a un curso de catequesis (perseverancia), el entonces sacristán (Eduardo), invitó a varios niños a formar parte del grupo de acólitos, siendo el sacerdote Antonio Núñez Núñez.

Aproximadamente en 1992 llegó el padre NICOLAS AGUILAR RIVERO, nunca supimos nada de él, desde el principio fue una persona muy explosiva, en una ocasión estábamos tres niños platicando mientras acolitábamos (yo, mi hermano Julio – Concha) estábamos platicando, a la hora de la consagración él volteó y nos dijo que íbamos a ver cuando acabara la misa, cuando nos acercamos a darle la paz él nos miró y nos hizo una seña mentándonos la madre, al termino de la misa él se nos acercó pidiéndonos disculpas, pero nos abrazó sintiendo nosotros su pene erecto, mi hermano y yo lo comentamos pero creímos que lo habíamos imaginado y decidimos no comentar nada en casa.

Él comenzó a acercarse a mi familia, incluso le pidió a mi mamá que le lavara su ropa y él le pagaría, con ese pretexto iba a meterse en mi casa.

En 1994 el padre Antonio se tenía que cambiar de iglesia a San Antonio de Las Huertas, en la avenida México Tacuba, se llevó a todo su personal, NICOLAS al saber que se iba a ir fue a ver a mi familia para decirle que me dieran permiso de seguir acolitando pero ahora en San Antonio, mi familia accedió a esto.

En la primera semana de Octubre de 1994, NICOLAS fue a verme a mi casa para invitarme a Acapulco, decía que se iría con unos sobrinos, mi mamá le dijo que no tenía dinero y él le dijo que no se preocupara por eso.

En la segunda semana de el mismo mes fui a misa de 12 como de costumbre, al ir al baño teníamos que pasar por el cuarto de NICOLAS, al pasar por ahí me llamó yo me acerqué, era un niño muy delgado y chaparro, me tapó la boca y me bajo el pants de color azul, y me penetró no sé cómo me zafé pero me metí debajo de la cama, recuerdo que la base era de madera y salí corriendo.

Al siguiente día fue a verme a la escuela y me dijo que si decía algo les iba a pasar lo mismo a mis hermanos, como sabía que él estaba cerca de ellos no dije nada. Seguí acolitando en Torreblanca y estaba el padre Cándido Hernández Castro, ya no volví a San Antonio.

Días después NICOLAS fue a decirle a mi mamá que él había visto cómo el sacristán (Eduardo) me hacía de cosas. Mi mamá al presionarme le tuve que decir que no era Eduardo sino NICOLAS el que me había violado, ya que no había ido a San Antonio.

En el instante le informamos al padre Cándido, al siguiente día fuimos a levantar la demanda, aproximadamente fue la primer semana de Noviembre de 1994, NICOLAS al saber que lo habíamos demandado fue a mi casa pero nadie le abrió. Sin mi permiso salió en el periódico, se enteró el padre de la iglesia de Tacuba, el padre Reyes, se comunicó con el padre Cándido y dijo que quería hablar conmigo, fui con el padre y mi mamá solo dijo que ya no hiciera ruido y no me quiso escuchar, él fue el que le pagó el abogado a NICOLAS.

Se siguió con la averiguación, incluso hubo un careo con él, al presentar a sus testigos presentó a varios vecinos de Torreblanca, cuando se enteró Monseñor Nolasco Roa, se entrevistó conmigo y mi familia en la II Vicaría, él me ofreció «Ayuda psicológica» que hasta ahorita estoy esperando. Un sacerdote que estaba ahí dijo que lo único que queríamos es dinero. La persona que llevó el caso en la 46ª Agencia nos ofreció dinero, como no aceptamos me comenzó a presionar psicológicamente para que desistiera de la demanda, lo hacía con preguntas como «que tanto te la metió», hicieron perdida la averiguación tres veces, las mismas que eran exámenes médicos que no aguanté y terminé por dejar de ir, aún así la gente de Torreblanca que me veía en la calle me ofendía, incluso me llegaron a escupir en el altar, y hasta ahorita no me dejan de molestar.

Volvía saber de NICOLAS en Diciembre de 1997 en Tehuacán Puebla, le anexo una copia del periódico (con la noticia de que el padre había violado a más niños).

Salí en el periódico «La Crónica» el 2 y 3 de Mayo del presente año, hace poco más de un año estoy con la Psicóloga Adriana Gutiérrez Aranda, que tiene su consultorio en la parroquia de Torreblanca, la terapia yo la estoy pagando, ya que cando fue Monseñor Nolasco a Torreblanca, en 1995 me dijo que ya había pasado y no me iba dar ninguna ayuda.

Le hago llegar esta carta por medio del Obispo José de Jesús Martínez Zepeda, sin más por el momento se despide de usted su servidor.

Joaquín Aguilar Méndez

El cardenal Norberto Rivera Carrera nunca respondió la carta de la víctima y tampoco accedió a recibirlo.

SNAP envió, además de las cartas al cardenal, tres misivas a la Procuraduría General de la República para dar cuenta del huido sacerdote pederasta. La dependencia argumentó que el delito ya había sido juzgado en México y que incluso los hechos habían prescrito. SNAP incluso recibió una carta firmada por Mariano Azuela presidente la Suprema Corte de Justicia en relación a otra carta más que la asociación envió al presidente Vicente Fox notificándole del peligro que corrían los niños mexicanos con el cura libre y en funciones sacerdotales. Esta periodista tiene copia de todas las cartas con sus respectivos sellos de acuse de recibo.

Joaquín Aguilar se sorprende de la impunidad que impera en México y del sistema de la Iglesia que aún permite ostentar los hábitos a este individuo: «¿Y todavía el cardenal dice que por qué me he ido a Estados Unidos a buscar justicia?»

V

La impunidad del cardenal Mahony

> Dejad que los niños se acerquen a mí, y
> no lo impidáis. De ellos y de los que hacen
> como ellos es el Reino de Dios.

JESÚS DE NAZARETH

Vivir al filo de la ley

Demandado por encubrir a sacerdotes pedófilos, por conspirar y obstruir a la justicia, el cardenal Roger Mahony de la arquidiócesis de Los Ángeles es el sacerdote de mayor rango que hasta ahora ha sido acusado de abusos sexuales.

El cardenal fue denunciado por dos personas: una mujer y un hombre, cuyos nombres permanecen en secreto. La primera denuncia se presentó en marzo de 2002 y corresponde a una mujer que lo acusa de abusar sexualmente de ella hace 30 años cuando estudiaba en el colegio donde el cardenal impartió misa en los años setenta: «Estaba casi inconsciente cuando ocurrió el asalto, cuando desperté estaba sobre mí y me tocaba. Cuando protesté me mandó callar y vi que había dos hombres que salían rápidamente de la habitación».

La denuncia fue desechada, según la arquidiócesis, porque se trataba de una mujer «esquizofrénica», aunque se niegan a dar más detalles de la demandante. La otra fue presentada poco tiempo después por un hombre y no prosperó, según la versión de la Iglesia, porque fue un «intento de extorsión»: «Estas denuncias son falsas y dolorosas, y rezo por las personas que las realizan en mi contra», dijo Mahony en un comunicado.

La arquidiócesis de Los Ángeles, con 1 200 sacerdotes, es la más grande de Estados Unidos con cinco millones de fieles, de los cuales el 75 por ciento es de origen hispano. Puede convertirse en la Iglesia que más dinero tendrá que pagar por los 560 casos de pederastia cometidos por sus sacerdotes que, según cálculos de los demandantes, le costarán alrededor de mil millones de dólares.

Nacido en Hollywood, Mahony se ordenó sacerdote el 1° de mayo de 1962, luego fue designado obispo titular de Tamascani y obispo auxiliar de Fresno el 17 de enero de 1975. Cinco años más tarde fue nombrado obispo de Stockton. Juan Pablo II lo designó arzobispo de Los Ángeles el 16 de julio de 1985 y seis años después lo hizo cardenal.

«El cardenal ha aplicado la política de "tolerancia cero"», afirma Carolina Guevara, vocera de la arquidiócesis, quien asegura que el cardenal no podía acceder a una entrevista, porque se encontraba en un retiro espiritual y no volvería hasta el mes entrante: «No puedo decir en qué país está, por motivos de seguridad; pero si se trata de los abusos sexuales, el cardenal no habla de ese tema, sólo sus abogados».

El príncipe

La polémica ha seguido a Mahony durante los últimos cinco años. Desde entonces, el cardenal se ha enfrentado a un temible enemigo: Steve Cooley, procurador del Condado de Los Ángeles y encargado de la investigación de los casos de pederastia en el clero angelino: «Ninguna profesión u oficio es inmune a la autoridad civil o al sistema criminal de justicia», ha dicho.

Cooley le ha exigido infructuosamente a Mahony que entregue toda la documentación sobre los casos de los curas pedófilos a la justicia. El arzobispo se niega y mantiene bajo secreto la información completa de los presbíteros argumentando que de lo contrario violaría el derecho a la privacidad de los acusados.

Sin embargo, hace un año el juez Thomas F. Nuss, de la Corte Superior de Los Ángeles, dictaminó que el privilegio pastoral en el que Mahony se respalda para no presentar los archivos de los sacerdotes acusados de pedofilia no existe y por tanto debe entregar la información al procurador Cooley; pero la decisión judicial fue recurrida por el cardenal que sigue manteniendo su postura de protección a los curas.

«La obstrucción a la justicia del cardenal ha sido absoluta —dice en entrevista el abogado John Mainly a cargo de 70 de los 560 casos judiciales contra el cardenal Mahony—. El cardenal ha hecho todo lo que ha podido para ocultar la verdad.

Mainly recuerda cómo el ex gobernador de Oklahoma Frank Keating, elegido por los obispos de Estados Unidos como presidente de la Comisión Nacional que investiga los casos de curas acusados de abusos sexuales, dijo que Roger Mahony actuaba como la Cosa Nostra: «Es como la mafia, porque el cardenal aplica el mismo secretismo, y no sólo oculta los documentos, sino que esconde a los sacerdotes pedófilos».

El abogado lleva el caso de Matthew Severson, de 34 años, y otros tres hombres que sufrieron abusos sexuales por parte del sacerdote Michael Stephen Baker durante 1976 y 1993. La demanda acusa a Mahony de estar enterado del delito cometido por Baker y no hacer nada. Además, lo acusa de «asociación ilícita» que, bajo la ley RICO (Racketeer Influenced Corrupt Organizations), permite que cualquier indemnización monetaria sea triplicada en caso de un «patrón» de actividad ilegal.

«Tenemos información de que el padre Baker también abusó de niños en Guadalajara. Una de mis clientes de Los Ángeles es una mujer que el cura violó cuando era niña delante de sus hermanitos. Posteriormente, el sacerdote violó también a los niños. Son casos muy graves y a pesar de esto Mahony lo mantuvo trabajando en las iglesias», dice Mainly.

Durante el juicio, el sacerdote Michael Baker reconoció que había confesado a Mahony, en 1986, haber abusado de niños. Sin embargo, el arzobispo de Los Ángeles lo asignó a otras parroquias donde continuó abusando de niños durante más de diez años. Mahony ha dicho públicamente que no recuerda «esa reunión» donde Baker le confesó sus crímenes.

Mainly lo duda: «Sencillamente el cardenal Mahony es el diablo. Soy católico y creo que sólo el diablo puede permitir que los niños sean lastimados de esta forma. La Biblia dice que a todo aquel que haga daño a los niños más valiera que le colgasen del cuello una piedra y lo hundieran en el fondo del mar. Aparentemente el cardenal no lee la Biblia».

Para el letrado, a diferencia de los escándalos de pederastia en Boston, en Los Ángeles los casos son 560 y las pruebas abundan: «Tenemos fuertes evidencias de que el cardenal fue moviendo a los curas pedófilos a las iglesias más pobres de los barrios hispanos. Muchos de mis clientes son hispanos y tenemos tantas pruebas contra el cardenal Mahony que no entendemos cómo puede seguir en su puesto».

Los casos contra el presbítero Baker se fueron acumulando y el cardenal ofreció un acuerdo extrajudicial de 1.3 millones de dólares para dos de sus víctimas que sufrieron abuso entre 1984 y 1999. En el año 2000, Mahony decidió jubilar discretamente al sacerdote pedófilo y lo mandó a una residencia de la Iglesia ubicada en Long Beach.

Pero el fiscal Cooley presentó hace dos años cargos contra el sacerdote de 54 años por 13 actos lascivos contra un menor de 14 años, y 16 por copulación oral con un menor; ambos ocurridos entre diciembre de 1976 y septiembre de 1985: «La presentación de cargos criminales es parte del continuo esfuerzo por hacer responsables a esos sacerdotes que han abusado de sus posiciones de confianza para aprovecharse de otros», dijo el fiscal.

El presbítero fue inmediatamente detenido y Mahony emitió un comunicado tras el arresto: «El corazón se conmueve con el sufrimiento y dolor de las víctimas de abuso sexual por parte del prelado».

El cardenal envió una carta de dos páginas a los 1 200 sacerdotes de la arquidiócesis admitiendo su culpa: «Asumo toda la responsabilidad como su arzobispo de haber permitido que Baker permaneciera en este tipo de ministerio durante los años noventa. Ofrezco mis más sinceras disculpas por no tomar una decisión más dura y más temprana».

Obstrucción a la justicia

El cardenal Mahony está demandado por proteger a los sacerdotes católicos de la diócesis acusados de abusos sexuales. Otro de los casos es el de Eleuterio Ramos, un sacerdote que confesó, antes de morir, haber abusado sexualmente de 25 niños durante diez años. El caso se saldó con un acuerdo millonario de 87 millones de dólares, que incluía a víctimas de otros sacerdotes.

Ramos fue ordenado sacerdote en Los Ángeles en 1966 y trabajó en esa arquidiócesis durante 40 años sirviendo en varias iglesias como en la de Santa Ángela y la de Nuestra Señora de Guadalupe. En 1991 la prensa difundió los casos judiciales contra el sacerdote y, pese a eso, el cardenal Mahony lo dejó en su ministerio enviándolo a otras parroquias hasta el 2002, cuando fue trasladado a una residencia de retiro, donde murió el 24 de marzo del año pasado.

«El cardenal Mahony protegió hasta su muerte a uno de los peores abusadores de niños —comenta indignado el abogado John Mainly, quien representa a algunas de sus víctimas—. El cura Ramos fue enviado al condado de Orange y luego lo mandaron a Tijuana, donde trabajó en una iglesia hasta finales de la década de los noventa. Él mantenía relaciones sexuales con burros y con niños. Era tremendo, llevaba niños de México a Estados Unidos y a la inversa. Las historias de sus víctimas son terribles.»

Otro de los sacerdotes protegidos fue Carl Sutphin, acusado de abusos sexuales por los gemelos Andy y Joseph Cichillo. Las víctimas, quienes actualmente tienen 46 años, aseguran que en repetidas ocasiones informaron al cardenal Mahony de la situación, pero éste lo mantuvo en la Iglesia hasta el 2002: «Nosotros no estaríamos demandando al cardenal Mahony si él hubiera hecho algo en 1991».

Sutphin fue sacerdote en la iglesia de Santa María Magdalena de 1971 a 1975, en el Hospital San Juan de 1975 a 1991, capellán de Los Ángeles de 1992 a 1995, y pastor asociado en la Catedral de Santa Bibiana donde trabajó y vivió con Mahony.

El abogado de los demandantes, Jeffrey Anderson, dijo que tienen pruebas de que el cardenal «ha engañado, ocultado, obstruido, el proceso judicial y protegido al sacerdote pedófilo durante varios años».

El sacerdote George Neville Rucker, acusado de abusar sexualmente de 12 niñas en un periodo de 30 años, vive actualmente en una de las instalaciones de retiro de la arquidiócesis de Los Ángeles. Los cargos criminales contra él no prosperaron, ya que ocurrieron después de los 25 años de prescripción para este tipo de delitos: «Es terrible, porque apenas empezamos a recuperarnos de los traumas y encima tenemos que lidiar con la falta de castigo para los represores», dijo Dennis Kennedy, quien junto a sus hermanas Jackie y Wendy fueron violados por el presbítero.

El abogado de las víctimas, Arthur Goldberg, explicó que el sacerdote Neville Rucker fue reubicado por el cardenal Mahony en ocho ocasiones a diferentes iglesias de la arquidiócesis de Los Ángeles en un periodo de 40 años: «Mahony simplemente no ha cooperado, por eso desde hace años piden su renuncia».

Otra de las denuncias contra el cardenal Mahony es de Richard Kirby, un ex monaguillo que sufrió abusos sexuales del sacerdote Michael Wempe cuando tenía 13 años, en el área de Westlake Village. Al recibir las denuncias, el cardenal envió al presbítero a terapia del 26 de abril de 1988 al 15 de septiembre de 1989, luego lo volvió a asignar a distintas iglesias de Los Ángeles.

La víctima se había unido a la arquidiócesis en su esfuerzo por «buscar la reconciliación» promovida por Mahony, pero hace dos años decidió presentar la denuncia contra el cardenal debido a que nunca vio resultados: «Creí que al cardenal le interesaba la curación de las víctimas, pero cuando le pedí acciones, Mahony les habló a sus abogados, quienes me señalaron como adversario de la Iglesia», dijo Kirby, que con su demanda pretende una indemnización económica y que las víctimas sean ayudadas por entidades independientes de la arquidiócesis.

El cardenal no ha escatimado recursos en los acuerdos extrajudiciales que ha resuelto con dinero, como el de Lori Capobianco Haigh, quien demandó a las arquidiócesis de Los Ángeles y Orange por proteger y encubrir al sacerdote John Lenihan. Ambas instituciones le dieron 1.2 millones de dólares para evitar que denunciara al sacerdote, quien además de violarla la embarazó y posteriormente le ayudó a abortar: «El padre John me condujo hasta su banco, me dio dinero para pagar el aborto, pero no vino conmigo a la clínica. No le preocupaba el estado de mi alma», dijo la víctima en su denuncia.

La indemnización que Ryan DiMaria recibió hace cuatro años de ambas sedes católicas de 5.1 millones de dólares es una de las más grandes de la historia de escándalos de abusos sexuales de sacerdotes en Estados Unidos. En este caso DiMaria presentó una demanda contra ambas instituciones por proteger al sacerdote Michael Harris luego de que el presbítero abusó de él en 1997.

Hace tres años fueron filtrados por la prensa de Los Ángeles algunos correos electrónicos que el cardenal Mahony intercambió con sus abogados. En uno de los mensajes, el arzobispo de Los Ángeles señalaba que podría haber incurrido en una gran falta por no delatar a la policía a tres sacerdotes implicados en acusaciones de pedofilia: «Fue un gran error de nuestra parte. Si no consultamos hoy con el detective acerca de esos tres nombres, le puedo garantizar que yo terminaré siendo arrastrado hasta un Gran Jurado y estaré obligado a dar todos los nombres».

El fiscal Steve Cooley reaccionó y publicó un comunicado: «Es motivo de gran preocupación para esta oficina que el cardenal haya sido citado en un correo electrónico declarando que fue "nuestro gran error" no denunciar ante la fiscalía los tres casos que involucran a sacerdotes en acusaciones de abuso sexual».

Mahony ha intentado ante la opinión pública mejorar su imagen. En 2002, anunció que aplicaría «tolerancia cero»: «No habrá excepciones. La Iglesia no aceptará a ningún cura que haya incurrido en el delito de abuso, ya sea una sola vez o varias veces, y tampoco se mantendrá indiferente con quienes hayan molestado a un niño o a un adolescente que sea menor de 18 años».

Al año siguiente, dedicó una capilla en la Catedral de Nuestra Señora de Los Ángeles a las víctimas de abuso sexual: «Para tener una reconciliación más profunda con las víctimas es necesario elevar nuestras oraciones a Dios», dijo; posteriormente creó la Comisión para Vigilar la Conducta Indebida del Clero de Los Ángeles a cargo de Richard Byrne, ex juez del Tribunal Superior de Los Ángeles.

La arquidiócesis ofrece gratuitamente terapia psicológica para las víctimas. Y ha publicado la guía *Trabajando unidos para prevenir el abuso sexual. Protegiendo a niños y jóvenes*, donde explica a los creyentes los pasos a seguir en caso de sufrir abusos de un sacerdote: «Como un grupo de creyentes que son pecadores, nosotros los que formamos la Iglesia no estamos inmunizados contra esta realidad social tan esparcida. Sacerdotes, diáconos y otros ministros de la Iglesia están sujetos a la condición humana…»

En 2004 y hace unas semanas publicó los dos reportes que componen el *Informe al pueblo de Dios: pederastia clerical en la arquidiócesis de Los Ángeles, 1930-2003*, en el cual ofrece información «parcial» del destino de los 244 sacerdotes, diáconos, religiosos y seminaristas acusados de abusar sexualmente de niños y jóvenes en los últimos 75 años.

Se trata de documentos llenos de eufemismos para evitar las palabras *violación, abusos sexuales* o *pedofilia*. La mayoría de los nombres de los sacerdotes ya se habían hecho públicos en las demandas civiles presentadas en los tribunales de Los Ángeles. En los últimos años 656 personas han presentado acusaciones en contra de 244 religiosos; de los demandantes 519 son hombres y 137 mujeres. La crisis de pedofilia que vivía la arquidiócesis de Los Ángeles se agudizó luego de los primeros escándalos. Sólo en 2003 el número de casos ascendió a 420.

Mahony es un «sobreviviente» de los escándalos de pederastia surgidos en Estados Unidos. Mientras algunos de sus colegas, como el cardenal Bernard Law, de Boston, renunció hace tres años, el cardenal angelino permanece en su puesto, pese a las protestas y denuncias de las víctimas que piden su remoción.

«Sólo con los números podemos darnos cuenta de que los curas pedófilos han gozado de la protección del cardenal Mahony», afirma en entrevista el ex sacerdote Richard Sipe, psicoterapeuta y monje benedictino jubilado, especializado en los últimos 40 años en la investigación de abusos sexuales cometidos por el clero.

Sipe es autor de una docena de libros sobre la sexualidad del clero. El último, *Sex, Priests and Secret Codes*, es una exhaustiva investigación sobre los juicios de abuso sexual cometidos por sacerdotes en Estados Unidos: «¿Por qué el cardenal Mahony ha escondido a los sacerdotes pedófilos? Porque el cardenal está escondiendo sus propios abusos sexuales. ¿Por qué ha mantenido en secreto los documentos sobre los curas pedófilos? Porque sencillamente él mismo fue un abusador sexual. Al protegerlos se protege a sí mismo».

Justicia equitativa

Se calcula que en Estados Unidos existen cerca de 53 000 sacerdotes católicos, de los cuales entre un 2 y 10 por ciento pueden ser pederastas. En los últimos años, las asociaciones de víctimas de abuso sexual clerical han calculado que existen unas 100 000 personas afectadas por la pedofilia sacerdotal. En total existen 1 500 demandas contra sacerdotes que presuntamente cometieron este delito, pero tan sólo han sido retirados de sus funciones 325 curas, de los cuales sólo un pequeño porcentaje fue sometido a la justicia.

¿De qué privilegios gozan los sacerdotes para no ser arrestados después de haber protegido a criminales? Cualquiera que auxilie o dé abrigo a un delincuente sabe que comete un delito de complicidad. Entonces, ¿por qué las autoridades eclesiásticas que se han dedicado a transferir de parroquia, estado o país a los curas pederastas no son sometidos a juicio? ¿Por qué Mahony o Rivera no muestran un auténtico arrepentimiento? ¿Por qué no renuncian a sus cargos?

El anterior cardenal de Boston, el arzobispo Bernard Law, es una de los pocas «eminencias» sentadas en el banquillo y la única alta jerarquía eclesiástica que dimitió a consecuencia de los escándalos de pederastia clerical, aunque no perdió su posición de cardenal y el papa Juan Pablo II le buscó un «retiro de oro» en Roma.

Law era jefe de la cuarta congregación de Estados Unidos con más de 2 millones de fieles. Su diócesis se ha enfrentado a 450 demandas por abuso sexual contra menores que afectan a 87 de sus sacerdotes.

El escándalo surgió en 2002 cuando el cardenal advirtió que no iba a tratar el tema de abusos sexuales de curas desde el «aspecto criminal», sino más bien como un «pecado» o una «enfermedad», evidenciando así el doble rasero con el que la justicia y la Iglesia abordan la pederastia.

Law se vio acorralado por las 130 víctimas de abusos sexuales del padre John Jack Geoghan, quien durante sus 30 años de sacerdocio se dedicó a asaltar niños en los pasillos, las sacristías, las casas de sus víctimas o los confesionarios.

Geoghan ya no puede seguir haciendo daño, el juez le impuso una pena de diez años: «Tu sacerdocio ha sido muy efectivo, tristemente interrumpido por la enfermedad. Que Dios te bendiga, Jack», le escribió en una nota de despedida el cardenal Law. El purpurado tuvo que pagar 12 millones de dólares a algunas de sus víctimas.

La documentación sobre el «caso Geoghan» y los 87 curas pederastas que la Iglesia de Boston mantenía en secreto fue entregada a las autoridades judiciales por orden del juez que investigó los hechos.

Por ejemplo, los papeles desvelaron que en los comunicados internos de la Iglesia el cardenal Law se refirió a la pederastia del padre Geoghan como su «problema», «pecado» o «enfermedad». Incluso se comprobó que el cardenal enviaba al sacerdote durante dos «meses sabáticos» a Roma para evadir las «tormentas de las denuncias» de abusos sexuales y que luego lo reinstalaba en su ministerio sin problema alguno. Por último, se le destinó a una «clínica» para «ovejas descarriadas» que el Vaticano tiene en Canadá en donde se atiende a pederastas, alcohólicos o *gays*.

La entrega de los documentos de la Iglesia también ha desvelado que el cardenal defendió en todo momento al sacerdote pedófilo e ignoró ostentosamente a las víctimas. Uno de los casos abordaba el abuso sexual contra los siete hermanos de una familia a manos del padre Geoghan. Los padres denunciaron los hechos, pero el cardenal Humberto Madeiros —predecesor de Law— se concretó a escribirles una carta recomendándoles mantener el hecho en secreto por el bien de sus hijos: «Al mismo tiempo invoco a la compasión de Dios y comparto esa compasión en el conocimiento de que Dios perdona los pecados».

Para el cardenal el comportamiento patológico de su sacerdote era un pecado que, como cualquier otro, tiene perdón. Y su indulgencia contrasta con el sistema de abusos sexuales utilizado por Geoghan, quien era famoso por atender a madres con problemas económicos y familias numerosas. El sacerdote se ganaba la confianza de los fieles y los visitaba en sus casas. Estando allí se ofrecía para bañar, cambiar y dar de cenar, acostarlos e incluso de vez en cuando llevarlos a dar una vuela. El cura abusaba de sus víctimas y además los obligaba a masturbarlo, luego les advertía: «Si cuentas esto a alguien nadie te va a creer».

La indignación de las familias fue a más cuando se supo el *modus operandi* del cardenal Law, quien no sólo protegió a Geoghan, sino a los otros 86 sacerdotes bajo el mismo sistema.

El cardenal está demandado en 25 querellas por pedofilia, encubrimiento, obstrucción a la justicia y conspiración. ¿Cuál fue la reacción del Vaticano ante semejante hecho inédito hasta ese momento? Protegerlo. Wojtyla lo promovió a un retiro en Roma: «El Papa quiere rescatarlo y le está buscando una salida honrosa», dijo una fuente al periódico *Boston Herald*, en abril del 2002, justo ocho meses antes de decidir el lugar de retiro para el purpurado estadounidense: «Le estoy especialmente agradecido al Santo Padre porque su talante fue excelente y pudimos celebrar la reunión con muy buen ánimo», dijo Law al final de uno de sus encuentros con el papa polaco.

Sin embargo, los intentos de Wojtyla no funcionaron, ya que en mayo de ese año el Tribunal Superior de Suffolk sentó en el banquillo al cardenal para someterse a las preguntas de la jueza Constante Sweeney. Las declaraciones de Law no se divulgaron, pero se grabaron en video y trascripción.

Acosado por los fieles, la justicia y, tal vez, su propia conciencia, el cardenal Law dimitió a su cargo el 13 de diciembre. Su política de secretismo y encubrimiento terminó ese día, al menos en Boston: «La particular circunstancia de este momento sugiere una despedida discreta; por favor, ténganme en sus plegarias», les dijo a las víctimas que nunca asistió.

A pesar de todo, Law sigue siendo cardenal, por lo que incluso puede ocupar un nuevo puesto eclesiástico. También tiene derecho a votar en cualquier cónclave.

Cardenal y pederasta

La pederastia no sólo afecta a los simples mortales sacerdotes, también la padecen algunos purpurados, como el cardenal austriaco Hans Hermann Groer, acusado el 7 de marzo de 1995 de abusos sexuales a menores. En plena crisis, el papa Wojtyla le ofreció su apoyo y a pesar del escándalo lo mantuvo en su puesto.

Tres ex seminaristas acusaron a Groer de abusar sexualmente de ellos cuando estudiaban en el seminario de Hollabrunn, donde el cardenal era prefecto. El ingeniero Josef Hartman denunció 20 años después que tenía una «intensa relación» con Groer en el seminario. Dijo que el cardenal lo invitaba a sus aposentos, donde abusaba de él.

El ex seminarista junto con otros dos compañeros decidieron poner fin a su secreto, revelando su drama al influyente semanario político *Profil*: «Me echaba jabón y me lavaba el pene. Yo podía notar que él se excitaba y su erección era visible, después tenía que acostarme en su cama y dejar que me besara con la lengua por todo el cuerpo», dijo Hartman, quien desveló que los abusos empezaron cuando el cardenal Groer se metía en la ducha con él, con el pretexto de enseñarle a lavarse su miembro.

La reacción de la jerarquía católica no se hizo esperar. El nuncio apostólico de Austria, Donato Squicciarini, declaró que el cardenal debía permanecer en su puesto «para que la gente viera las cosas buenas que había hecho».

El periódico *Der Standard* publicó las declaraciones de otro ex alumno del seminario que sin ambages confirmaba: «Todos sabíamos que era peligroso cuando Groer quería hablar contigo». Un integrante de la organización Legión de María dijo que el cardenal ejercía presiones sexuales sobre los miembros de la orden de la cual era consejero espiritual.

Como pasó con las víctimas de abusos sexuales de Marcial Maciel, líder de los Legionarios de Cristo, la Iglesia cerró filas y continuó apoyando al pedófilo, no a sus atormentados seminaristas. El secretario de la Conferencia Episcopal, monseñor Michael Wilhelm, lo defendió argumentando que la historia de los antiguos estudiantes no tenía «ni pies, ni cabeza».

Sin embargo, la presión social fue suficiente. Miles de feligreses firmaron documentos pidiendo la renuncia del cardenal, junto con asociaciones católicas y destacados teólogos, además de los cuatro decanos de las facultades de Teología del país. Las encuestan señalaban que sólo un 4 por ciento de los austriacos creía en su inocencia, mientras el 70 lo consideraba culpable de pedofilia.

El Vaticano, por el contrario, le dio rango de jubilación a su dimisión del 6 de abril de 1996 y lo envió a un monasterio en la ciudad alemana de Dresde para acallar las críticas. Seis meses después regresó a Austria y se le permitió instalarse en el convento de Maria Roggendor para «hacer penitencia por sus pecados».

A pesar de las denuncias y la presión mediática, Groer no pidió perdón de manera inmediata. Tres años después del escándalo emitió desde su «retiro de oro» un comunicado que decía: «Perdón a Dios y a los hombres si he pecado». La nunciatura apostólica se encargó de difundir el documento que iniciaba: «Durante los últimos tres años han sido lanzadas una gran cantidad de afirmaciones erróneas en mi contra».

En Austria es necesario ofrecer el diezmo para poder ser considerado católico. Después de las acusaciones de pederastia contra el cardenal, las arcas de la Iglesia dejaron de recibir 3 millones de euros al año, luego de que más de 50 000 fieles dieran la espalda a una institución que no reaccionó conforme a derecho, ni a la moral cristiana.

Pecado nefando

Una auténtica pesadilla han vivido los hermanos Éric, Édgar y Manuel Barragán después de padecer durante cinco años los abusos sexuales del sacerdote católico de la diócesis de Los Ángeles Carlos Rodríguez.

La historia de esta familia de origen mexicano se inscribe dentro de la pobreza y la inmigración, dos factores aprovechados por los sacerdotes pedófilos estadounidenses. Más de 40 por ciento de las víctimas de abusos sexuales cometidos por curas en esta región son de origen latino, según ha denunciado la Red de Sobrevivientes de Abusos de Sacerdotes.

Obedeciendo la orden de la Corte de Apelaciones de California, la arquidiócesis católica de Los Ángeles se vio obligada a publicar un informe que contiene los expedientes de 126 religiosos acusados de cometer abuso sexual contra menores de edad desde la década de los años treinta. Las indemnizaciones rondan los mil millones de dólares, pero las víctimas consideran el informe parcial e «insuficiente». Estas tres historias demuestran la censura que la arquidiócesis sigue ejerciendo para proteger a los sacerdotes pedófilos.

Los hermanos Barragán eran monaguillos en la iglesia de Nuestra Señora de Guadalupe en Ventura. El sacerdote vicentino Carlos Rodríguez se ganó la confianza de sus padres y acudía regularmente al domicilio familiar donde pernoctaba al ofrecerse de voluntario para cuidar a los niños: «Un día recuerdo que era el cumpleaños de mi mamá, él se ofreció para darnos una misa en la casa; como se hizo tarde, mis padres le pidieron que se quedara a dormir. Esa noche me desperté a las cuatro de la mañana. Sentí a alguien en mi cama tocándome mis partes íntimas. Me di cuenta de que era el padre Carlos. Yo nunca había eyaculado, no tenía ninguna noción de lo que era la sexualidad. Cuando terminé, me dijo al oído: "Eres un niño muy bueno. Dios te quiere mucho". Yo me quedé como zombi. No me podía mover, quise llorar y gritar; pero tenía tanto miedo», cuenta Éric, quien actualmente tiene 30 años.

El padre Rodríguez empezó a abusar de Éric cuando tenía 12 años. Al mismo tiempo abusaba de sus hermanos, que en ese entonces tenían 11 y 13 años: «Lo hacía por separado con cada uno de nosotros, en casa de sus papás, en el seminario donde vivía, en su carro. No sabíamos lo que eso significaba, estábamos muy afectados, pero nunca hablamos de eso, teníamos miedo porque mis padres lo defendían y nos regañaban si no queríamos estar con él».

Los tres fueron sometidos a repetidas violaciones por parte del sacerdote: «Una de las ocasiones fue en casa de mis padres —cuenta Éric—, Mis padres nos habían dejado con él, porque se fueron a un retiro espiritual. Yo me salí de mi cuarto cuando él entró y me fui a dormir a la sala. En la madrugada sentí un golpe cuando él cayó sobre mí, en ese momento me penetró. Fue terrible. La otra vez, me violó en el seminario de Santa María en Santa Bárbara…

yo intentaba convencerme de que lo que él me hacía era bueno, porque era un sacerdote».

La vida de los hermanos Barragán transcurrió durante cinco años siendo un verdadero infierno. Al llegar a la pubertad, los tres empezaron a tener problemas de conducta: consumían drogas, se emborrachaban, participaban en riñas y finalmente fueron a dar a la cárcel.

Ninguno se atrevió a decir lo que les había pasado, hasta que hace tres años Manuel —el más pequeño— decidió contarles todo a sus padres: «Me sorprendió mucho que mis padres me llamaran y de manera misteriosa me llevaran al jardín de la casa para preguntarme si el padre Carlos me había hecho algo. Yo les dije que sí, que también. Luego se lo preguntaron a Édgar y, al enterarse de todo, mis padres se derrumbaron».

Sin embargo, la familia se dirigió a la iglesia para denunciar el caso. El párroco encargado, Naufen Trinidad, les aseguró que iniciarían una investigación, pero los meses pasaban y el sacerdote Carlos Rodríguez continuaba en su ministerio: «No hicieron nada, al contrario, al cabo de un año volvimos a pedir explicaciones, pero nos pidieron que todo quedara en silencio. Luego la arquidiócesis de Los Ángeles envió a otros sacerdotes y a una monja para entrevistarnos, nos dijeron que podían ayudarnos, pero vimos que el cardenal no hizo nada contra él, sólo lo mandó a terapia, y luego lo enviaron a otra iglesia de Los Ángeles».

Ante la falta de acción del cardenal Mahony, la familia se animó a entablar una denuncia criminal contra Rodríguez. Los casos de Éric y Manuel pudieron ser tomados en cuenta, mientras que el del hermano mayor se quedó fuera del proceso debido a que habían pasado más de 25 años y la ley californiana no permite la retroactividad.

Las investigaciones concluyeron que el padre Carlos Rodríguez había abusado de otros seis niños, algunos incluso antes que a los hermanos Barragán. En el año 2004, el cura fue condenado a ocho años y medio de cárcel. Es uno de los pocos casos de sacerdotes encarcelados.

«La arquidiócesis de Los Ángeles protege a los curas pedófilos, no ha hecho nada por las víctimas —dice Éric visiblemente indignado—. Supimos que antes que nosotros hubo otros niños y que el cardenal Roger Mahony sólo había movido de parroquia en parroquia a Carlos Rodríguez. Él pudo prevenir lo que nos pasó, y no lo hizo.»

La publicación del informe sobre los sacerdotes pedófilos que ha hecho la arquidiócesis de Los Ángeles es, para Éric, «una cortina de humo», ya que es sólo información parcial: «Ese informe ni nos incluye a nosotros, solamente dice que había una queja contra él desde 1987 y en ese caso lo removieron para enviarlo a terapia y luego lo mandaron en otra iglesia. El informe sencillamente está amañado. Conozco muchas víctimas en la misma situación; caso por caso hemos visto que está incompleto y siguen mintiendo al dar información parcial. Tratan de proteger a los sacerdotes y a la misma Iglesia porque la culpa cae sobre ellos, concretamente sobre el cardenal Mahony, que pudo evitar esto y sin embargo prefirió poner en peligro a miles niños. El informe sólo agrede más a la gente porque nos hemos dado cuenta de que todavía hay sacerdotes acusados de pedofilia que siguen en activo en las iglesias. Mahony es peor que un criminal, es un demonio».

Éric dice que su «pesadilla» aún no ha terminado. Los abusos sexuales que padeció le han condicionado completamente su vida. Su orientación sexual «es confusa». Ha tenido una pareja homosexual durante tres años, pero con muchos problemas: «Sufrí mucho porque no me sentía a gusto. Lo hice porque era un escape para ser aceptado. También tuve una novia, pero fue muy diferente, porque no pude tener relaciones con ella. La indecisión es algo que estoy trabajando con mi terapista. Yo sé que voy a necesitar ayuda psicológica por muchos años más. A veces me preguntan que por qué no puedo perdonar y olvidar. Pero yo les digo: "¿Cómo olvidar las violaciones?" Es imposible, tengo que vivir con esto el resto de mi vida».

También mujeres

Como católica practicante, Rita Milla se acercó en 1977 a la iglesia de Santa Filomena en Carson en el Condado de Los Ángeles, con la idea de colaborar y prestar ayuda. Con sus 16 años, empezó a realizar labores de limpieza, luego se integró al coro y posteriormente se convirtió en maestra de catecismo con el fin de preparar a los niños para su primera comunión.

Su madre, originaria de Chihuahua, la había educado en el seno de una familia con profundas raíces religiosas y respeto hacia la institución de la Iglesia: «Los sacerdotes —le dijo cuando era niña— son como ángeles que están entre nosotros. Ellos son los representantes de Dios en la tierra, son un regalo divino».

Después de un par de meses de trabajo en la parroquia, un día el sacerdote Santiago Tamayo, quien era su confesor regular, la mandó llamar a un cuartito ubicado al lado del altar. De manera sorpresiva el cura se abalanzó sobre ella y bruscamente la besó en la boca: «Me dijo que se sentía muy solo y necesitaba una mujer. Yo me quedé muda, sin saber qué hacer, ni qué decir».

A partir de ese día, Tamayo la siguió sometiendo a tocamientos, hasta que en 1980 la violó: «Fue horrible. Me dijo que no debía sentirme culpable porque eso era algo normal y que Dios así lo quería. Me advirtió que no debía decírselo a nadie y me amenazó. Yo se lo comenté a una superiora de catecismo. En lugar de apoyarme, me dijo que de ninguna manera debía desvelar ese secreto porque entonces sería la culpable de que el padre Tamayo fuera a la cárcel».

Bajo amenazas Tamayo obligó a Rita a seguir manténiendo relaciones sexuales con él durante cuatro años. Y un día le presentó a otros seis sacerdotes de Filipinas. Todos la obligaron por separado a tener relaciones sexuales y a constantes violaciones durante varios meses, en las iglesias o en casas particulares.

En 1982, Rita se dio cuenta de que estaba embarazada, y aunque no podía determinar quién de los siete presbíteros era el padre de la criatura, se dirigió a Tamayo para comunicárselo. El sacerdote la amenazó y urdió un plan para enviarla a Filipinas a casa de su hermana, a fin de que diera a luz en aquel país y entregara el bebé en adopción.

Tamayo, que gozaba de la confianza absoluta de los padres de Rita, convenció a la familia de que la dejaran ir a Filipinas con el pretexto de estudiar medicina. El 12 de octubre de 1982, Rita dio a luz a una niña: «La niña nació muerta pero la reanimaron, yo casi muero en el parto debido a la hipertensión».

Rita empezó a sufrir de fuertes depresiones después del parto. Fue cuando se animó a hablar a su madre y contarle la verdad. Ella y su hermana fueron a Filipinas para traerlas de nuevo a Los Ángeles.

Su madre y ella acudieron ante el obispo John Ward de la arquidiócesis de Los Ángeles para informarle de lo sucedido. Ward les recomendó que mantuvieran todo en secreto y les prometió que iniciaría una investigación: «Después de unos meses nos dijo que los sacerdotes habían aceptado su culpabilidad, pero que ya no había nada que hacer porque habían sido trasladados a Filipinas».

Rita no podía vivir en paz, los recuerdos y la falta de justicia la atormentaban. Ningún abogado quería hacerse cargo de su caso, hasta que apareció Gloria Allred, quien el 8 de febrero de 1984 interpuso una demanda contra la arquidiócesis de Los Ángeles y los siete sacerdotes involucrados por conspiración civil, violación al deber confidencial, influencia indebida, dolo e inmoralidad: «Santiago Tamayo, Ángel Cruces, Henry Caboang, Rubin Abaya, Sylvio Lacar, Víctor Valbín y Valentín Tugade».

La arquidiócesis a cargo del cardenal Mahony le ofreció 3.5 millones de dólares para comprar su silencio, pero ella no aceptó y decidió denunciar el caso en el programa de Larry King.

En 1991, Tamayo ofreció una conferencia de prensa desde Filipinas. Dijo que la arquidiócesis de Los Ángeles lo envió a ese país con la orden de no admitir nunca su delito. El sacerdote nunca fue molestado por las autoridades. Años después murió. De los otros sacerdotes, no supo nada, excepto que Ángel Cruces fue enviado a una iglesia de Nueva York.

Para Rita la publicación del informe es sencillamente «insuficiente»: «No tiene toda la información, sólo revela muy poquito de lo sucedido. Yo lo que quiero es que se haga justicia, que digan toda la verdad, que enseñen todos los documentos. Muchas mujeres han sido violadas, pero a veces no se nos toma en cuenta en los medios, porque se les hace más anormal los abusos contra los niños varones. Además, muchas veces al ser mujer se nos acusa de haberlos provocado».

Rita está sometida a terapia desde hace cuatro años y actualmente toma medicamentos para controlar su angustia y depresión. Se

casó en dos ocasiones. Su primera hija nacida en Filipinas tiene ahora 23 años y su segundo hijo, producto de su segundo matrimonio,
tiene 15: «Hace un año le conté todo a mi hija, fue muy doloroso.
Cuando veo una sotana es como si viera el diablo, me dan tanto miedo los sacerdotes. Yo ya no puedo ser católica, simplemente perdí la
fe, es como si Dios me hubiera hecho todas esas cosas feas».

Igual que el diablo

Manuel Vega decidió convertirse en policía del Departamento de
Seguridad de Los Ángeles, y concretamente especializarse en la
investigación de abusos sexuales contra niños, después de haber vivido en carne propia los abusos del sacerdote católico Fidencio Silva.

Manuel pertenecía al grupo de monaguillos de la parroquia
de Nuestra Señora de Guadalupe cuando el joven sacerdote de la
orden de los Misioneros del Espíritu Santo llegó para hacerse cargo de la iglesia: «Dios nos ha bendecido con un padre joven, que
ama a Dios y a la Virgen —recuerda que le dijo su madre—. Hay
que recibirlo con los brazos abiertos».

El padre Fidencio intentaba ganarse la confianza de los niños
llevándolos de paseo, pero al poco tiempo de llegar el grupo de
seis monaguillos se quedó sorprendido del lugar al que los trasladó:
«Nos llevó a una playa nudista y nos pidió entre broma y broma
que todos nos quitáramos la ropa. A mí se me hizo raro, pero era
como un juego».

Manuel tenía en ese entonces diez años. El padre Fidencio se
fue acercando más a él, mostrándole sus trabajos de dibujo a lápiz:
«El día de Pascua me dijo que quería hacer una pintura grande de
la Virgen de Guadalupe y una alegoría de Cristo resucitado. Nos

pidió a todos los monaguillos que nos desnudáramos, luego nos empezó a hacer fotos, pidiéndonos que nos colocáramos con los brazos abiertos y nos comentó: "Acuérdense de que están modelando como Jesús crucificado"».

Con el paso de los meses, el sacerdote intentaba acercarse a Manuel: «Un día fue por mí al salón de la escuela, con el pretexto de que me iba a dar una clase "personal" de educación sexual. Eso fue lo que le dijo a mi profesor y a mí. Cuando llegamos a la sacristía se sentó y en voz baja me dijo: "Necesito hacer fotos de tu pene, porque es un pene circuncidado". Yo me avergoncé mucho, porque me empezó a tocar diciéndome que quería que tuviera una erección. Me sentí tan incómodo que traté de resistirme, pero me tomó de los hombros muy agresivo regañándome y gritándome que necesitaba fotos de mi eyaculación. Lo hice casi llorando; pero él violentamente me metió su dedo en mi ano. Recuerdo el cristal amarillo de la ventana de la sacristía cada vez que paso por la iglesia. Todo es como una película de terror».

Los abusos se repetían usando el mismo método durante un par de años: «Yo cada vez me sentía peor, pero él me repetía: "Estás haciendo un bien a otros niños porque todo esto sirve para la educación sexual". Recuerdo que una vez estaba enfermo y tenía temperatura muy alta. Él vino a verme y me dijo: "Yo puedo hacer que te cures, pero tienes que bajarte los pantalones". Luego me tocó los testículos y añadió: "Entre más bajos tienes los testículos, más enfermo estás. Esta línea es donde Diosito decidió hacerte un hombre". Luego me masturbó».

Manuel terminó sus estudios con dificultad. A los 17 años se enlistó en los Marines y fue enviado a Corea del Sur. Allí salvó a un regimiento y recibió la más alta distinción del ejército por su heroísmo. Luego, al volver a Los Ángeles en 1993, sin poder olvidar su pasado, decidió convertirse en detective del departamento de policía.

El testimonio de Manuel Vega ha sido uno de los más decisivos para cambiar la historia de la pederastia en Estados Unidos, ya que gracias a su caso la ley pudo modificarse para intensificar la lucha contra los pedófilos: «Hace cuatro años, fui a Sacramento a dar mi testimonio. Lo repetí como en ocho ocasiones con diferentes congresistas para obtener su apoyo a fin de que cambiaran la ley. Y afortunadamente el 23 de junio se cambió la ley para que se persiguieran delitos ocurridos después de 1986».

Lamentablemente los abusos que cometió el padre Silva sucedieron antes de 1986, por tanto sólo hay cargos civiles contra él por parte de 32 niños: «Nuestros casos sucedieron a partir de 1979. Me acuerdo muy bien de quiénes eran los otros monaguillos de los que abusaba, pero la mayoría de ellos no quiere hablar, por miedo y por vergüenza».

Ante el cúmulo de denuncias, la arquidiócesis de Los Ángeles decidió enviar a Silva a San Luis Potosí, a la parroquia del pueblo Jesús María del Norte: «El hombre es un animal y un reportero fue y lo encontró y lo grabó con cámara oculta. Actualmente, él está otra vez a cargo de los monaguillos. Cínicamente aceptó que nos había hecho fotos. ¡Es increíble! ¿Cómo puede un hombre usar a Dios para abusar de los niños? ¿Cómo pueden mantenerlo en una iglesia? Me da tanto asco. Los niños que han sufrido abusos pierden la inocencia, lo pierden todo. La maldad está hecha».

En el caso del padre Silva el informe de la arquidiócesis tampoco es completo: «Menciona lo que hizo el padre Silva, pero no todo. El informe es una versión muy *light*. La versión verdadera que ellos tienen en los expedientes la han censurado para proteger al cardenal Roger Mahony, un hombre que es como el diablo, porque en otros estados de Estados Unidos los casos se han resuelto, pero aquí, en Los Ángeles, Mahony no quiere, porque él está involucrado totalmente en la pedofilia».

El proceso judicial contra el padre Silva tiene pocas posibilidades de prosperar, debido a la protección que el presbítero tiene del Vaticano. Como policía a Manuel le siguen llegando casos similares al suyo: «Hay muchas víctimas hispanas. Lo que no se ha investigado es la conexión de los indocumentados con los abusos sexuales de los sacerdotes. Esta gente llega a Los Ángeles dándoles la confianza a los curas. He investigado casos de sacerdotes que, utilizando la amenaza de denunciarlos a la migra, abusan de los niños de los indocumentados. Lo malo es que no quieren hablar, precisamente por su precaria situación y porque para los mexicanos la Iglesia es como Dios».

ANEXO★

FUGITIVOS CON SOTANA

Abreviaturas

• T = Tipo de religioso: Sa = sacerdote; H = hermano; Se = seminarista; D = diácono;
  M = monja.
• Estado = Estado de la acción legal, si existe.
• Diocesano/Orden = Diocesano u orden a la que pertenece.
• Notas = Notas sobre acciones legales o acusaciones.
• Diócesis = Principal diócesis en la que trabajó la persona.
• Fuente = Mención periodística o número de expediente de la acción legal.

•Apellido(s), nombre •Diocesano/Orden •Diócesis	•Año de ordenación •T	Estado	Notas	Fuente/Registros
Abercrombie, Leonard Diocesano Los Ángeles, California	1946 Sa	Acusado	Acusado de abuso en los años 70. Murió en 1994. La arquidiócesis de Los Ángeles consigna a dos acusadores y revela que fue sacerdote externo de la arquidiócesis de Denver. Mencionado en varios juicios en Denver, Colorado.	Fuente: *LA Archdiocesan Report 2.17.04 page 3; LA Archdiocesan Report Addendum 11.15.05; Rocky Mountain News 6.01.06* Registros: *LA Times Database 4.20.06*
Aguilar Rivera, Nicolás Diocesano Los Ángeles, California	1970 Sa	Declarado procesable por un jurado de acusación	Ordenado en México. Sacerdote visitante en Los Ángeles desde 1987. Orden de aprehensión emitida en 1988 por presunto abuso de al menos dos personas, tras lo cual huyó de EU. La arquidiócesis de Los Ángeles consigna a 13 acusadores. Excelente sumario en el artículo del Dallas Morning News.	Fuente: *LA Times 8.18.02; LA Archdiocesan Report 2.17.04 page 3; Dallas Morning News 6.22.04 (Major Account); LA Times 4.30.04 ; Dallas Morning News 6.22.04* Registros: *LA Archdiocesan Report Addendum 11.15.05; LA Times Database 4.20.06*
Ahearn, Thomas Kieran Diocesano Bridgeport, Connecticut	? Sa	Declarado culpable	Declarado culpable en 1994. Murió.	Fuente: *Boston Globe 3.10.94* Registros: *Assignment Record Compiled by Law Firm*

Ahern, Richard J. Estigmáticos Springfield, Massachusetts	? Sa	Acusado	Demandado. Acusado de abuso. Murió.	Fuente: *Boston Globe 8.10.02; Description of 1964 Abuse; Description of 1959-61 Abuse; Restricted from Springfield Massachusetts & Difficulties in Lynn* Registros: *Stigmatine Biography; Boston Faculties Record; Letter Documenting Ahern's Work with Shanley*
Albeke, Henry Diocesano Bridgeport, Connecticut	? Sa	Arreglo extrajudicial	Arreglo extrajudicial en 2003. Acusado de abuso.	Fuente: *Associated Press 10.17.03* Registros: *Assignment Record Compiled by Law Firm*
Alzugaray, Joseph F. Diocesano Los Ángeles, California	1967 Sa	Demandado	Demandado en 2004. Acusado de abuso de una niña de ocho años. La demandó por difamación, pero la causa fue desestimada en abril de 2006. Oficialmente admitido en la diócesis de Santa Rosa en 1996. Podría seguir activo desde mayo de 2006.	Fuente: *Napa Valley Register 12.26.03; LA Archdiocesan Report 2.17.04 page 3; Napa Valley Register 4.10.06* Registros: *LA Archdiocesan Report Addendum 11.15.05; LA Times Database 4.20.06*
Andersen, Andrew Christian Sa Diocesano Orange, California	1982	Declarado culpable	Declarado culpable en 1986 de abuso de niños varones. También declarado culpable en 1990 de abuso de otro menor. Purgó una condena de cárcel.	Fuente: *Orange County Register 12.14.02; LA Times 1.11.04; LA Times 5.25.05; San Jose Mercury News 12.31.87 (Major Accounts)* Registros: *Orange Diocesan Personal Record; Directory Listings Compiled by Arellano of OC Weekly*
Anderson, Roger Capuchinos Los Ángeles, California	? Sa	Acusado	Acusado de abusos cometidos en 1981-1983. La arquidiócesis de Los Ángeles consigna a dos acusadores.	Fuente: *LA Archdiocesan Report 2.17.04 page 4* Registros: *LA Times Database 4.20.06*
Aranda, Sofronio A. (Pon) Diocesano Orange, California	? Sa	Diocesano	Acusado de abuso.	Fuente: *OC Weekly 7.9.04* Registros: *Orange Diocesan Personal Record; Directory Listings Compiled by Arellano of OC Weekly*

Arias, Andreas Diocesano Los Ángeles, California	< 1936 Sa	Demandado	Una demanda civil lo acusa de abuso en 1936 en Lompoc, California.	Fuente: *LA Times Database 4.20.06* Registros: *LA Times Database 4.20.06*
Arzube, Juan (obispo) Diocesano Los Ángeles, California	1954 Sa	Demandado	Acusaciones de abuso entre 1975 y 1976. La arquidiócesis de Los Ángeles consigna a un acusador. Se jubiló en 1993. Mencionado en un juicio civil.	Fuente: *LA Archdiocesan Report 2.17.04 page 1* Registros: *LA Archdiocesan Report Addendum 11.15.05; LA Times Database 4.20.06*
Atherton, Gregory Siervos de María Orange, California	? H	Demandado	Demandado en 1993. Acusado de abuso. La arquidiócesis de Los Ángeles consigna a cinco personas que lo acusan de abuso entre 1967 y 1986.	Fuente: *LA Times 4.22.93; LA Archdiocesan Report 2.17.04 page 7* Registros: *Directory Listings Compiled by Arellano of OC Weekly; LA Times Database 4.20.06*
Atwater, John T. Diocesano Boston, Massachusetts	1963 Sa	Acusado	Destituido. Acusado de abuso.	Fuente: *Boston Globe 9.13.02* Registros: *Boston Archdiocesan Assignment Record*
Aube, Paul L. Diocesano Manchester, New Hampshire	1970 Sa	Arreglo extrajudicial	Arreglo extrajudicial en 2002. Acusado de abuso. Destituido.	Fuente: *Union Leader 11.27.02* Registros: *Manchester Diocesan File Summary; BA.org Assignment Record with Links to Articles and Documents*

Aubut, Charles E. Diocesano Boston, Massachusetts	1941 Sa	Acusado	Acusado de abuso según informes diocesanos. Murió en 1984.	Fuente: Boston Globe 1.31.03 Registros: *Boston Archdiocesan Assignment Record*
Avery, Edward V. Diocesano Filadelfia, Pensilvania	1970 Sa	Acusado	Acusado de abuso de un joven de 16 años en 1978. Él lo niega; dice no haber sabido de la acusación hasta 1992. Le concedieron licencia en 1993 y luego lo resignaron como capellán de hospital. Obtuvo otra licencia en 2003. Secularizado en marzo de 2006.	Fuente: *Philadelphia Inquirer 12.18.03; Philly Grand Jury Abuse-Response Summary; Duluth News Tribune 4.08.06* Registros: *Philadelphia Archdiocesan Priest Data Profile*
Ávila, José María B. Diocesano Fall River, Massachusetts	1930 Sa	Acusado	Acusado de abuso.	Fuente: *Herald News [Massachusetts]7.31.03* Registros: *BA.org Detailed Assignment Record*
Baker, Michael Stephen Diocesano Los Ángeles, California	1974 Sa	Arreglo extrajudicial	Arreglo extrajudicial por 1.3 millones de dólares. Acusado de abuso. Se desecharon cargos penales debido a un fallo de la Suprema Corte. La arquidiócesis de Los Ángeles consigna a 23 acusadores. Volvieron a aprehenderlo en enero de 2006. Secularizado el 5 de diciembre de 2000 según la base de datos del *Los Angeles Times.*	Fuente: *LA Times 08.18.02; AP 7.15.03; LA Archdiocesan Report 2.17.04 page 1; KTLA 1.20.06* Registros: *LA Archdiocesan Report Addendum 11.15.05; LA Times Database 4.20.06*

Balak, Frederick R. Sa Diocesano Los Ángeles, California	?	Demandado	Mencionado como abusador en la adenda de un informe arquidiocesano. Una persona lo acusa de haber sido su víctima en 1967–1968.	Fuente: *LA Archdiocesan Report Addendum 11.15.05* Registros: *LA Times Database 4.20.06*
Balcom, Gary E. Diocesano Boston, Massachusetts	1972 Sa	Acusado	Fue objeto de acusaciones según los archivos diocesanos. Destituido en 1992. Murió.	Fuente: *Boston Globe 12.10.02* Registros: *Boston Archdiocesan Assignment Record*
Baranowski, Alexander Sylvester Diocesano Chicago, Illinois	1955 Sa	Acusado	Recién identificado como abusador en el informe de la arquidiócesis de Chicago de marzo de 2006.	Fuente: *Chicago Archdiocesan Report 3.20.06 page 1* Registros: *BA.org Assignment Record*
Barmasse, Kevin P. Diocesano Los Ángeles, California	1982 Sa	Demandado	Demandado en 2003. Acusado de abusos cometidos en 1982–1988. (Otras acusaciones en Tucson, Arizona.) La arquidiócesis de Los Ángeles consigna a ocho acusadores. Arreglo extrajudicial en Arizona en 2005/2006 con cinco personas que lo acusaban de abuso.	Fuente: *Arizona Daily Star 10.5.03; LA Archdiocesan Report 2.17.04 page 1; Arizona Daily Star 6.01.06; LA Times 4.20.06* Registros: *LA Archdiocesan Report Addendum 11.15.05; LA Times Database 4.20.06*
Barrett, Robert E. Diocesano Boston, Massachusetts	1963 Sa	Arreglo extrajudicial	Arreglo extrajudicial en 2000. Acusado de abusar de un muchacho.	Fuente: *Boston Globe 4.8.97; USA Today 11.11.02* Registros: *Boston Archdiocesan Assignment Record*

Bartz, Richard Barry	1974	Acusado	Destituido en 2002. Acusado de abuso.	Fuente: *USA Today 11.11.02; Chicago Archdiocesan Report 3.20.06; Chicago Sun-Times 1.17.03; Chicago Tribune 6.20.02* Registros: *BA.org Assignment Record*
Diocesano Chicago, Illinois	Sa			
Bass, Francis E.	1948	Demandado	Demandado en 2003. Acusado de abuso.	Fuente: *Des Moines Register 10.1.03; Des Moines Register 7.26.05* Registros: *Detailed BA.org Assignment Record*
Diocesano Davenport, Iowa	Sa			
Becker, Robert Charles	1965	Arreglo extrajudicial	Arreglo extrajudicial en 2003. Acusado de abuso. Murió en octubre de 1989. Incluido en un arreglo extrajudicial en octubre de 2003. En otro juicio entablado en abril de 2006 se le acusa de abuso junto con otro sacerdote, Ruge.	Fuente: *Chicago Tribune 10.3.03; Chicago Archdiocesan Report 3.20.06 page 1; Chicago Tribune 4.25.06; Chicago Sun-Times 4.25.06* Registros: *BA.org Assignment Record*
Diocesano Chicago, Illinois	Sa			
Bennett, Joseph R.	1966	Acusado	Acusado de abuso de dos niñas entre 1967 y 1973. Destituido en febrero de 2006.	Fuente: *Chicago Sun-Times 2.01.06; Chicago Tribune 2.02.06* Registros: *BA.org Assignment Record*
Diocesano Chicago, Illinois	Sa			

Bennett, Richard L. Diocesano Joliet, Illinois	1972 Sa	Demandado	La diócesis supo de una acusación de abuso en 2004. Bennett dijo haber abusado del menor una vez en 1976 tras conocer el abuso de otro sacerdote. Sigue activo desde abril de 2006. El menor entabló demanda civil en mayo de 2006.	Fuente: *NBC5.com 4.27.06; Herald News 4.28.06; Chicago Tribune 4.28.06; Chicago Sun-Times 5.03.06* Registros: *Herald News 4.28.06*
Berbena, Christopher Franciscanos Los Ángeles, California	1980 Sa	Demandado	Acusado de abuso en 1980. La arquidiócesis de Los Ángeles consigna a un acusador. Mencionado en un juicio civil. Se anunció un arreglo extrajudicial el 10 de agosto de 2006.	Fuente: *LA Archdiocesan Report 2.17.04 page 4; Contra Costa Times 3.18.06; Santa Barbara Independent 8.10.06* Registros: *LA Times Database 4.20.06*
Berthold, George C. Diocesano Boston, Massachusetts	1963 Sa	Demandado	Demandado en 2000. Acusado de abuso de menores varones.	Fuente: *Boston Globe 5.15.02* Registros: *Boston Archdiocesan Assignment Record*
Berumen, Matthias A. Diocesano Los Ángeles, California	1986 Sa	Demandado	Acusado de abuso en 1985–1988. La arquidiócesis de Los Ángeles consigna a una persona que lo acusó de abuso en 1990. Mencionado también en un juicio civil.	Fuente: *LA Archdiocesan Report 2.17.04 page 1; LA Times 8.18.02* Registros: *LA Times Database 4.20.06*

Bietighofer, Alfred J. Diocesano Bridgeport, Connecticut	1965 Sa	Arreglo extrajudicial	Arreglo extrajudicial en 2003. Acusado de abuso. Se suicidó.	Fuente: *Connecticut Post 10.16.03* Registros: *Assignment Record Compiled by Law Firm*
Bismonte, Honesto Bayranta Diocesano Los Ángeles, California	1954 Sa	Declarado culpable	Declarado culpable en 2003. Agresión menor a chicas adolescentes en 1997-2001. Condenado a dos años de libertad condicional.	Fuente: *Herald Tribune 9.6.03; LA Times 8.18.02; LA Archdiocesan Report Errata Notice # 1* Registros: *LA Times Database 4.20.06*
Bogdan, Leonard Adolph Diocesano Chicago, Illinois	1960 Sa	Acusado	Recién identificado como abusador en el informe de la arquidiócesis de Chicago el 20 de marzo de 2006. Acusado en 1983. La acusación se retiró en 1986. Jubilado de la diócesis de Kalamazoo el 30 de junio de 2000. La acusación se ratificó en agosto de 2001 y se declaró creíble en septiembre de 2001.	Fuente: *Chicago Archdiocesan Report 3.20.06 page 1; Kalamazoo Gazette 3.22.06* Registros: *BA.org Assignment Record*
Bolduc, Paul J. Diocesano Boston, Massachusetts	1960 Sa	Acusado	Destituido en 2002.	Fuente: *Boston Globe website* Registros: *Boston Archdiocesan Assignment Record*

Bolesta, Michael C. Diocesano Filadelfia, Pensilvania	1989 Sa	Acusado	Acusado de abusar de 11 muchachos de 16 y 17 años en 1990-1991. Evaluado en el centro de terapia St. Luke's. Reasignado. Murió en enero de 2004.	Fuente: *Philadelphia Grand Jury Report* Registros: *Philadelphia Archdiocesan Priest Data Profile*
Bourque, Real (Ray) Oblatos Boston, Massachusetts	1954 Sa	Acusado	Acusado de abuso. Lo transfirió el cardenal Medeiros tras acusaciones en 1981 y siguió en el ministerio hasta que confesó haber abusado de adolescentes en los años 90. Según un artículo del 12 de mayo de 2006, está secularizado.	Fuente: *News Democrat 4.13.06; Bishop Hart; Victim; Vínculos a otros documentos sobre Bourque* Registros: *Detailed BA.org Assignment record*
Bowman, Robert Peter Diocesano Chicago, Illinois	1955 Sa	Acusado	Destituido en 2002. Acusado de abuso.	Fuente: *USA Today 11.11.02; Chicago Daily Herald 5.27.02; Chicago Archdiocesan Report 3.20.06 page 1; Chicago Sun-Times 1.17.03* Registros: *BA.org Assignment Record*
Boyer, Leland Diocesano Los Ángeles, California	1949 Sa	Demandado	Demandado en 2003. Acusado de abusos cometidos en 1973-1982. La arquidiócesis de Los Ángeles consigna a dos acusadores. Murió.	Fuente: *LA Times 12.18.03; LA Archdiocesan Report 2.17.04 page 1; LA Times 4.20.06* Registros: *LA Archdiocesan Report Addendum 11.15.05; LA Times Database 4.20.06*

Brague, Robert J. Diocesano Scranton, Pensilvania	1970 Sa	Demandado	En 1988 el obispo supo que Brague mantenía relaciones sexuales con una chica desde que ella tenía 17 años. Brague lo negó primero, pero confesó cuando ella se embarazó. Hubo juicio civil. Arreglo extrajudicial en 1995. Transfirieron a Brague a la diócesis de Venice, Florida, donde siguió ejerciendo hasta su muerte, en 1997.	Fuente: *Times-Leader 7.9.06* Registros: *Times Leader 7.9.06*
Braun, David Francis Diocesano Chicago, Illinois	1954 Sa	Acusado	Recién identificado como abusador en el informe arquidiocesano del 20 de marzo de 2006. Murió en diciembre de 1997.	Fuente: *Chicago Archdiocesan Report 3.20.06 page 1* Registros: *BA.org Assignment Record*
Brennan, Francis Diocesano Scranton, Pensilvania	Sa	Demandado	En 2005 se entabló juicio civil acusándolo de abusos cometidos en 1961. Por entonces se informó al obispo, que lo transfirió a un convento. En 2006 el tribunal decidió que el quejoso había tardado mucho para demandar. Otra víctima lo acusó de abuso en la misma época. Brennan murió en 1974.	Fuente: *Times-Tribune 4.21.06; Times Leader 7.09.06* Registros: *Times Leader 7.9.06*
Brennan, John Lawrence Diocesano Los Ángeles, California	1932 Sa	Demandado	Acusado de abusos cometidos entre 1954 y 1956. Murió en 1983. La arquidiócesis de Los Ángeles consigna a un acusador.	Fuente: *LA Archdiocesan Report 2.17.04 page 1* Registros: *LA Archdiocesan Report Addendum 11.15.05; LA Times Database 4.20.06*

Brennan, Robert L.	1964 Sa	Acusado	Acusado de abuso.	Fuente: *Philadelphia Grand Jury Report* Registros: *Philadelphia Archdiocesan Priest Data Profile*
Diocesano Filadelfia, Pensilvania				
Breton, Philip C.	1936 Sa	Arreglo extrajudicial	Arreglo extrajudicial en 2002 por 950 mil dólares. Acusado de abuso. Murió.	Fuente: *Foster's Daily Democrat 12.20.02; Boston Globe 12.20.02* Registros: *Boston Archdiocesan Assignment Record; Boston Archdiocesan File Search Showing Assignment and Accusations; Boston Globe Obituary 4.15.84*
Diocesano Boston, Massachusetts				
Brett, Lawrence F. X.	1962 Sa	Acusado	Acusado de abuso. Estuvo escondido 10 años en las Antillas.	Fuente: *Nueva York Law Journal 11.12.99* Registros: *Assignment Record Compiled by Law Firm*
Diocesano Bridgeport, Connecticut				
Broughan, Leonard W.	1955 Sa	Acusado	Acusado del abuso de dos menores. Se notificó a la diócesis en 1993 y 1995. No tuvo cargos después de 1994. Murió en 1998. Al parecer era sacerdote de la arquidiócesis cuando se cometieron algunos de los abusos, pero después ingresó en la orden de los carmelitas.	Fuente: *Philadelphia Grand Jury Report* Registros: *Philadelphia Archdiocesan Priest Data Profile*
Carmelitas (O. Carm.O.) Filadelfia, Pensilvania				

203

Brown, Lawrence Carmelitas Los Ángeles, California	? H	Demandado	Acusado por una persona de abusos cometidos entre 1955 y 1956. Mencionado también en un juicio.	Fuente: *LA Archdiocesan Report Addendum* *11.15.05* Registros: *LA Times Database 4.20.06*
Brusky, David Salvatorianos Reno, Nevada	1952 Sa	Acusado	Acusado de abuso de varias jóvenes. Ejerció durante muchos años en África. Está jubilado.	Fuente: *Reno Gazette-Journal 10.9.05* Registros: *Reno Gazette Journal 10.09.05*
Brzyski, James J. Diocesano Filadelfia, Pensilvania	1977 Sa	Demandado	Acusado de abuso de al menos un menor en los años 80 según una demanda colectiva en junio de 2006. El informe de un jurado de acusación de Filadelfia lo considera uno de los abusadores más brutales de la diócesis. Sus víctimas quizá lleguen a cien. Obtuvo licencia en 1984 para recibir tratamiento. Dejó el ministerio activo en 1985. Secularizado en 2005.	Fuente: *Philadelphia Grand Jury; National* *Catholic Reporter 4.28.06; Philadelphia* *Inquirer 6.16.06; Philadelphia Inquirer* *6.24.05* Registros: *Philadelphia Archdiocesan Priest Data* *Profile*
Buck, Daniel Peter Diocesano Chicago, Illinois	1971 Sa	Acusado	Destituido en 2002.	Fuente: *USA Today 11.11.02; Chicago* *Archdiocesan Report 3.20.06 page 1;* *Chicago Sun-Times 1.17.03* Registros: *BA.org Assignment Record*
Buckley, Michael D. Diocesano Los Ángeles, California	1955 Sa	Demandado	Acusado de abusos cometidos entre 1965 y 1975. La arquidiócesis de Los Ángeles consigna a ocho acusadores. Se entabló un juicio en su contra.	Fuente: *LA Archdiocesan Report 2.17.04 page 1;* *LA Times 4.20.06* Registros: *LA Archdiocesan Report Addendum* *11.15.05; LA Times Database 4.20.06*

Buckman, Franklin Diocesano Orange, California	1963 Sa	Demandado	Acusado de abusos cometidos entre 1962 y 1981. La arquidiócesis de Los Ángeles consigna a tres acusadores. Lo han mencionado en un juicio civil.	Fuente: *LA Times 1.11.04; LA Archdiocesan Report 2.17.04 page 3* Registros: *Directory Listings Compiled by Arellano of OC Weekly; LA Times Database 4.20.06*
Buntel, Richard A. Diocesano Boston, Massachusetts	1971 Sa	Arreglo extrajudicial	Arreglo extrajudicial por 52 mil dólares. Acusado de abuso.	Fuente: *Boston Globe 6.5.02* Registros: *Boston Archdiocesan Assignment Record; Earlier Boston Archdiocesan Assignment Record*
Burnett, James Diocesano Joliet, Illinois	1968 Sa	Demandado	Acusado de abuso desde febrero de 2006. Tiene licencia. Niega los cargos. No está en la lista diocesana del 9 de abril de 2006 de sacerdotes con acusaciones probadas. En mayo de 2006 se entabló juicio civil acusándolo de abuso entre 1978 y 1982, cuando el quejoso tenía entre 8 y 12 años.	Fuente: *The Star [Illinois] 2.09.06; Daily Southtown 3.28.06; Chicago Tribune 3.29.06; The Herald News 4.11.06* Registros: *cbs2chicago.com 5.24.06*
Burns, Eugene Patrick Diocesano Chicago, Illinois	1955 Sa	Acusado	Acusado de abusos cometidos entre 1961 y 1966. Murió en enero de 2005. Incluido por la arquidiócesis en un arreglo extrajudicial en octubre de 2005.	Fuente: *ABC 7 [Chicago Illinois] 10.27.05; Chicago Archdiocesan Report 3.20.06 page 1; Chicago Tribune 10.28.05* Registros: *BA.org Assignment Record*

Burns, Robert N. Diocesano Boston, Massachusetts	1975 Sa	Declarado culpable	Declarado culpable. Abusó de un niño. Estuvo seis años en la cárcel.	Fuente: *Boston Globe 1.24.01* Registros: *Resume with Ohio Assignment; Request for Laicization 5.99 with Boston Assignment and Accusations*
Byrne, Eamon Sociedad de San Columba Chicago, Illinois	< 1960 Sa	Demandado	Demandado en 1992. Acusado de abuso.	Fuente: *Chicago Tribune 11.17.92* Registros: *BA.org Assignment Record*
Cabaong, Honorato (Henry) Diocesano Los Ángeles, California	1960 Sa	Demandado	Demandado en 1984. Acusado del abuso de una niña. La arquidiócesis de Los Ángeles consigna a un acusador. Sacerdote externo de Filipinas empleado en la arquidiócesis.	Fuente: *LA Archdiocesan Report 2.17.04 page 4; UPI 2.8.84; Milla v. Tamayo, 187 Cal. App.3d 1453* Registros: *LA Times Database 4.20.06*
Cabot, Samuel Franciscanos Los Ángeles, California	? H	Demandado	Acusado de abuso entre 1980 y 1985. La arquidiócesis de Los Ángeles consigna a dos acusadores. Se entabló un juicio civil. Se anunció un arreglo extrajudicial el 10 de agosto de 2006.	Fuente: *LA Archdiocesan Report 2.17.04 page 6; Santa Barbara Independent 8.10.06* Registros: *LA Times Database 4.20.06*
Caffoe, Lynn Diocesano Los Ángeles, California	1971 Sa	Acusado	Huyó de EU tras acusaciones de abuso. La arquidiócesis de Los Ángeles consigna a tres acusadores. Se ignora su paradero. Mencionado en al menos un juicio civil. Los hechos van de 1973 a 1994. Con licencia de inactividad desde 1992.	Fuente: *LA Times 8.18.02; LA Archdiocesan Report 2.17.04 page 1; LA Times 4.20.06* Registros: *LA Archdiocesan Report Addendum 11.15.05; Directory Listings Compiled by Arellano of OC Weekly; LA Times Database 4.20.06*
Cairns, James Vicentinos Los Ángeles, California	1969 Sa	Acusado	Acusado de abusos cometidos entre 1971 y 1973. La arquidiócesis de Los Ángeles consigna a un acusador.	Fuente: *LA Archdiocesan Report 2.17.04 page 4* Registros: *LA Times Database 4.20.06*

Calabrese, Daniel A. Diocesano Nueva York, Nueva York	1987 Sa	Declarado culpable	Declarado culpable en 1992 de abuso de un adolescente. Condenado a cinco meses de cárcel y terapia. Antes transferido dos veces por acusaciones de abuso de menores. Juicio civil en 1993. Desde 2003 vivía en Nuevo México y según un directorio católico de 2002 gozaba de un «permiso de ausencia». Secularizado en 2005.	Fuente: *USA Today 11.11.02; Poughkeepsie Journal 6.30.05; Newsday 7.09.05; Journal News 7.09.05* Registros: *BA.org Summary of Directory Entries*
Calicott, John Walter Diocesano Chicago, Illinois	1974 Sa	Demandado	Destituido en 1994, volvió al ministerio en 1995. Lo destituyeron de nuevo en junio de 2002 tras la conferencia episcopal de Dallas. Demandado en 2004. También figura en una lista de secerdotes acusados emitida en 2003 por la arquidiócesis de Chicago.	Fuente: *USA Today 11.11.02; Chicago Archdiocesan Report 3.20.06 page 1; Chicago Sun-Times 1.17.03; Chicago Tribune 12.04.04* Registros: *BA.org Assignment Record*
Caparelli, Robert N. Diocesano Scranton, Pensilvania	1964 Sa	Declarado culpable	Denunciado ante la diocesis en 1986. Abusó de varios jóvenes antes de ser detenido, en 1991. Condenado a 2.5-5 años de cárcel. Otro cargo aumentó la condena. Murió en prisión en 1994. Mencionado en juicios civiles. Transferido varias veces después de que la diócesis supo de sus actos.	Fuente: *Scranton Times 5.16.92; Times Leader 7.09.06; Times Leader 7.09.06 (2nd article); Johnson v. Caparelli, 625 A.2d 668 (Pensilvania. 1993)* Registros: *Times Leader 7.9.06*
Carey, Cleve W. Diocesano Los Ángeles, California	1960 Sa	Demandado	Acusado de abuso entre 1963 y 1966. Murió en 1988. La arquidiócesis de Los Ángeles consigna a dos acusadores. Mencionado en al menos un juicio civil.	Fuente: *LA Archdiocesan Report 2.17.04 page 1* Registros: *LA Archdiocesan Report Addendum 11.15.05; LA Times Database 4.20.06*
Carr, Charles T. Diocesano Bridgeport, Connecticut	? Sa	Acusado	Demandado en 1995. Acusado de abuso.	Fuente: *Hartford Courant 3.17.02* Registros: *Assignment Record Compiled by Law Firm*

Carrier, Herve Diocesano Portland, Maine	? Sa	Acusado	Acusado de abuso sexual de una joven. Murió.	Fuente: *Kennebec Journal 6.21.02; Maine AG Document Production 5.27.05* Registros: *Newspaper Bio 12.29.64*
Carriere, David Franciscanos Los Ángeles, California	1963 Sa	Demandado	Acusado de abuso entre 1978 y 1979. La arquidiócesis de Los Ángeles consigna a dos acusadores. Una errata dice que sólo uno. Hay al menos un juicio civil en su contra. Mencionado en un arreglo extrajudicial en agosto de 2006.	Fuente: *LA Archdiocesan Report 2.17.04 page 4; LA Archdiocesan Report Errata # 1; Santa Barbara Independent 8.10.06* Registros: *LA Archdiocesan Report Addendum 11.15.05; LA Times Database 4.20.06*
Carroll, Michael J. Diocesano Los Ángeles, California	1967 Sa	Demandado	Demandado en 2003. Acusado de abuso de una adolescente. La arquidiócesis de Los Ángeles consigna a un acusador. La acusación se declaró infundada. Sigue activo.	Fuente: *Los Angeles Times 2.07.04; LA Archdiocesan Report 2.17.04 page 1; City News Service [Los Ángeles, California] 1.29.04* Registros: *LA Archdiocesan Report Addendum 11.15.05; LA Times Database 4.20.06*
Carson, David L. Diocesano Nueva York, Nueva York	1984 Sa	Acusado	Acusado de abuso. No se han hallado informes públicos sobre el abuso. Secularizado en julio de 2005.	Fuente: *The Journal News 7.09.05; Newsday 7.09.05* Registros: *BA.org Summary of Directory Listings*
Cartier, Frederick J. Diocesano Boston, Massachusetts	1963 Sa	Acusado	Acusado de abuso.	Fuente: *Boston Globe 1.18.03* Registros: *Boston Archdiocesan Assignment Record*
Casey, Edward J. Orden del Sagrado Corazón Los Ángeles, California	1960 Sa	Demandado	Acusado de abuso de tres personas entre 1974 y 1979. La arquidiócesis de Los Ángeles consigna a tres acusadores. Nombrado en al menos un juicio civil.	Fuente: *LA Archdiocesan Report 2.17.04 page 4* Registros: *LA Archdiocesan Report Addendum 11.15.05; LA Times Database 4.20.06*
Casey, John Joseph Vicentinos Los Ángeles, California	1932 Sa	Demandado	Acusado de abuso entre 1944 y 1945 en al menos un juicio civil. La arquidiócesis de Los Ángeles consigna a un acusador. Murió.	Fuente: *LA Archdiocesan Report 2.17.04 page 4* Registros: *LA Times Database 4.20.06*

Casimano, Santino A. Diocesano Gallup, Nuevo México	1975 Sa	Acusado	Ordenado en la diócesis de Gallup en 1975. Transferido en 1976 a la diócesis de Orange, donde lo acusaron de abuso. Fue director de una escuela.	Fuente: *OC Weekly 7.9.04; LA Times 1.11.04* Registros: *BA.org Assignment Record with Links to Articles; Orange Diocesan Assignment Record; Orange Diocesan Note with Assignment Record*
Casper, Thomas P. Diocesano Louisville, Kentucky	1956 Sa	Demandado	Demandado en 2002 y 2003. Acusado de abuso en los años 50 y 60. Murió en 1991.	Fuente: *Courier Journal 9.2.02; Courier Journal 9.29.02 (Major Article)* Registros: *Assignment Record Compiled by Law Firm*
Castro, Willebaldo Diocesano Los Ángeles, California	? Sa	Demandado	Acusado de abuso entre 1973 y 1978. La arquidiócesis de Los Ángeles consigna a cuatro acusadores. Sacerdote externo de México empleado en la arquidiócesis desde 1956. Nombrado en al menos un juicio civil.	Fuente: *LA Archdiocesan Report 2.17.04 page 4* Registros: *LA Archdiocesan Report Addendum 11.15.05; LA Times Database 4.20.06*
Catullo, Pasquale R. Diocesano Filadelfia, Pensilvania	1963 Sa	Acusado	Acusado en 1969 del abuso de una estudiante de bachillerato. La arquidiócesis lo supo, pero siguió transfiriéndolo. A fines de 2004 Catullo accedió a ser removido de la docencia y a vivir bajo supervisión, y la arquidiócesis consideró creíbles los cargos.	Fuente: *Philadelphia Grand Jury Report;* *Philadelphia Grand Jury Report* Registros: *Philadelphia Archdiocesan Priest Data Profile*
Cavalli, Vincent V. Dominicos Los Ángeles, California	1948 Sa	Demandado	Acusado de abuso entre 1966 y 1968. La arquidiócesis de Los Ángeles consigna a un acusador. Mencionado en al menos un juicio civil.	Fuente: *LA Archdiocesan Report 2.17.04 page 4* Registros: *LA Archdiocesan Report Addendum 11.15.05; LA Times Database 4.20.06*

Chalifour, Gerard F. Diocesano Manchester, New Hampshire	1952 Sa	Arreglo extrajudicial	Arreglo extrajudicial en 2002. Acusado de abuso.	Fuente: *Union Leader 11.27.02; New Hampshire AG Report* Registros: *BA.org Assignment Record with Links to Articles and Documents*
Chambers, Gerard W. Diocesano Filadelfia, Pensilvania	1934 Sa	Demandado	Tres hermanos lo demandaron en 2004 por abusos cometidos en 1954. Otro juicio en 2004 lo acusó del abuso de un menor. Murió en 1974. Durante sus 40 años de sacerdote tuvo siete «licencias por enfermedad».	Fuente: *Philadelphia Weekly 9.15.04; Philadelphia Grand Jury Report; Philadelphia Weekly 6.06.06; Daily Times 2.03.04* Registros: *Philadelphia Archdiocesan Priest Data Profile*
Chasse, Gerard J. (Jerry) Diocesano Rockville Centre, Nueva York	1971 ? Sa	Acusado	Acusado de abuso.	Fuente: *USA Today 11.11.02; Suffolk County Grand Jury Report on Priest I; Assignment records and other info* Registros: *BA.org Assignment Record and Links to Other Sources*
Cimmarrusti, Mario Franciscanos Los Ángeles, California	1956 Sa	Demandado	Acusado en 1994 de abuso en el seminario de San Antonio. Arreglos extrajudiciales en marzo de 2006. La arquidiócesis de Los Ángeles consigna a 12 acusadores por actos cometidos entre 1962 y 1969.	Fuente: *National Catholic Reporter 4.29.94; LA Times 3.14.06; LA Archdiocesan Report 2.17.04 page 4; Santa Barbara Independent 8.10.06 ; Santa Barbara News-Press 2.26.06; LA Times 3.08.06* Registros: *LA Times Database 4.20.06*
Clark, Daniel C. Diocesano Louisville, Kentucky	1980 Sa	Declarado culpable	Declarado culpable en 1988 y 2003. Abuso sexual. Un juicio acabó en arreglo extrajudicial por 300 mil dólares en abril de 2006.	Fuente: *Louisville Courier 9.29.02 (Major Account);* Fox41.com 2003; *WHAS Channel 11 4.21.06; Courier-Journal 4.21.06* Registros: *Assignment Record Compiled by Law Firm*

Clay, Christopher Sa Diocesano Scranton, Pensilvania	1998	Acusado	Destituido en 2002 como capellán y profesor de teología en el bachillerato Bishop Hafey en la municipalidad de Hazle, cuando la víctima del caso de la Sociedad de San Juan (véanse Urrutigoity y Ensey) acusó a Clay de haber abusado de él tras una cena en el condado de Monroe. Las autoridades del condado lo investigaron, pero nunca se le ha declarado procesable ni se le ha mencionado como reo de un juicio. En julio de 2004 trabajaba en la iglesia en Arlington, Texas.	Fuente: *Pensilvania Times Leader 5.26.02;* *Times Leader 7.02.04; Dallas Morning News 7.01.04; Dallas Morning News 7.01.04 (second article)* Registros: *Times Leader 7.9.06*
Cloutier, William J. Diocesano Chicago, Illinois	1975 Sa	Arreglo extrajudicial	Acusado de abuso en 1979. Destituido por fin en 1991. Juicio civil en 1991. Confesó abuso. Formó parte de un cuantioso arreglo de la arquidiócesis de Chicago en 2003, con otros 11 sacerdotes. Murió en agosto de 2003. Incluido en otro arreglo de la arquidiócesis en octubre de 2005.	Fuente: *Chicago Sun-Times 10.3.03; Chicago Archdiocesan Report 3.20.06 page 1; Chicago Tribune 10.28.05* Registros: *BA.org Assignment Record*
Coffield, John V. Diocesano Orange, California	1941 Sa	Demandado	Acusado de abuso entre 1959 y 1960. Mencionado en al menos un juicio civil. La arquidiócesis de Los Ángeles consigna a un acusador.	Fuente: *LA Archdiocesan Report 2.17.04 page 3* Registros: *LA Archdiocesan Report Addendum 11.15.05; Directory Listings Compiled by Arellano of OC Weekly; LA Times Database 4.20.06*
Cole, Kevin Sa Franciscanos Louisville, Kentucky	1952	Demandado	Al menos cinco juicios entablados en 2002. Acusado de abuso de muchachas. Murió en 1990 o 1991. Quizá haya cometido abusos también en Ohio antes de llegar a Kentucky.	Fuente: *Courier Journal 5.25.02; Courier Journal 9.29.02 (Major Account)* Registros: *Assignment Record Compiled by Law Firm*

Coleman, Joseph K. Diocesano Boston, Massachusetts	1981 Sa	Acusado	Confesó haber abusado de un niño.	Fuente: *Boston Globe 12.18.02* Registros: *Boston Archdiocesan Assignment Record;* *Another Boston Assignment Record*
Coleman, Walter Phillip Diocesano Bridgeport, Connecticut	1959 Sa	Arreglo extrajudicial	Arreglo extrajudicial en 1995. Acusado de abuso.	Fuente: *Connecticut Post 4.14.02* Registros: *Assignment Record Compiled by Law Firm*
Collins, Jeremiah J. Diocesano Boston, Massachusetts	1939 Sa	Demandado	Demandado en 2002. Acusado de abuso.	Fuente: *Boston Globe 2.11.03* Registros: *Boston Archdiocesan Assignment Record;* *Another Boston Assignment Record*
Congro, Basil Peter Diocesano Rockville Centre, Nueva York	1978 Sa	Demandado	Demandado en 2003. Acusado de abuso. Murió.	Fuente: *Newsday 4.15.03; Assignment record and other info* Registros: *BA.org Assignment Record with Links to Articles*
Connell, John K. Diocesano Boston, Massachusetts	1965 Sa	Demandado	Demandado en 2002. Acusado de abuso.	Fuente: *Boston Herald 3.29.02* Registros: *Boston Archdiocesan Assignment Record;* *Another Boston Assignment Record;* *Another; Another*

Connelly, Bernard Franciscanos Spokane, Washington	? H	Demandado	Demandado en 1993 por una mujer por abusos cometidos a principios de los 70 en la diócesis de Spokane. Recibió terapia y se fue a California. Acusado de abuso entre 1985 y 1987 en el seminario de San Antonio, arquidiócesis de Los Ángeles. Un acusador. También demandado allí. Se anunció un arreglo de este juicio el 10 de agosto de 2006	Fuente: *Spokesman-Review 1.24.93; LA Archdiocesan Report Addendum 11.15.05; Santa Barbara Independent 8.10.06* Registros: *LA Times Database 4.20.06*
Conte, Denis A Diocesano Boston, Massachusetts	1975 Sa	Arreglo extrajudicial	Arreglo extrajudicial en 1995 por 150 mil dólares.	Fuente: *Boston Globe 12.10.02* Registros: *Boston Archdiocesan Assignment Record*
Coonan, James J. Diocesano Filadelfia, Pensilvania	1965 Sa	Acusado	Acusado en 2002 del abuso de dos muchachos de 14 años en 1966 o 1967. Ejerce el sacerdocio con restricciones permanentes y vive bajo supervisión.	Fuente: *Philadelphia Grand Jury Report; Philadelphia Grand Jury Report, Appendix A* Registros: *Philadelphia Archdiocesan Priest Data Profile*
Corbin, Andre Anthony Diocesano Raleigh, Carolina del Norte	1961 Sa	Declarado culpable	Declarado culpable en 1989 de abuso sexual. Además, se antabló un juicio en su contra en Springfield, Massachusetts.	Fuente: *Springfield Republican 10.11.04* Registros: *Detailed BA.org Assignment Record*

Corral, Andrés S. Diocesano Los Ángeles, California	? Sa	Acusado	Acusado de abuso en 1981. La arquidiócesis de Los Ángeles consigna a un acusador. Sacerdote externo de Filipinas empleado en la arquidiócesis.	Fuente: *LA Archdiocesan Report 2.17.04 page 4* Registros: *LA Times Database 4.20.06*
Cosgrove, John V. Diocesano Los Ángeles, California	1955 Sa	Demandado	Acusado de abuso entre 1979 y 1980. Murió en 1989. La arquidiócesis de Los Ángeles consigna a un acusador. Nombrado en al menos un juicio civil.	Fuente: *LA Archdiocesan Report 2.17.04 page 1* Registros: *LA Archdiocesan Report Addendum 11.15.05; LA Times Database 4.20.06*
Cote, Joseph A. Diocesano Manchester, New Hampshire	? Sa	Acusado	Acusado de abuso.	Fuente: *Fosters Daily Democrat 2.15.02* Registros: *BA.org Assignment Record with Links to Articles and Documents; Manchester Diocesan Assignment and File Summary*
Cotter, John N. Diocesano Boston, Massachusetts	1960 Sa	Arreglo extrajudicial	Arreglo extrajudicial por 800 mil dólares. Múltiples victimas. Acusado de abuso. Murió.	Fuente: *Boston Globe 1.10.03* Registros: *Boston Archdiocesan Assignment Record*
Cotter, Patrick J. Diocesano Los Ángeles, California	1957 Sa	Demandado	Demandado en 2003. Acusado de abusos cometidos entre 1963 y 1964. La arquidiócesis de Los Ángeles consigna a dos acusadores.	Fuente: *Pasadena Star-News 11.21.03; LA Times 8.18.02; LA Archdiocesan Report 2.17.04 page 1* Registros: *LA Archdiocesan Report Addendum 11.15.05; LA Times Database 4.20.06*
Coughlin, Richard T. Diocesano Boston, Massachusetts	1953 Sa	Acusado	Acusado de abuso en Boston, Massachusetts, y luego en California (Los Ángeles y Orange). La arquidiócesis de Los Ángeles consigna a seis acusadores.	Fuente: *Boston Globe 4.3.93; Boston Globe 1.28.02; LA Archdiocesan Report 2.17.04 page 3; Boston Victim's Account* Registros: *Boston Archdiocesan Assignment Record; LA Archdiocesan Report Addendum 11.15.05; Directory Listings Compiled by Arellano of OC Weekly; LA Times Database 4.20.06*

Cousineau, R. David Diocesano Los Ángeles, California	1972 Sa	Demandado	Acusado de abusos cometidos entre 1970 y 1973. La arquidiócesis de Los Ángeles consigna a un acusador. Mencionado en al menos un juicio civil. Suspendido del sacerdocio en 1994, luego de que se casó.	Fuente: *LA Archdiocesan Report 2.17.04 page 1* Registros: *LA Archdiocesan Report Addendum 11.15.05; LA Times Database 4.20.06*
Craig, Robert Diocesano Chicago, Illinois	1974 Sa	Demandado	Acusado según la lista de la arquidiócesis del 20 de marzo de 2006. Renunció en octubre de 1993. Demanda entablada el 6 de abril de 2006. Varias de sus víctimas conocidas lo acusan de abusos cometidos entre 1982 y 1990. Arreglo previo alcanzado en 1989.	Fuente: *Chicago Archdiocesan Report 3.20.06 page 1; Chicago Tribune 4.07.06; The Times (Chicago) 4.07.06; Renew America 4.08.06* Registros: *BA.org Assignment Record*
Creagh, Thomas P. Diocesano Louisville, Kentucky	1967 Sa	Arreglo extrajudicial	La arquidiócesis supo del abuso de un adolescente en 1983 y aportó 10 mil dólares al arreglo con la víctima. Se entablaron cuatro juicios en 2002 (incluido uno del adolescente citado), acusándolo de abusos cometidos entre 1983 y 1997, y lo removieron de la parroquia. Pasó algún tiempo en una parroquia de Florida después del arreglo original.	Fuente: *Courier-Journal 9.29.02; Archbishop Kelly 1983 memos re Creagh; Naples Daily News 4.28.03; Courier-Journal 5.14.03 ; Courier-Journal 4.09.03 (in collection of articles)* Registros: *Assignment Record Compiled by Law Firm*
Creed. C. Patrick Diocesano Louisville, Kentucky	1951 Sa	Demandado	Demandado. Acusado de abuso. Murió.	Fuente: *Courier-Journal 1.23.03* Registros: *Assignment Record Compiled by Law Firm*
Creighton, Gerald E. Diocesano Boston, Massachusetts	1951 Sa	Arreglo extrajudicial	Arreglo extrajudicial. Acusado de abuso. Transferido 20 veces. La acción legal se suspendió a causa del plazo de prescripción del delito.	Fuente: *Boston Globe 12.18.02* Registros: *Boston Archdiocesan Assignment Record; Addendum to Assignment Record; Other Boston Archdiocesan Assignment Record*

Cremins, Daniel J. Diocesano Los Ángeles, California	1965 Sa	Acusado	Acusado de abuso entre 1965 y 1971. Murió. La arquidiócesis de Los Ángeles consigna a un acusador.	Fuente: *LA Archdiocesan Report 2.17.04 page 1* Registros: *LA Times Database 4.20.06*
Cronin, Sean Diocesano Los Ángeles, California	1967 Sa	Demandado	Ordenado en Irlanda en 1967 y transferido a la arquidiócesis de Los Ángeles en 1972. Demandado en 2003. Acusado de abusos cometidos entre 1972 y 1980. La arquidiócesis de Los Ángeles consigna a dos acusadores.	Fuente: *Los Angeles Times 2.7.04; LA Archdiocesan Report 2.17.04 page 1* Registros: *LA Archdiocesan Report Addendum 11.15.05; LA Times Database 4.20.06*
Cruces, Ángel Diocesano Los Ángeles, California	1961 Sa	Demandado	Demandado en 1983. Acusado del abuso de una muchacha. La arquidiócesis de Los Ángeles consigna a un acusador. Sacerdote externo de Filipinas empleado en la arquidiócesis desde 1997.	Fuente: *Associated Press 2.8.84; Milla v. Tamayo, 187 Cal.App.3d 1453; LA Archdiocesan Report 2.17.04 page 4* Registros: *LA Archdiocesan Report Addendum 11.15.05; LA Times Database 4.20.06*
Crynes, J. Peter Diocesano Scranton, Pensilvania	1967 Sa	Acusado	Se le concedió licencia en mayo de 2006 tras acusaciones de mala conducta sexual con dos mujeres antes de 1994. No hay informes sobre la edad de las mujeres en el momento de la «mala conducta».	Fuente: *Times Leader 5.31.06; Scranton Times-Tribune 5.31.06; WNEP 5.31.06; Citizens Voice 5.31.06* Registros: *Times Leader 7.9.06*
Cudemo, Nicholas V Diocesano Filadelfia, Pensilvania	1963 Sa	Acusado	Acusado de abuso de entre 11 y 16 chicas, incluidas tres primas, en los años 60 y 70. La arquidiócesis supo del abuso en 1991. Se le concedió licencia en 1996. Secularizado en 2005.	Fuente: *Philadelphia Grand Jury Report; Philadelphia Inquirer 9.18.05; Philadelphia Grand Jury Report; Philadelphia Grand Jury Report* Registros: *Philadelphia Archdiocesan Priest Data Profile*

Cummings, William J. Diocesano Boston, Massachusetts	? Sa	Demandado	Juicio en 2002. Acusado del abuso de un muchacho. Murió.	Fuente: *Boston Herald 4.24.02* Registros: *Boston Archdiocesan Assignment Record;* *List of priests and pastors for Our Lady Help of Christians, Newton Massachusetts*
Curran, John William Diocesano Chicago, Illinois	1957 Sa	Acusado	Acusado de abuso. Murió en marzo de 2000. Incluido en un arreglo extrajudicial de la arquidiócesis en octubre de 2005.	Fuente: *Daily Southtown (Illinois) 11.22.94;* *Chicago Archdiocesan Report 3.20.06 page 2; Chicago Tribune 10.28.05* Registros: *BA.org Assignment Record*
Curran, Thomas M. Diocesano Boston, Massachusetts	1970 Sa	Acusado	Destituido en 2002. Acusado de abuso.	Fuente: *Archdiocese Press Release 8.3.02* Registros: *Boston Archdiocesan Assignment Record*
Daley, Wallace J. Diocesano Los Ángeles, California	1955 Sa	Demandado	Acusado de abuso entre 1957 y 1963. Murió en 1980. Mencionado en al menos un juicio civil.	Fuente: *LA Archdiocesan Report 2.17.04 page 1* Registros: *LA Archdiocesan Report Addendum 11.15.05; LA Times Database 4.20.06*
Davis, Charles J. Diocesano Camden, Nueva Jersey	1962 Sa	Acusado	Acusado del abuso de una víctima varón; se ignoran los detalles. Transferido a la diócesis de Trenton en 1966. Luego ejerció en Brasil y como capellán del Ejército. Destituido en diciembre de 2002. El asunto se turnó al Vaticano y luego de nuevo a un tribunal eclesiástico de Camden.	Fuente: *Camden diocesan tribunal correspondence 2003-2005; Philadelphia Inquirer 10.16.05* Registros: *Detailed BA.org Assignment Record*

Dawson, John H. Diocesano Los Ángeles, California	1967 Sa	Demandado	Obtuvo licencia por enfermedad en 1993 tras las acusaciones, y licencia de suspensión de actividades en 1995. Acusado del abuso de al menos 10 víctimas en los años 70 y 80. Mencionado en al menos un juicio civil.	Fuente: *LA Archiocesan Report 2.17.04 page 1; USA Today 11.11.02; LA Times 8.18.02* Registros: *LA Archdiocesan Report Addendum 11.15.05; LA Times Database 4.20.06*
Murióy, John P. Diocesano Los Ángeles, California	1939 Sa	Demandado	Acusado en 2002 de abusos cometidos entre 1956 y 1957. Murió en 1989. Mencionado en al menos un juicio.	Fuente: *LA Archdiocesan Report 2.17.04 page 1* Registros: *LA Archdiocesan Report Addendum 11.15.05; LA Times Database 4.20.06*
Dedera, Phillip J. Diocesano Joliet, Illinois	1972 Sa	Demandado	Destituido del ministerio en 2002. Acusado de abuso. La Iglesia declaró creíble la acusación. Demandado en 2006 por una persona que lo acusa de abusos cometidos entre 1975 y 1976.	Fuente: *Chicago Tribune 4.28.06; Joliet Diocese Press Release 4.09.06; NBC5.com 4.27.06* Registros: *Herald News 4.28.06*
DeJonghe, Harold J. Diocesano Los Ángeles, California	1957 Sa	Demandado	Demandado en 2003. Acusado del abuso de una persona entre 1980 y 1982. Murió en 1998. La arquidiócesis dice haber investigado y que las acusaciones son infundadas.	Fuente: *Burbank Leader 2.7.04; La Archdiocesan Report 2.17.04 page 1* Registros: *LA Archdiocesan Report Addendum 11.15.05; LA Times Database 4.20.06*
Delahunty, Richard Diocesano Orange, California	1965 Sa	Arreglo extrajudicial	Arreglo extrajudicial en 2005. Acusado de abuso. Reinstalado en el ministerio.	Fuente: *LA Times 1.4.05* Registros: *Directory Listings Compiled by Arellano of OC Weekly*
DeLisle, Harold F. Diocesano Los Ángeles, California	< 1967 Sa	Acusado	Acusado del abuso de dos personas entre 1967 y 1977. Ausente con licencia desde 1980. Murió.	Fuente: *LA Archdiocesan Report 2.17.04 page 1* Registros: *LA Times Database 4.20.06*

Delli Carpini, John J. Diocesano Filadelfia, Pensilvania	1976 Sa	Acusado	Acusado del abuso de dos menores durante varios años, tanto antes del seminario como después de ordenado. Se le concedió licencia en 1998 y luego volvió al sacerdocio. Nueva licencia en 2004 y secularizado en 2005.	Fuente: *Philadelphia Grand Jury Report;* *Philadelphia Grand Jury Report;* *Philadelphia Inquirer 9.09.05; Philadelphia Inquirer 9.18.05* Registros: *Philadelphia Archdiocesan Priest Data Profile*
DePaoli, Edward M. Diocesano Filadelfia, Pensilvania	1970 Sa	Declarado culpable	Declarado culpable en 1986 de posesión de pornografía infantil. Condena suspendida de un año de cárcel. Ejerció el «ministerio con restricciones extremas» hasta 2002, pero se extralimitó a causa de un «colapso de comunicaciones». Acusado en 2002 del abuso de una niña de 14 años en 1970. Se le concedió licencia. En 2004 se hallaron creíbles las acusaciones. Secularizado en 2005.	Fuente: Filadelfia Inquirer 12.19.02; *Philadelphia Inquirer 9.18.05;* *Philadelphia Grand Jury Report;* *Philadelphia Grand Jury Report* Registros: *Philadelphia Archdiocesan Priest Data Profile*
DeRoeck, Walter George Diocesano Chicago, Illinois	1971 Sa	Acusado	Suscitó sospechas en 1999. Acusado de abuso. Renunció en agosto de 2001.	Fuente: *Chicago Tribune 3.31.99; Chicago Archdiocesan Report 3.20.06 page 2; Chicago Sun-Times 1.17.03* Registros: *BA.org Assignment Record*
Deshan, Joseph Michael Diocesano Bridgeport, Connecticut	? Sa	Arreglo extrajudicial	Arreglo extrajudicial en 2003. Acusado del abuso de una niña de 14 años.	Fuente: *Connecticut Post 10.16.03* Registros: *Assignment Record Compiled by Law Firm*
Devaney, James S.T. (Trinitarios) Los Ángeles, California	? Sa	Demandado	Acusado en un juicio de (2003) de haber abusado de una persona entre 1968 y 1970.	Fuente: *LA Archdiocesan Report Errata Notice # 1* Registros: *LA Times Database 4.20.06*

Dever, Gerard V. Diocesano Boston, Massachusetts	1971 Sa	Acusado	Acusado de abuso.	Fuente: *Boston Globe 2.7.03* Registros: *Boston Archdiocesan Assignment Record*
Deyo, Paul A. Diocesano Davenport, Iowa	1976 Sa	Acusado	Acusado en 2004 del abuso de un menor en 1998. La diócesis consideró creíbles las acusaciones. Secularizado voluntariamente en mayo de 2006.	Fuente: *Iowa City Press Citizen 8.30.04; Iowa City Press Citizen (AP) 5.12.06* Registros: *Detailed BA.org Assignment Record*
Diamond, Martin J. Diocesano Davenport, Iowa	? Sa	Demandado	Demandado en 2003. Acusado de abuso. Murió.	Fuente: *Des Moines Register 7.19.03* Registros: *Detailed BA.org Assignment Record*
Murióerich, Dominic A. Diocesano Chicago, Illinois	1917 Sa	Acusado	Acusado de abuso en 2006. Murió en 1977.	Fuente: *Chicago Tribune 2.1.06* Registros: *BA.org Assignment Record*
Diesta, Arwyn N. Diocesano Los Ángeles, California	1978 Sa	Acusado	Acusado en 1992 del abuso de una persona entre 1982 y 1988. Sacerdote externo de Filipinas empleado en la arquidiócesis. Volvió a Filipinas en 1988.	Fuente: *LA Archdiocesan Report 2.17.04 page 4* Registros: *LA Archdiocesan Report Addendum 11.15.05; LA Times Database 4.20.06*
Dilla, Francis Emil Diocesano Chicago, Illinois	1953 Sa	Acusado	Recién identificado como abusador en el informe de la arquidiócesis del 20 de marzo de 2006. Murió en febrero de 2005.	Fuente: *Chicago Archdiocesan Report 3.20.06 page 2* Registros: *BA.org Assignment Record*

DiPeri, Joseph B. Diocesano Los Ángeles, California	1956 Sa	Acusado	Acusado de abuso cometido hacia 1976. Sacerdote externo de Newark, Nueva Jersey, empleado en la arquidiócesis.	Fuente: *LA Archdiocesan Report 2.17.04 page 4* Registros: *LA Times Database 4.20.06*
Dobbins, Dan Congregación de la Santa Cruz Ninguna	? H	Demandado	Mencionado en 2006 en la base de datos del *Los Angeles Times* por abusos cometidos entre 1979 y 1980 en el rancho San Antonio en Chatsworth. Incluido en al menos un juicio civil.	Fuente: *LA Times Database 4.20.06* Registros: *LA Times Database 4.20.06*
Dober, Edward Diocesano Los Ángeles, California	1976 Sa	Demandado	Demandado en 2003. Acusado de abuso. En 2002 la arquidiócesis concluyó: «Las acusaciones contra el padre Dober son infundadas». Aún activo.	Fuente: *Los Angeles Times 2.7.04; LA Archdiocesan Report 2.17.04 page 1* Registros: *LA Archdiocesan Report Addendum 11.15.05; LA Times Database 4.20.06*
Doherty, John B. Diocesano Los Ángeles, California	1939 Sa	Demandado	Acusado del abuso de una persona entre 1967 y 1969. En 2003 se entabló el juicio (donde el nombre se escribe Dougherty). Se jubiló en 1987. Murió en 2002.	Fuente: *LA Archdiocesan Report 2.17.04 page 1* Registros: *LA Archdiocesan Report Addendum 11.15.05; LA Times Database 4.20.06*
Doherty, Neil Diocesano Miami, Florida	1969 Sa	Demandado	Destituido en 2002. Demandado en 2003. Acusado del abuso de cuatro o cinco niños. La Iglesia conoce su historia desde alrededor de 1979, cuando se presentó la primera queja. Arreglo extrajudicial por 50 mil dólares en 1994. Otro juicio entablado en 2005 lo acusa del abuso de un niño de 11 durante unos cinco, empezando en 1997. Aprehendido en 2006. Juicio(s) terminado(s) por arreglo en 2006.	Fuente: *Miami Herald 8.04.06; Sun-Sentinel 3.21.06; Centre Daily 7.08.06; Miami Herald 3.22.06 ; Miami Herald 1.28.06; CBS4 1.27.06; Miami Herald 10.23.03; Miami Herald 9.07.05; Sun-Sentinel 8.18.05; Miami Herald 2.10.06; Sun-Sentinel 7.20.06; Miami Herald 7.21.06; Miami Herald 7.22.06 ; Sun-Sentinel 7.25.06; Miami Herald 8.01.06* Registros: *Miami Herald 7.22.06*
Dolan, James E. Diocesano Los Ángeles, California	1925 Sa	Demandado	Acusado del abuso de una víctima en 1962. Murió en 1974. Mencionado en un juicio civil.	Fuente: *LA Archdiocesan Report 2.17.04 page 1* Registros: *LA Archdiocesan Report Addendum 11.15.05; LA Times Database 4.20.06*

Donnelly, Thomas D. Diocesano Boston, Massachusetts	1961 Sa	Acusado	Acusado en mayo de 2000 de agresiones sexuales repetidas de una niña de entre seis y 11 años de 1974 a 1979. Se le acusa del abuso de ésta y otras niñas en dos parroquias de Boston y durante viajes a New Hampshire. Obtuvo licencia para ausentarse en 1981. Algunos documentos de Boston afirman que después se casó, pero esto puede ser falso. Donnelly negó la acusación. Un memorando del 31 de mayo de 2001 indica que la arquidiócesis la consideró creíble.	Fuente: *Higgins Memo 2.14.01; Higgins Memo 5.31.01; Donnelly Letter to Law 2.6.02* Registros: *Boston Archdiocesan Assignment Record*
Donofrio, Michael J. Diocesano Filadelfia, Pensilvania	1976 Sa	Demandado	Demandado en 2003. Acusado del abuso de un niño de 12 años en 1982 y 1983. La arquidiócesis recibió aviso en 2002. Donofrio trabajaba en Perú. En 2003 lo destituyeron de ese cargo y le concedieron una licencia restringida. El asunto se ha turnado al Vaticano.	Fuente: *Filadelfia Inquirer 4,29.03; Philadelphia Grand Jury Report; Philadelphia Inquirer 5.05.03* Registros: *Philadelphia Archdiocesan Priest Data Profile*
Donovan, William D. Diocesano Bridgeport, Connecticut	1961 Sa	Arreglo extrajudicial	Arreglo extrajudicial en 2003. Renunció. Acusado de mala conducta sexual.	Fuente: *Connecticut Post 10.16.03* Registros: *Assignment Record Compiled by Law Firm*
Dougherty, William J. Diocesano Filadelfia, Pensilvania	1969 Sa	Acusado	Acusado del abuso de una estudiante de bachillerato. Con licencia administrativa desde septiembre de 1999. Las acusaciones se hallaron creíbles en 2004. Ejerce con severas restricciones. Ha pedido la secularización voluntaria al Vaticano.	Fuente: *Philadelphia Grand Jury Report; Philadelphia Grand Jury Report; Philadelphia Inquirer 9.25.05* Registros: *Philadelphia Archdiocesan Priest Data Profile*

222

Dowd, Francis Redentoristas Los Ángeles, California	? Sa	Demandado	Acusado del abuso de una niña en 1963 y 1964. Juicio civil entablado en diciembre de 2003.	Fuente: *LA Archdiocesan Report 2.17.04 page 4* Registros: *LA Times Database 4.20.06*
Dowling, Philip J. Diocesano Filadelfia, Pensilvania	1956 Sa	Acusado	Acusado del abuso de dos grupos de hermanas. Se impusieron restricciones permanentes a su ministerio en 2005.	Fuente: *Philadelphia Grand Jury Report; Editor and Publisher (AP) 3.28.05; Philadelphia Inquirer 7.18.05; Philadelphia Grand Jury Report* Registros: *Philadelphia Archdiiocesan Priest Data Profile*
DuFour, Donald J. Hermanos de la Santa Cruz de Texas Los Ángeles, California	? H	Demandado	Acusado por una persona de abusos cometidos entre 1977 y 1979. Mencionado en un juicio civil.	Fuente: *LA Archdiocesan Report Addendum 11.15.05* Registros: *LA Times Database 4.20.06*
Duggan, Albert J. Diocesano Los Ángeles, California	1932 Sa	Demandado	Demandado en 2003. Acusado del abuso de tres víctimas entre 1963 y 1971. Murió en 1979.	Fuente: *Pasadena Star-News 11.21.03; LA Archdiocesan Report 2.17.04 page 1* Registros: *LA Archdiocesan Report Addendum 11.15.05; LA Times Database 4.20.06*
Duggan, Jeremiah C. Diocesano Chicago, Illinois	1955 Sa	Arreglo extrajudicial	Presuntos abusos en los años 70 y 80. Incluido en un arreglo extrajudicial de la arquidiócesis el 28 de octubre de 2005. Murió.	Fuente: *Chicago Tribune 10.28.05* Registros: *BA.org Assignment Record*
Dunne, Peter J. Diocesano Filadelfia, Pensilvania	1954 Sa	Acusado	Acusado del abuso de tres adolescentes varones y un niño cuya edad se ignora. La diócesis supo de los abusos en 1986. Enviado a terapia y luego transferido. Se jubiló en 1995. En 2004 le impusieron restricciones permanentes de ministerio, sin ninguna facultad.	Fuente: *Philadelphia Grand Jury Report; Philadelphia Grand Jury Report* Registros: *Philadelphia Archdiocesan Priest Data Profile*

Duplessius, Donald Orden de Hermanos Siervos de María Los Ángeles, California	? Sa	Demandado	Acusado por una persona de abusos cometidos entre 1968 y 1970. Se entabló un juicio.	Fuente: *LA Archdiocesan Report Addendum 11.15.05* Registros: *LA Times Database 4.20.06*
Dupre, Thomas L. (obispo) Diocesano Springfield, Massachusetts	1959 H	Demandado	Obispo. Acusado en 2004 del abuso de dos jóvenes de 20 años en tiempos anteriores. Renunció el mismo día y fue enviado a St. Luke's, donde en junio de 2006 parecía seguir bajo tratamiento. Demandado en 2004. Un jurado de acusación lo declaró procesable por dos cargos de violación en 2004, pero no lo enjuiciaron porque había prescrito el plazo para hacerlo.	Fuente: *Springfield Republican 2.11.04; Springfield Republican 7.22.06; Springfield Republican 3.28.04; Springfield Republican 3.12.04 ; BA.org compulation of accused in Springfield Diocese; Springfield Republican 8.03.04; Boston Globe 9.30.03; Springfield Republican 2.06.05; Springfield Republican 10/23/05; Dallas Morning News 6.12.02* Registros: *Springfield Republican 9.28.04*
Durkin, Thomas J. Diocesano Filadelfia, Pensilvania	1964 Sa	Acusado	Acusado del abuso de ocho víctimas, en su mayoría varones preadolescentes, entre 1964 y 1966. Dejó el ministerio activo en 1968. Secularizado en 2005.	Fuente: *Philly Grand Jury Report; Archdiocesan of Philadelphia Press Release* Registros: *Philadelphia Archdioncesan Priest Data Profile*
Dux, James M. Diocesano Filadelfia, Pensilvania	1948 Sa	Acusado	Acusado del abuso de numerosos niños, en su mayoría varones. «Se jubiló» en 1994. Se impusieron restricciones a su ministerio en 1995. En 2004 las acusaciones se hallaron creíbles y le impusieron restricciones permanentes. Vive bajo supervisión.	Fuente: *Philadelphia Grand Jury Report; Philadelphia Inquirer 9.18.05* Registros: *Philadelphia Archdiocesan Priest Data Profile*

Dwyer, Leo V.	1932	Acusado	Acusado de abuso.	Fuente: *Boston Globe 12.17.02* Registros: *Boston Archdiocesan Assignment Record*
Diocesano Boston, Massachusetts	Sa			
Emo, Eugene G. Diocesano Rochester, Nueva York	? Sa	Declarado culpable	Declarado culpable en 1997. Violó la libertad condicional. Lo liberaron en 2001.	Fuente: *Associated Press 11.10.99* Registros: *Democrat & Chronicle 2.17.96*
English, Thomas Patrick Diocesano Los Ángeles, California	1927 Sa	Demandado	Demandado en 2003. Acusado de abuso. Murió en 1975. La arquidiócesis concluyó que las acusaciones eran infundadas.	Fuente: *Pasadena Star-News 11.21.03; LA Archdiocesan Report 2.17.04 page 1* Registros: *LA Archdiocesan Report Addendum 11.15.05; LA Times Database 4.20.06*
Ensey, Eric Sociedad de San Juan Scranton, Pensilvania	1995 Sa	Demandado	En diciembre de 2001 se reveló que Ensey y el padre Carlos Urrutigoity habían sido acusados de mala conducta sexual con un estudiante de 16 años. Los suspendieron en enero de 2002. El estudiante demandó en marzo de 2003; el juicio terminó con un arreglo de 455 mil dólares en 2005. Ensey vive en Paraguay desde marzo de 2006.	Fuente: *Dallas Morning News 6.12.02; River Reporter 2.6.03; River Reporter 3.9.06; Times Leader 7.9.06; Times-Leader 3.24.04; Catholic News Service 12.01.04; Times Leader 10.08.04; Citizens Voice 5.10.05; Times Leader 2.25.06* Registros: *Times Leader 7.9.06*
Epperson, Mark Salesianos Los Ángeles, California	? H	Demandado	Demandado. Acusado del abuso de una víctima entre 1980 y 1982. Mencionado en la adenda de un informe de la arquidiócesis de Los Ángeles.	Fuente: *LA Archdiocesan Report Addendum 11.15.05* Registros: *LA Times Database 4.20.06*

Eremito, Anthony Joseph Diocesano Nueva York, Nueva York	1967 Sa	Acusado	Destituido del ministerio activo en 1992. Privado de facultades en 2002. Emprendió acción judicial contra la presunta víctima. Trabajó en Nueva Jersey entre 1997 y 1998, y en Lubbock, Texas, de 1998 a 2002. Trabajaba como consejero de duelo en un hospicio hasta que en 2006 lo removieron.	Fuente: *USA Today 11.11.02; Philadelphia Inquirer 1.05.06; Yahoo! News 1.04.06; New York Times 10.04.02 ; Asbury Park Press 3.16.03* Registros: *BA.org Summary of Directory Entries*
Falvey, Mark A. Jesuitas Los Ángeles, California	1928 Sa	Acusado	En 2002 y 2003, tres personas lo acusaron de abusos cometidos en los años 50 y 60. Mencionado en al menos un juicio civil. Murió en 1975.	Fuente: *LA Archdiocesan Report 2.17.04 page 4* Registros: *LA Archdiocesan Report Addendum 11.15.05; LA Times Database 4.20.06*
Farabaugh, Clint Orden de la Preciosa Sangre Los Ángeles, California	1955 Sa	Acusado	Acusado de abuso. Murió.	Fuente: *LA Archdiocesan Report 2.17.04 page 4* Registros: *LA Times Database 4.20.06*
Farmer, Donald G. Diocesano Los Ángeles, California	1963 Sa	Acusado	Acusado del abuso de cuatro personas en 1966. Se le imputaron 14 cargos graves. Los cargos se desecharon en 2003 cuando la Suprema Corte prevaleció sobre la ley de California. Mencionado en un juicio civil. Dejó el sacerdocio.	Fuente: *LA Archdiocesan Report 2.17.04; Press-Enterprise 7.11.03; LA Times 7.02.03* Registros: *LA Times Database 4.20.06*
Farris, John V. Vicentinos Los Ángeles, California	? Sa	Demandado	Demandado en 2003. Acusado de abuso de un menor entre 1951 y 1954. Murió.	Fuente: *The Wander 1.8.04; LA Archdiocesan Report 2.17.04 page 4* Registros: *LA Times Database 4.20.06*
Fassbinder, Richard Wayne Diocesano Chicago, Illinois	1953 Sa	Acusado	Destituido en 2002. Acusado de abuso. Murió en mayo de 2004. Su nombre también figura en una lista de abusadores emitida por la arquidiócesis en 2003.	Fuente: *Chicago Tribune 4.10.02; Chicago Archdiocesan Report 3.20.06 page 2; Chicago Sun-Times 1.17.03* Registros: *BA.org Assignment Record*

ANEXO

Fatooh. Charles Marianistas Los Ángeles, California	? H	Demandado	Acusado en un juicio del abuso de una víctima en 1973 y 1974.	Fuente: *LA Archdiocesan Report.Addendum 11.15.05* Registros: *LA Times Database 4.20.06*
Faue, Mathias Benedictinos Los Ángeles, California	1951 Sa	Acusado	Acusado de abusos cometidos en 1963. Mencionado en al menos un juicio civil.	Fuente: *LA Archdiocesan Report 2.17.04 page 4* Registros: *LA Times Database 4.20.06*
Fay, Robert D. Diocesano Boston, Massachusetts	1967 Sa	Demandado	Demandado. Acusado de abuso. Contrademandó a la presunta víctima.	Fuente: *Middlesex Court case file 2002-02685* Registros: *Boston Archdiocesan Assignment Record*
Federici, Martin J. Diocesano Bridgeport, Connecticut	1966 Sa	Arreglo extrajudicial	Arreglo extrajudicial en 1999. Acusado de abuso. Dejó el sacerdocio.	Fuente: *Connecticut Post 5.28.03* Registros: *Assignment Record Compiled by Law Firm*
Feely, Theodore Franciscanos con- ventuales Chicago, Illinois	1958 Sa	Demandado	Demandado. Acusado de abuso en Illinois entre 1968 y 1972. Después ejerció en California y Nevada. Murió en 1991.	Fuente: *Press-Enterprise (California) 1.19.05; Rock River Times 7.20.05; Bondick Testimony 11.22.05* Registros: *Detailed BA.org Assignment Record*
Fernando, Arthur (Arturo) N. Diocesano Los Ángeles, California	? Sa	Demandado	Acusado del abuso de una persona entre 1973 y 1975. Mencionado en al menos un juicio civil.	Fuente: *LA Archdiocesan Report 2.17.04 page 3* Registros: *LA Times Database 4.20.06*

Fernando, Walter Diocesano Los Ángeles, California	1973 Sa	Demandado	Ordenado en 1973 en Sri Lanka. Sacerdote temporal en Los Ángeles en 1981. Admitido en la diócesis de Los Ángeles en 1986. Demandado en 2003. Acusado del abuso de una joven de 17 años en 1980 y 1981. Se le concedió licencia en 2004.	Fuente: *Los Angeles Times 2.07.04; LA Archdiocesan Report 2.17.04 page 1; Los Angeles Times 1.14.04; LA Times 8.18.02* Registros: *LA Archdiocesan Report Addendum 11.15.05; LA Times Database 4.20.06*
Fessard, Gerald B. Diocesano Los Ángeles, California	1972 Sa	Declarado culpable	Declarado culpable en 1987 de agresión contra un niño. Condenado a tres años de libertad condicional. Demandado en 2003 por presunto abuso.	Fuente: *National Catholic Reporter 8.30.02; LA Archdiocesan Report 2.17.04 page 1; LA Times 8.18.02* Registros: *LA Archdiocesan Report Addendum 11.15.05; LA Times Database 4.20.06*
Finegan, Paul J. Diocesano Boston, Massachusetts	1970 Sa	Acusado	Secularizado en 2006. Acusado en 1980 de abusar de dos niñas; en 1989 se repitió la queja en relación con las mismas niñas, incluidos detalles de contacto sexual piel con piel y los nombres de otras tres posibles víctimas; tratado en Southdown y restituido al ministerio; destituido en 2002 cuando una monja informó al cardenal Law de que un «joven digno de crédito» le había dicho que habían abusado de él cuando era menor.	Fuente: *Boston Herald 2.4.02; Selected Boston archdiocesan documents; Catholic Online 3.17.06* Registros: *Boston Archdiocesan Assignment Record*
Fitzharris, Joseph L. Diocesano Chicago, Illinois	1962 Sa	Acusado	Destituido en 1993. Acusado de abuso. Renunció en enero de 1995.	Fuente: *Chicago Tribune 3.10.92; Chicago Archdiocesan Report 3.20.06 page 2; Chicago Tribune 11.24.91* Registros: *BA.org Assignment Record*
Fitzpatrick, James J. Diocesano Los Ángeles, California	? Sa	Acusado	Acusado de abusos cometidos en 1967 y 1968. Murió. Sacerdote externo de Texas empleado en la arquidiócesis.	Fuente: *LA Archdiocesan Report 2.17.04 page 4* Registros: *LA Times Database 4.20.06*

Fitzpatrick, Thomas Q. Diocesano Los Ángeles, California	1976 Sa	Acusado	Acusado del abuso de una persona en 1987.	Fuente: *LA Archdiocesan Report 2.17.04 page 1* Registros: *LA Times Database 4.20.06*
Flosi, James Vincent Diocesano Chicago, Illinois	1971 Sa	Demandado	Demandado en 2005. Acusado de abuso. Renunció en julio de 1992.	Fuente: *Chicago Tribune 3.3.05; Chicago Archdiocesan Report 3.20.06 page 2* Registros: *Chicago Tribune 3.3.05; BA.org Assignment Record*
Foley, George Sagrado Corazón Los Ángeles, California	1963 Sa	Demandado	Ordenado en Irlanda. Acusado en 2002 del abuso de una niña entre 1971 y 1974 mientras tenía relaciones sexuales con la madre. La arquidiócesis supo en 1974 de las acusaciones sobre su involucramiento con mujeres. Dejó la orden y la arquidiócesis en 1974. Mencionado en un juicio civil en 2003.	Fuente: *LA Archdiocesan Report 2.17.04 page 4* Registros: *LA Archdiocesan Report Addendum 11.15.05; LA Times Database 4.20.06*
Foley, James D. Diocesano Boston, Massachusetts	1960 Sa	Acusado	Confesó haber abandonado a una mujer que murió de una sobredosis.	Fuente: *Boston Globe 12.6.02* Registros: *Boston Archdiocesan Assignment Record*
Foley, James J. Diocesano Boston, Massachusetts	1978 Sa	Acusado	Acusado de abuso.	Fuente: *Boston Globe 12.12.02* Registros: *Boston Archdiocesan Assignment Record; Other Boston Assignment Record with New Mexico Job; Other Boston Assignment Record with New Mexico Job*
Ford, James M. Diocesano Los Ángeles, California	1966 Sa	Arreglo extrajudicial	Un juicio civil terminó en arreglo en 2005. Acusado de abuso entre 1968 y 1971. La arquidiócesis investigó y no halló fundamento para la acusación.	Fuente: *Los Angeles Times 1.4.05; LA Archdiocesan Report 2.17.04 page 1; Los Angeles Times 2.07.04; Press-Enterprise 9.19.05* Registros: *LA Archdiocesan Report Addendum 11.15.05; LA Times Database 4.20.06*

Foster, Michael Smith Diocesano Boston, Massachusetts	1980 Sa	Acusado	Acusado de abuso. El sacerdote fue reinstalado en su cargo, pero persiste la acusación.	Fuente: *Boston Globe 12.28.02* Registros: *Boston Archdiocesan Assignment Record*
Friese, Robert Diocesano Chicago, Illinois	1978 Sa	Declarado culpable	Declarado culpable en 1985. Abuso sexual. Libertades indecentes con un niño. Renunció en 1985.	Fuente: *Chicago Tribune 12.12.92; Chicago Archdiocesan Report 3.20.06 page 2; Chicago Tribune 11.16.85; Chicago Tribune 1.16.86* Registros: *BA.org Assignment Record*
Frost, Peter J. Diocesano Boston, Massachusetts	? Sa	Demandado	Demandado. Acusado de abuso. Destituido. Murió.	Fuente: *Boston Globe 9.15.02* Registros: *Boston Archdiocesan Assignment Record*
Furmanski, Leonard A. Diocesano Filadelfia, Pensilvania	1959 Sa	Acusado	Destituido en 2003. Acusado de abuso de tres menores varones y una mujer. Se restringió su ministerio de manera permanente en 2004 y vive bajo supervisión.	Fuente: *Philadelphia Inquirer 12.18.03; Philadelphia Grand Jury Report; Philadelphia Grand Jury Report; Philadelphia Inquirer 9.18.05* Registros: *Philadelphia Archdiocesan Priest Data Profile*

Fusco, Albin D. Franciscanos Nueva York, Nueva York	1961 Sa	Demandado	Demandado en 2002. Acusado de abuso de un joven. Destituido. Aprehendido en 1993 por hacer insinuaciones sexuales; se desecharon los cargos.	Fuente: *Associated Press 7.31.02; New York Daily News 7.31.02; New York Post 7.31.02* Registros: *BA.org Summary of Directory Entries*
Gaioni, Dominic T. Misioneros del Divino Verbo Los Ángeles, California	1967 Sa	Acusado	Acusado del abuso de una persona en 1977. Seguía activo en 1993.	Fuente: *LA Archdiocesan Report 2.17.04 page 4* Registros: *LA Times Database 4.20.06*
Gale, Robert V. Diocesano Boston, Massachusetts	? Sa	Declarado culpable	Declarado culpable en 2004. Abuso de menor.	Fuente: *Boston Globe / AP 11.30.04* Registros: *Boston Archdiocesan Assignment Record*
Gallagher, Francis J. Diocesano Filadelfia, Pensilvania	1973 Sa	Acusado	Aprehendido en 1989 por insinuación sexual a un joven de 18 y a otro de 20 años. También confesó haber abusado de dos adolescentes que eran hermanos. Sometido a tratamiento en 1990 y restituido a la parroquia en 1991. Se le concedió licencia en 2002 y ha pedido la secularización.	Fuente: *Philadelphia Grand Jury Report;* *Philadelphia Grand Jury Report;* *Philadelphia Inquirer 9.25.05* Registros: *Philadelphia Archdiocesan Priest Data Profile*
Gallagher, George Michael Diocesano Los Ángeles, California	1928 Sa	Demandado	Acusado de abuso de dos personas según un informe de la arquidiócesis de Los Ángeles. En un juicio civil en 2003 una mujer lo acusó de abusos cometidos entre 1953 y 1962. Se jubiló en 1979. Murió en 1983.	Fuente: *LA Archdiocesan Report 2.17.04 page 1* Registros: *LA Archdiocesan Report Addendum 11.15.05; LA Times Database 4.20.06*

231

Gallagher, Joseph S. Diocesano Filadelfia, Pensilvania	1973 Sa	Acusado	Acusado del abuso de un niño de 12 años. Se notificó a la arquidiócesis en 1974. Enviado a tratamiento y restituido. Se le concedió licencia en 2002 y en 2004 se impusieron restricciones permanentes a su ministerio. Ahora vive bajo supervisión.	Fuente: *Philadelphia Grand Jury Report* Registros: *Philadelphia Archdiocesan Priest Data Profile*
Gallant, Alfred F. Diocesano Nueva York, Nueva York	1962 Sa	Acusado	Destituido en 2002 tras una reciente acusación de haber abusado de una menor unos 30 años antes. El Vaticano no lo secularizó, pero a partir de 2005 lo condenó a una vida de oración y penitencia (quizá por su edad y estado de salud). Hermano de John Gallant, otro abusador acusado.	Fuente: *Hudson Valley Times Herald-Record 11.25.02; Newsday 7.09.05; Journal News 7.09.05* Registros: *BA.org Summary of Directory Entries*
Gallant, John S. Diocesano Nueva York, Nueva York	1960 Sa	Demandado	Demandado en 2002. Acusado del abuso de una joven, que dijo haber sido sometida a un amorío de dos años con él en 1980, cuando ella tenía 16 años. Él sostuvo que la chica tenía 18. Hermano de Alfred Gallant, otro abusador acusado.	Fuente: *USA Today 11.11.02; Journal News 9.14.03; Journal News 4.08.02 (in collection of articles); Journal News 4.10.02 (in collection of articles) ; Journal News 4.16.02 (in collection of articles); Journal News 7.09.05* Registros: *BA.org Summary of Directory Entries*
Gana, Stanley M. Diocesano Filadelfia, Pensilvania	1970	Acusado	Acusado de abuso. «Incontables víctimas», según el informe de un jurado de acusación. Secularizado en abril de 2006.	Fuente: *Philadelphia Grand Jury Report; National Catholic Reporter 4.28.06; Duluth News Tribune 4.08.06; National Catholic Reporter 4.28.06* Registros: *Philadelphia Archdiocesan Priest Data Profile*
Garay, Jesús Diocesano Los Ángeles, California	? Sa	Demandado	Demandado en 2004. Acusado de abuso de una chica en 1997. Puede haber sido un sacerdote externo de Argentina. Mencionado en la adenda de un informe de la arquidiócesis.	Fuente: *San Luis Obispo Tribune/AP 10.5.04; LA Archdiocesanan Report Addendum 11.15.05* Registros: *LA Times Database 4.20.06*

ANEXO

García, Cristóbal Dominicos Los Ángeles, California	? Sa	Demandado	Demandado en 1988 por abusos cometidos entre 1983 y 1986. La orden lo había suspendido en 1985. Acusado de abuso y violación de fronteras. Al parecer huyó a Filipinas. La segunda acusación en juicio civil se presentó en 2003. Llegó a la diócesis en 1983 y se fue en noviembre de 1985.	Fuente: *LA Times 6.20.88; LA Archdiocesan Report 2.17.04 page 4; Dallas Morning News 3.16.05; Cebu Sun-Star 7.03.06; Cebu Sun-Star 7.04.06* Registros: *LA Times Database 4.20.06*
García, Peter E. Diocesano Los Ángeles, California	1966 Sa	Demandado	Licencia por enfermedad entre 1985 y 1989. Dejó el ministerio en 1989. La diócesis supo de abusos anteriores al menos desde 1988. Demandado en 2003. Acusado del abuso de al menos 12 personas entre 1961 y 1983.	Fuente: *The Wanderer 1.8.04; LA Archdiocesan Report 2.17.04 page 1; LA Times 4.20.06* Registros: *LA Archdiocesan Report Addendum 11.15.05; LA Times Database 4.20.06*
García, Ramón Diocesano Los Ángeles, California	? Sa	Demandado	Mencionado en un juicio civil y en una adenda de 2005 del informe de la arquidiócesis de Los Ángeles. Un acusador sostiene haber sido víctima de abuso entre 1950 y 1952. Murió.	Fuente: *LA Archdiocesan Report Addendum 11.15.05* Registros: *LA Times Database 4.20.06*
García, Richard Francis Diocesano Los Ángeles, California	1958 Sa	Demandado	En 2002 se recibió queja de que entre 1961 y 1963 abusó de un varón. Dejó el sacerdocio en 1967.	Fuente: *LA Archdiocesan Report Addendum 11.15.05* Registros: *LA Archdiocesan Report Addendum 11.15.05; LA Times Database 4.20.06*
Garza, Jesús S. Diocesano Chicago, Illinois	1979 Sa	Acusado	Recién identificado como abusador en la lista de la arquidiócesis de Chicago del 20 de marzo de 2006. Renunció en julio de 2000 según la lista.	Fuente: *Chicago Archdiocesan Report 3.20.06 page 2* Registros: *BA.org Assignment Record*
Geerts, Theodore Anthony Diocesano Davenport, Iowa	1948 Sa	Demandado	Acusado de abusar sexualmente de niños junto con Janssen, Bass and James W. Murphy, usando pornografía. Demandado en 2003. Acusado de abuso. Murió en 2004.	Fuente: *Des Moines Register 11.19.03* Registros: *Detailed BA.org Assignment Record*

Gentile, Gennaro L Diocesano Nueva York, Nueva York	1971 Sa	Arreglo extrajudicial	Acusado en un juicio civil de 1997 de abusar de dos hermanos en 1993 y 1994. Arreglo extrajudicial en 2001. Su conducta abusiva abarca sus 30 años de trayectoria. Numerosas víctimas. Se le concedió licencia en abril de 2002.	Fuente: *Bronx Press 3.22.02; Daily News 3.27.02; Daily News 3.28.02; Journal News 4.7.02 ; Daily News 5.16.02; Daily News 6.16.02; USA Today 11.11.02; Journal News 7.9.05; Renew America 4.2.06* Registros: *BA.org Summary of Directory Entries*
Geoghan, John J. Diocesano Boston, Massachusetts	1962 Sa	Declarado culpable	Declarado culpable en 2000. Asesinado en prisión. La declaración de culpabilidad se retiró debido a una apelación pendiente en el momento de la muerte. Entonces Geoghan estaba en la cárcel por haber manoseado a un niño de 10 años, pero en varios juicios fue acusado de abusar sexualmente de unos 130 niños.	Fuente: *Boston Globe 1.30.01; Boston Phoenix 3.23.01 (Major Accounts); Boston Globe 1.06.02* Registros: *Boston Globe 1.7.02; Flatley Memo on Accusations 8.22.94; Flatley Memo on Accusations 7.11.96*
Giliberti, Francis A. Diocesano Filadelfia, Pensilvania	1970 Sa	Acusado	Acusado del abuso de al menos cuatro adolescentes varones entre los años 60 y 1976. La arquidiócesis supo del abuso en 2002 y 2004. Se le restringieron facultades. Las acusaciones se hallaron creíbles en 2004. Se impusieron restricciones permanentes a su ministerio y vive bajo supervisión.	Fuente: *Philadelphia Grand Jury Report; Philadelphia Grand Jury Report; Philadelphia Inquirer 11.13.05* Registros: *Philadelphia Archdiocesian Priest Data Profile*
Gillespie, John E. Diocesano Filadelfia, Pensilvania	1953 Sa	Acusado	Acusado del abuso de cinco menores en el lapso comprendido entre 1958 y 1997. La arquidiócesis supo de su conducta desde 1994. Se le concedió licencia en 2002. Se agregaron restricciones en 2004. Se impusieron restricciones permanentes a su ministerio y vive bajo supervisión.	Fuente: *Philadelphia Grand Jury Report; Philadelphia Grand Jury Report* Registros: *Philadelphia Archdiocesan Priest Data Profile*

Ginty, Denis Diocesano Los Ángeles, California	1927 Sa	Demandado	Ordenado en Irlanda. Llegó a Los Ángeles en 1928. Murió en 1985. Acusaciones en 1993 de abusos cometidos en 1932, y otras en 1997 de abusos entre 1978 y 1980. Se entabló juicio civil en 2003 por los abusos de 1932. Un informe de la arquidiócesis consigna a cuatro acusadores.	Fuente: *LA Archdiocesan Report 2.17.04 page 2* Registros: *LA Archdiocesan Report Addendum 11.15.05; LA Times Database 4.20.06*
Govoni, Louis J. Diocesano Boston, Massachusetts	1972 Sa	Demandado	Demandado en 2003. Acusado de abuso. Murió.	Fuente: *Boston Globe 1.30.03* Registros: *Boston Archdiocesan Assignment Record*
Graham, Daniel M. Diocesano Boston, Massachusetts	1970 Sa	Arreglo extrajudicial	Confesó el abuso del que se le acusó.	Fuente: *Boston Globe 5.18.02* Registros: *Boston Archdiocesan Assignment Record*
Granadino, David F. Diocesano Los Ángeles, California	1981 Sa	Acusado	Se le concedió licencia en 2002. Acusado de abuso de un niño en los años 80. Niega la acusación. Ha habido otras acusaciones.	Fuente: *LA Times 8.18.02; LA Archdiocesan Report 2.17.04 page 2* Registros: *LA Times Database 4.20.06*
Grill, Philip L. Diocesano Los Ángeles, California	1943 Sa	Demandado	Se jubiló en 1989. Ingresó en un hogar de retiro en 1998. Acusado de abuso en 1965 y 1966. Al menos un juicio civil.	Fuente: *LA Archdiocesan Report 2.17.04 page 2* Registros: *LA Archdiocesan Report Addendum 11.15.05; LA Times Database 4.20.06*

Grimes, James Diocesano Los Ángeles, California	1942 ? Sa	Demandado	Acusado de abuso de una persona entre 1958 y 1959. Se jubiló en 1974. Murió en 1978. Al menos cuatro veces recibió «licencia por enfermedad».	Fuente: *LA Archdiocesan Report 2.17.04 page 2* Registros: *LA Archdiocesan Report Addendum 11.15.05; LA Times Database 4.20.06*
Grumm, Thomas J. Sa Diocesano Filadelfia, Pensilvania	1975	Acusado	Acusado en 2002 del abuso de un estudiante de bachillerato entre 1986 y 1988. Se le concedió licencia y se le sometió a tratamiento. En 2004 se impusieron restricciones permanentes a su ministerio y accedió a vivir bajo supervisión.	Fuente: *Philadelphia Grand Jury Report* Registros: *Philadelphia Archdiocesan Priest Data Profile*
Guerrini, Roderic M. Sa Diocesano Los Ángeles, California	1963	Demandado	Ordenado en Irlanda. Llegó a Los Ángeles en 1975. Admitido en la diócesis de Los Ángeles en 1988. Se jubiló en junio de 2002 al conocerse las acusaciones. Investigado por la policía por una acusación de 1992 de abuso de niñas en los años 70. Mencionado como abusador en un juicio colectivo entablado en 2003.	Fuente: *Los Angeles Times 8.18 02; LA Archdiocesan Report 2.17.04 page 2; LA Times 4.20.06* Registros: *LA Archdiocesan Report Addendum 11.15.05; LA Times Database 4.20.06*
Gunst, George A. Diocesano Los Ángeles, California	1950 Sa	Demandado	Licencia por enfermedad en 1974; permiso militar en dos ocasiones. Murió en 1995. Demandado en 2003. Acusado de abuso en 1955.	Fuente: *Pasadena Star-News 11.24.03; LA Archdiocesan Report 2.17.04 page 2; San Gabriel Valley Tribune 2.18.04* Registros: *LA Archdiocesan Report Addendum 11.15.05; LA Times Database 4.20.06*
Guzmán, Vicente Diocesano Los Ángeles, California	? Sa	Demandado	Acusado de abusos cometidos entre 1931 y 1941. Sacerdote externo de Mexico empleado en la arquidiócesis. Murió. Mencionado en un juicio civil en 2003.	Fuente: *LA Archdiocesan Report 2.17.04 page 4* Registros: *LA Times Database 4.20.06*
Hackett, John Joseph Diocesano Los Ángeles, California	? Sa	Demandado	Murió el 7 de diciembre de 1988. Acusado del abuso de una persona en 1969 según un juicio civil en (2003?).	Fuente: *LA Archdiocesan Report Errata Notice # 1* Registros: *LA Times Database 4.20.06*

Hagan, James Craig Diocesano Chicago, Illinois	1974 Sa	Acusado	Acusado del abuso de varios jóvenes entre 1981 y 1986 y en 1970. Se le concedió licencia en 1996. Renunció en 1997. Incluido en un arreglo extrajudicial con la arquidiócesis en octubre de 2005. Demandado en abril de 2006.	Fuente: *Chicago Sun Times 1.17.03; Chicago Archdiocesan Report 3.20.06 page 2; Chicago Tribune 10.28.05; Chicago Tribune 4.14.06* Registros: *BA.org Assignment Record*
Hagenbach, Clinton Vincent Diocesano Los Ángeles, California	1961 Sa	Arreglo extrajudicial	Un juicio civil terminó en arreglo extrajudicial en 2002 por 1.5 millones de dólares. También acusado del abuso de otras dos personas. Murió en 1987. Los abusos se cometieron entre los años 60 y los 80.	Fuente: *Los Angeles Times 8.18.02; LA Archdiocesan Report 2.17.04 page 2* Registros: *LA Archdiocesan Report Addendum 11.15.05; LA Times Database 4.20.06*
Hanley, Bernard Brian Diocesano Los Ángeles, California	1958 Sa	Demandado	Ordenado en Irlanda, llegó a Los Ángeles en 1958 para trabajar. Volvió a Irlanda en 1965. En un juicio en 2002 o 2003 se le acusó de haber abusado de dos víctimas en 1965.	Fuente: *LA Archdiocesan Report 2.17.04 page 3* Registros: *LA Archdiocesan Report Addendum 11.15.05; LA Times Database 4.20.06*
Hanlon, James Diocesano Fort Worth, Texas	1981 Sa	Acusado	Acusado de abuso. Murió en febrero de 1990 a los 38 años. Según el acta de defunción, años de alcoholismo contribuyeron a su muerte. Se ha ordenado a la diócesis que presente archivos personales. Se acusa a la diócesis de haber encubierto a Hanlon y a otros abusadores.	Fuente: *Dallas Morning News 6.10.05; Star Telegram 6.26.05; Star Telegram 2.16.06; Star Telegram 8.10.05 ; Star Telegram 8.18.05; WFAA and Dallas Morning News 2.21.06; Star Telegram (AP) 2.24.06* Registros: *Fort Worth Diocese 6.10.05*
Hanlon, John R. Diocesano Boston, Massachusetts	1955 Sa	Declarado culpable	Declarado culpable. Condena de cadena perpetua.	Fuente: *Boston Globe 3.20.02* Registros: *Boston Archdiocesan Assignment Record*

Haran, Michael Joseph Diocesano Los Ángeles, California	1945 Sa	Demandado	Acusado de abuso. Murió en 1973. Una víctima lo acusó de abusos cometidos en 1948. En un juicio civil en 2003 se le acusó del abuso de una persona entre 1949 y 1957.	Fuente: *LA Archdiocesan Report 2.17.04 page 2* Registros: *LA Archdiocesan Report Addendum 11.15.05; LA Times Database 4.20.06*
Harris, Michael A. Diocesano Los Ángeles, California	1972 Sa	Arreglo extrajudicial	Acusado de abuso en 1991 en un juicio civil que terminó en arreglo extrajudicial por 5.2 millones de dólares en 2001. Dejó el sacerdocio. Otras varias víctimas entablaron demandas en 2003. Harris ejerció en las diócesis tanto de Los Ángeles como de Orange y figura en listas emitidas por ambas.	Fuente: *Abilene Reporter News / AP 8.24.01; 4.1.02; LA Archdiocesan Report 2.17.04 page 3; LA Times 1.11.04* Registros: *LA Times Database 4.20.06*
Hartel, Edward T. Diocesano Washington, DC	1962 Sa	Acusado	Confesó el abuso en 1975 de un monaguillo. Absuelto de otra acusación por problemas de identificación. La diócesis dijo que no lo restituiría porque había confesado el abuso.	Fuente: *Washington Times 4.20.96; Washington Post 2.09.95; see also Schaefer articles* Registros: *Washington Post 2.11.95*
Hartman, Richard A. Diocesano Los Ángeles, California	? Sa	Demandado	Acusado de abusos cometidos en 1958 y 1959. Se entabló al menos un juicio civil. Murió. Figura en las listas de abusadores de las diócesis de Los Ángeles y Orange.	Fuente: *Orange County Weekly 5.4.03; LA Archdiocesan Report Addendum 11.15.05* Registros: *LA Times Database 4.20.06; Orange County Weekly 3.04.05*
Havel, Thomas E. Marianistas Los Ángeles, California	1963 Sa	Demandado	Ordenado en la arquidiócesis de Los Ángeles. Se hizo sacerdote marianista en 1972. Siguió en Los Ángeles hasta 1980. Pidió la secularización y llegó a ser médico y psiquiatra. Acusado en 2002 de abusos cometidos entre 1968 y 1973. Un juicio civil en 1989 se sobreseyó por prescripción del delito. La orden pactó un arreglo extrajudicial con la víctima. Se entabló otro juicio en 2003.	Fuente: *San José Mercury News 4.19.89; LA Archdiocesan Report 2.17.04 page 4* Registros: *LA Archdiocesan Report Addendum 11.15.05; LA Times Database 4.20.06*

Hawkes, Benjamin Diocesano Los Ángeles, California	? Sa	Acusado	Acusado del abuso de dos personas entre 1973 y 1985. Murió. No ha habido ningún juicio civil.	Fuente: *LA Archdiocesan Report 2.17.04 page 2* Registros: *LA Times Database 4.20.06*
Hefferan, John Edward Diocesano Chicago, Illinois	1956 Sa	Acusado	Recién identificado como abusador en el informe de la arquidiócesis de Chicago del 20 de marzo de 2006. Destituido de ejercer el ministerio públicamente en octubre de 2003	Fuente: *Chicago Archdiocesan Report 3.20.06 page 2* Registros: *BA.org Assignment Record*
Henry, James T. Diocesano Filadelfia, Pensilvania	1964 Sa	Acusado	La diócesis supo en 1987 del abuso de una joven de 15 años. Lo transfirieron, se le sometió a tratamiento y luego lo restituyeron al sacerdocio. En 2004 se impusieron restricciones permanentes a su ministerio y vive bajo supervisión.	Fuente: *Philadephila Inquirer 2.6.05; Philadelphia Grand Jury Report; Philadelphia Inquirer 9.18.05* Registros: *Philadelphia Archdiocesan Priest Data Profile*
Henry, Richard Allen Diocesano Los Ángeles, California	1972 Sa	Declarado culpable	Se le concedió licencia en 1991 luego de que lo declararon culpable del abuso de cuatro niños varones. Condenado en 1993 a ocho años de cárcel. Nuevas acusaciones en 2002. Juicio civil en 2003 entablado por tres quejosos. Un total de 13 acusadores según lista de la arquidiócesis.	Fuente: *USA Today 11.11.02; LA Archdiocesan Report 2.17.04 page 2; LA Times 4.20.06; LA Times 8.18.02* Registros: *LA Archdiocesan Report Addendum 11.15.05; LA Times Database 4.20.06*
Hernández, Stephen C. Diocesano Los Ángeles, California	1982 Sa	Declarado culpable	Licencia de inactividad. Múltiples víctimas antes de 1985. Se entabló juicio civil en diciembre de 2003. En un caso, acusado de abusos cometidos entre 1998 y 2002. Condenado el 25 de enero de 2006 a tres años de libertad condicional.	Fuente: *LA Archdiocesan Report Errata Notice # 1; LA Archdiocesan Report 2.17.04 page 2; Los Angeles Times 1.25.06; LA Times 8.18.02* Registros: *LA Archdiocesan Report Addendum 11.15.05; LA Times Database 4.20.06*

Hickey, Gerald J. Diocesano Boston, Massachusetts	1963 Sa	Demandado	Demandado en 2002. Acusado de abuso. Destituido.	Fuente: *Boston Globe 2.8.02* Registros: *Boston Archdiocesan Assignment Record; Other Boston Assignment Record*
Hill, Patrick J. Diocesano Los Ángeles, California	1968 Sa	Acusado	Acusado por una persona de abusos cometidos entre 1979 y 1981. La diócesis investigó y halló motivos para destituirlo. Sigue activo.	Fuente: *LA Archdiocesan Report 2.17.04 page 2* Registros: *LA Times Database 4.20.06*
Hogan, Michael J. Diocesano Chicago, Illinois	1984 Sa	Acusado	Recién identificado como abusador en informe del 20 de marzo de 2006 de la arquidiócesis de Chicago. Renunció en julio de 1993.	Fuente: *Chicago Archdiocesan Report 3.20.06 page 2* Registros: *BA.org Assignment Record*
Holihan, Daniel Mark Diocesano Chicago, Illinois	1957 Sa	Arreglo extrajudicial	Arreglo extrajudicial en 1997. Acusado de abuso. Destituido de ejercer públicamente el ministerio en junio de 2002. Incluido en un arreglo extrajudicial con la arquidiócesis en octubre de 2005.	Fuente: *USA Today 11.11.02; Copy de arreglo extrajudicial agreement on file; Chicago Archdiocesan Report 3.20.06 page 2; Chicago Sun-Times 1.17.03; Chicago Tribune 10.28.05* Registros: *BA.org Assignment Record*
Hoover, William Reece Diocesano Dallas, Texas	1955 Sa	Acusado	Obligado a renunciar en 1995 como párroco de la catedral de San Patricio, en Fort Worth, tras confesar que abusó repetidamente de un chico de 12 años en 1957. Luego lo denunciaron otros acusadores. Murió en 1996. Originalmente formaba parte de la diócesis de Dallas, pero se incorporó a la de Fort Worth al formarse ésta. Murió en 1996.	Fuente: *Dallas Morning News 7.06.97 (in collection); Star Telegram 8.18.06; Star Telegram 8.10.05; Star Telegram (AP) 2.24.06 ; Star Telegram 6.26.05; Star Telegram 2.16.06; Star Telegram 8.11.06* Registros: *Fort Worth Diocese 6.10.05*

Horvath, Bertrand W. Franciscanos Orange, California	1970 Sa	Demandado	Demandado en 2002. Acusado del abuso de un monaguillo a principios de los 70. Dejó la arquidiócesis en 1974. Trabajó durante muchos años en la diócesis de Amarillo, Texas. Se le concedió licencia en 1992(?) al conocerse el abuso. Murió.	Fuente: *USA Today 11.11.02; LA Archdiocesan Report 2.17.04 page 6* Registros: *LA Archdiocesan Report Addendum 11.15.05; LA Times Database 4.20.06*
Howlett, John Pallottinos Fort Worth, Texas	? Sa	Acusado	Acusado de abuso. Despojado de autoridad para actuar como sacerdote, pero sigue siendo clérigo. Vive en en Dublín, Irlanda. No puede tener contacto con el público sin estar acompañado por otro miembro de la sociedad de los pallottinos.	Fuente: *Dallas Morning News 6.10.05; Star Telegram 2.24.06; Star Telegram 6.26.05; Star Telegram 8.18.05 ; Star Telegram 8.10.05; Star Telegram 2.16.06; WFAA/Dallas Morning News 2.24.06; CBS 11 8.11.06* Registros: *Fort Worth Diocese 6.10.05 Partial Assignment Record*
Huels, John Siervos de María Chicago, Illinois	1976 Sa	Acusado	Acusado en 1994 de abuso en los años 70 y obligado a renunciar como superior de la orden de los siervos de María, con sede en Chicago. En 2002 seguía siendo sacerdote, así como profesor y vicedecano de derecho canónico en la Universidad de Ottawa. Obtuvo licencia en 2002 cuando se hizo pública la acusación.	Fuente: *Commercial Appeal [Tennessee] 11.12.02; LifeSiteNews.com 9.09.05; Chicago Tribune 8.07.02* Registros: *BA.org Assignment Record*
Hunt, Michael A. Diocesano Los Ángeles, California	1939 Sa	Demandado	Acusado del abuso de una niña en 1957-1958. Murió en 1984. Se entabló un juicio civil.	Fuente: *LA Archdiocesan Report 2.17.04 page 2* Registros: *LA Archdiocesan Report Addendum 11.15.05; LA Times Database 4.20.06*
Huppenbauer, Walter Edward Diocesano Chicago, Illinois	1957 Sa	Acusado	«Se jubiló» con restricciones en 1994. Destituido en 2002. Acusado del abuso de una niña. Incluido en un arreglo extrajudicial de la arquidiócesis de Chicago en 2003.	Fuente: *USA Today 11.11.02; Chicago Archdiocesan Report 3.20.06 page 2; Chicago Sun-Times 1.17.03; Chicago Tribune 10.03.03* Registros: *BA.org Assignment Record*

Nombre	Año	Estado	Descripción	Fuentes
Hurley, John J. Diocesano Los Ángeles, California	1928 Sa	Demandado	Nacido y ordenado en Irlanda, y empleado en la arquidiócesis de Los Ángeles. Acusado de abuso en 1949 y mencionado en un juicio civil entablado en diciembre de 2003. Murió en 1992	Fuente: *LA Archdiocesan Report 2.17.04 page 2* Registros: *LA Archdiocesan Report Addendum 11.15.05; LA Times Database 4.20.06*
Hurley, Paul William Diocesano Boston, Massachusetts	1970 Sa	Aprehendido	Aprehendido y declarado procesable por un jurado de acusación en 2002. Acusado del abuso de un joven de 15 años en 1987-1988 (le pagaba 100 dólares cada vez que tenían relaciones). Se declaró inocente y negó la acusación. Declarado culpable en junio de 2006; de inmediato empezó a purgar una condena provisional de tres años de cárcel. Condenado a cuatro años en julio de 2006, seguidos de cinco años de libertad condicional.	Fuente: *Boston Globe 8.15.02; CBS4Boston.com 6.22.06; Boston Globe 3.05.03; Boston Globe 6.28.06 ; Boston Globe 12.18.02; Cambridge Chronicle 6.29.06; Boston Globe 7.29.06; Boston Herald 7.29.06; Adelaide Advertiser 7.29.06; Cambridge Chronicle 8.03.06* Registros: *Boston Archdiocesan Assignment Record*
Hurley, Richard Hermanos de la Santa Cruz de Texas Los Ángeles, California	? H	Demandado	Mencionado en la adenda de un informe de la arquidiócesis con un acusador. Abusos cometidos en 1993-1994. Se entabló un juicio civil.	Fuente: *LA Archdiocesan Report Addendum 11.15.05* Registros: *LA Times Database 4.20.06*
Iannarella, James M. Diocesano Filadelfia, Pensilvania	1996 Sa	Acusado	Acusado del abuso de una joven de 17 años durante tres meses en 1999. La arquidiócesis lo envió a evaluación y luego le concedió una licencia administrativa hasta 2003. Su caso se ha turnado para revisión al Vaticano.	Fuente: *Philadelphia Grand Jury Report; Philadelphia Inquirer 9.25.05* Registros: *Philadelphia Archdiocesan Priest Data Profile*

Iguabita, Kelvin E.	1999	Declarado culpable	Declarado culpable en 2003. Abuso de una adolescente.	Fuente: *Associated Press 6.20.03* Registros: *Boston Archdiocesan Assignment Record*
Diocesano Boston, Massachusetts	Sa			
Inzeo, Lawrence C. Diocesano Nueva York, Nueva York	1978 Sa	Acusado	Destituido en 2003. Acusado del abuso de un pariente varón (menor de edad) entre 1978 y 1983.	Fuente: *The Journal News [Nueva York] 7.23.03; New York Times 7.23.03; Journal News 9.14.03; Journal News 7.09.05 ; New York Times 8.21.03; Journal News 8.21.03* Registros: *BA.org Summary of Directory Entries*
James, Joseph Carmelitas Los Ángeles, California	? Sa	Acusado	Acusado del abuso de una persona en 1958 según informe de la arquidiócesis.	Fuente: *LA Archdiocesan Report 2.17.04 page 5* Registros: *LA Times Database 4.20.06*
Janssen, James M. Diocesano Davenport, Iowa	1948 Sa	Demandado	Acusado de abusar de niños junto con Bass, Geerts, y James W. Murphy, y de conseguirle un chico a Wiebler. Presunto uso de pornografía. Demandado en 2003.	Fuente: *Quad-City Times 5.21.03; Des Moines Register 7.26.05; Des Moines Register 5.25.04* Registros: *Detailed BA.org Assignment Record*
Jaramillo, Luis Capuchinos Los Ángeles, California	1976 Sa	Demandado	Ordenado en Colombia. Empezó empleado en Los Ángeles. Acusado del abuso de dos víctimas entre 1986 y 1988 según informe de la arquidiócesis. Se entabló juicio civil en diciembre de 2003. Dejó la arquidiócesis en 1988. También acusado de abuso en la diócesis de Baker, Oregon, tras irse de Los Ángeles.	Fuente: *LA Archdiocesan Report 2.17.04 page 5* Registros: *LA Archdiocesan Report Addendum 11.15.05; LA Times Database 4.20.06*

Jayawardene, Tilak A. Diocesano Los Ángeles, California	1972 Sa	Declarado procesable por un jurado de acusación	Sacerdote externo de Sri Lanka empleado en la arquidiócesis desde 1987. Declarado procesable por un jurado de acusación en 1991 por presuntos abusos cometidos en 1990. Huyó a Sri Lanka en 1990 o 1991, antes de que la policía pudiera aprehenderlo.	Fuente: *LA Times 8.18.02; LA Archdiocesan Report 2.17.04 page 4* Registros: *LA Times Database 4.20.06*
Jesselli, Kenneth A. Diocesano Nueva York, Nueva York	1984 Sa	Acusado	Destituido del ministerio en abril de 2002 por una acusación de conducta inapropiada en el pasado. Secularizado en 2005.	Fuente: Journal News [Nueva York] / AP *4.23.02; USA Today 11.11.02; Journal News 4.07.02 (in collection of articles); Journal News 4.09.02 (in collection of articles) ; Newsday 7.09.05; Journal News 7.09.05* Registros: *BA.org Summary of Directory Entries*
Job, Thomas Diocesano Chicago, Illinois	1970 Sa	Arreglo extrajudicial	Presunto abuso a principios de los 70. Renunció en diciembre de 1992. Murió. Incluido en un arreglo extrajudicial de la arquidiócesis en octubre de 2005.	Fuente: *Chicago Tribune 10.28.05; Chicago Archdiocessan Report 3.20.06 page 2* Registros: *BA.org Assignment Record*
Johnson, Dave Franciscanos Los Ángeles, California	? Sa	Demandado	Acusado del abuso de dos personas en 1978-1979 en el seminario de San Antonio y otro lugar según un informe arquidiocesano. Se entabló un juicio civil en 2003. Arreglo extrajudicial en agosto de 2006.	Fuente: *LA Archdiocesan Report 2.17.04 page 5; Santa Barbara Independent 8.10.06* Registros: *LA Times Database 4.20.06*
Johnson, Harold J. Diocesano Boston, Massachusetts	1949 Sa	Acusado	Acusado de abuso según archivos diocesanos.	Fuente: *Boston Globe 12.20.02* Registros: *Boston Archdiocesan Assignment Record*

Johnson, Richard G. 1947 Sa Diocesano Boston, Massachusetts		Acusado	Acusado de abuso según archivos diocesanos. También estuvo en Palm Beach, Florida.	Fuente: *Boston Herald 2.5.03* Registros: *Boston Archdiocesan Assignment Record;* *Letter 10.11.50 on K of C Chaplaincy;* *Boston Assignment Record on Juvenile* *Court Chaplaincy; Memo 12.31.97 on* *Good Standing for Palm Beach Faculties*
Jones, Richard G. 1963 Sa Diocesano Filadelfia, Pensilvania		Demandado	Acusado del abuso de dos adolescentes varones. La arquidiócesis supo del primer caso en 1988. Gozó de licencia por enfermedad entre 1988 y 1990, permiso de ausencia entre 1990 y 1993, y dejó el ministerio activo en 1993. Se entabló juicio civil en 2004 acusándolo de abusos cometidos entre 1980 y 1983. Secularizado en 2005.	Fuente: Phillynews.com 1.31.04; *Philadelphia* *Grand Jury Report; Daily Times 2.03.04;* *Philadelphia Inquirer 6.24.05* Registros: *Philadelphia Archdiocesan Priest Data* *Profile*
Joseph, William T. 1966 Sa Diocesano Filadelfia, Pensilvania		Acusado	Acusado del abuso de un niño de quinto grado a fines de los 70. Se notificó a la diócesis en 1998. Se le permitió jubilarse. En 2004 se impusieron restricciones permanentes a su ministerio y accedió a vivir bajo supervisión.	Fuente: *Philadelphia Grand Jury Report* Registros: *Philadelphia Archdiocesan Priest Data* *Profile*
Juárez, Anthony Salesianos Los Ángeles, California	? H	Acusado	Acusado del abuso de una persona en 1958 según un informe arquidiocesano.	Fuente: *LA Archdiocesan Report 2.17.04 page 6* Registros: *LA Times Database 4.20.06*

Kanchong, Peter S. Diocesano Boston, Massachusetts	1968 Sa	Acusado	Acusado de abusos cometidos en 1984-1985. El cardenal Law estaba al tanto del caso.	Fuente: *Boston Globe 12.19.02* Registros: *Boston Archdiocesan Assignment Record;* *Letter 6.24.76 on Assignment in Thailand*
Kareta, Gregory Franciscanos conventuales Los Ángeles, California	1956 Sa	Demandado	Acusado de abuso en los años 70 y aprehendido en 2003. Los cargos penales se desecharon en 2003 debido a un fallo de la Suprema Corte. También confesó haber abusado de un joven en los años 60 en Wisconsin. Se lo dijo a la arquidiócesis de los Ángeles en 1985, pero lo mantuvieron activo. En el artículo de 2004 se menciona un juicio civil pendiente.	Fuente: *San Luis Obispo Tribune 1.27.04; LA Archdiocesan Report 2.17.04 page 5* Registros: *LA Times Database 4.20.06*
Kavanagh, Charles M. Diocesano Nueva York, Nueva York	1963 Sa	Acusado	Destituido en 2002. Acusado de relación impropia con un menor varón, incluido tocamiento inapropiado. Él lo niega. El Vaticano ordenó un juicio eclesiástico en su contra a partir de enero de 2006.	Fuente: *New York Times 5.30.02; New York Times 12.18.03; Journal News 7.09.04; Associated Press 5.31.02 ; New York Times 2.11.03; New York Times 12.07.02; Irish Echo Online 8.04.04; New York Times 7.09.04; New York Times 1.07.06; Irish Echo Online 1.11.06; New York Times 9.16.03; Journal News 7.09.05* Registros: *BA.org Summary of Directory Entries*
Kavanaugh, Philip Diocesano Los Ángeles, California	1973 Sa	Acusado	En 2002 se le acusó de un abuso cometido en 1973 y se le concedió licencia. Hay una investigación policiaca. Mencionado en un informe de la arquidiócesis.	Fuente: *National Catholic Reporter 8.30.02;* *LA Archdiocesan Report 2.17.04 page 2;* *LA Times 8.18.02* Registros: *LA Times Database 4.20.06*

Kealy, Robert Louis Diocesano Chicago, Illinois	1972 Sa	Acusado	Destituido en 2002. Acusado de abuso. Había trabajado como canciller de la arquidiócesis y luego como vicario judicial del Tribunal de Apelaciones de la provincia de Chicago.	Fuente: *Chicago Tribune 3.28.02; Chicago Archdiocesan Report 3.20.06 page 2; Chicago Sun-Times 1.17.03* Registros: *BA.org Assignment Record*
Kearney, Christopher Capuchinos Los Ángeles, California	1968 Sa	Demandado	Acusado de abuso de niños en al menos dos ocasiones en 2002. Las acusaciones datan de entre 1971 y 1984. Se han entablado al menos dos juicios civiles. Un informe de la arquidiócesis consigna a 11 acusadores. Se encuentra inactivo.	Fuente: *Pasadena Star News 11.24.03; LA Archdiocesan Report 2.17.04 page 5; Los Angeles Times 8.18.02; San Gabriel Valley Tribune 2.18.04* Registros: *LA Archdiocesan Report Addendum 11.15.05; LA Times Database 4.20.06*
Keefe, Dennis A. Diocesano Boston, Massachusetts	1989 Sa	Acusado	Acusado de abuso según archivos de la diócesis.	Fuente: *Boston Globe 12.18.02* Registros: *Boston Archdiocesan Assignment Record; Letter 2.12.92 Describing Other Assignment; Resignation Letter 5.29.99; Draft Decree 6.25.99 Removing Faculties*
Keehan, John James Diocesano Chicago, Illinois	1967 Sa	Acusado	Destituido en 2002. Acusado de abuso.	Fuente: *Chicago Tribune 6.24.02; Chicago Archdiocesan Report 3.20.06 page 2; Chicago Sun-Times 1.17.03* Registros: *BA.org Assignment Record*

Kelley, Arnold E. Diocesano Boston, Massachusetts	1956 Sa	Acusado	Acusación de abuso (¿cometido en 1980?) hecha en noviembre de 1997. Una junta de vigilancia diocesana no halló pruebas creíbles (el cardenal Law aceptó la decisión) y Kelley accedió a ser transferido. En abril de 2002 el Comité de Personal supo de una segunda acusación contra Kelley.	Fuente: *11.03.07 Memo from Sr. Rita McCarthy Describing Allegation; Review Boards 2.5.98 No Credible Evidence Determination with Laws Approval; Letter 4.20.02 with Renewed Allegation* Registros: *Boston Archdiocesan Assignment Record; Letter 2.12.98 Describing Additional Assignment*
Kelley, Edward T. Diocesano Boston, Massachusetts	1968 Sa	Demandado	Demandado en 2002. Acusado de abuso.	Fuente: *Boston Globe 9.19.02* Registros: *Boston Archdiocesan Assignment Record*
Kelly, Matthew H. Diocesano Los Ángeles, California	1942 Sa	Demandado	Se jubiló en 1989. Demandado en 2003 y 2004. Al menos en cuatro juicios se le acusa de abusos en los años 60 y 70. Murió el 5 de abril de 2002.	Fuente: *NBC4.TV / AP 11.26.03; LA Archdiocesan Report 2.17.04 page 2; LA Archdiocesan Report Errata Notice # 1* Registros: *LA Archdiocesan Report Addendum 11.15.05; LA Times Database 4.20.06*
Kelly, Patrick M. Jesuitas de la Provincia de Irlanda Los Ángeles, California	1950 Sa	Declarado culpable	Sacerdote visitante de Irlanda. En 1991 volvió a Irlanda tras una acusación de haber abusado de una niña. Prometió volver para afrontar los cargos pero no lo hizo. Decidió no imputar los cargos en 1992 y recibió una condena de tres años de libertad condicional sin volver a EU. Se entabló un juicio civil en 1992. Un informe de la arquidiócesis consigna a cuatro acusadores en 1991.	Fuente: *National Catholic Reporter 8.30.02; LA Archdiocesan Report 2.17.04 page 5; LA Times 8.18.02* Registros: *LA Times Database 4.20.06*
Kelly, Thomas F. Diocesano Chicago, Illinois	1962 Sa	Arreglo extrajudicial	Acusado de abuso en 1973. Murió. Incluido en un arreglo extrajudicial de la arquidiócesis el 28 de octubre de 2005.	Fuente: *Chicago Tribune 10.28.05* Registros: *BA.org Assignment Record*

Kenney, John M. Diocesano Los Ángeles, California	1975 ? Sa	Demandado	Acusado de abusos cometidos en 1976 y 1977. El apellido se escribió Kenny en un informe de la arquidiócesis de Los Ángeles. Figura en las listas de las diócesis de Los Ángeles y Orange de sacerdotes abusivos. Ulteriores abusos en la diócesis de Baker, Oregon. Juicios civiles entablados en las diócesis de Los Ángeles y Baker.	Fuente: *LA Times 1.11.04; LA Archdiocesan Report 2.17.04 page 3* Registros: *LA Times Database 4.20.06; OC Weekly 3.04.05*
Keough, John «Jack» Diocesano Chicago, Illinois	1952	Arreglo extrajudicial	Renunció en marzo de 1982. Acusado de abuso. Incluido en un arreglo extrajudicial de la arquidiócesis en 2003.	Fuente: *Chicago Sun Times 10.3.03; Chicago Archdiocesan Report 3.20.06 page 2* Registros: *BA.org Assignment Record*
Kieffer, Placidus Benedictinos Davenport, Iowa	1932 Sa	Acusado	Acusado en 2002 de haber abusado sexualmente de un joven de 16 años en 1963, en la diócesis de Davenport. También trabajó en la arquidiócesis de Kansas City, Kansas. Murió en 1990.	Fuente: *The Hawk Eye (Burlington Iowa) 4.27.02* Registros: *Detailed BA.org Assignment Record*
King, Thomas F. Diocesano Los Ángeles, California	1964 Sa	Demandado	Acusado en 2004 de haber sodomizado a un niño de 11 años en 1967-68 mientras era párroco adjunto en la parroquia de Santa Luisa de Marillac, en Covina, California. La diócesis dice que los cargos son infundados; King sigue ejerciendo.	Fuente: *LA Archdiocesan Report Addendum 11.15.05; Pasadena Star-News 12.2.04* Registros: *LA Archdiocesan Report Addendum 11.15.05; LA Times Database 4.20.06*
Kissane, Joseph Patrick Diocesano Chicago, Illinois	1969 Sa	Arreglo extrajudicial	Acusado de abuso. Renunció en enero de 1993. Incluido en un arreglo extrajudicial de la arquidiócesis en 2003.	Fuente: *Chicago Sun-Times 10.3.03; Chicago Archdiocesan Report 3.20.06 page 2* Registros: *BA.org Assignment Record*
Klikunas, Bruce J. Siervos de María Los Ángeles, California	1972 Sa	Demandado	Un informe de la arquidiócesis consigna a un acusador y abusos en 1976-1977. Se ignora su paradero. Mencionado en al menos un juicio civil.	Fuente: *LA Archdiocesan Report 2.17.04 page 5* Registros: *LA Archdiocesan Report Addendum 11.15.05; LA Times Database 4.20.06; OC Weekly 3.04.05*

Kmak, Leonard Paul Diocesano Chicago, Illinois	1959 Sa	Arreglo extrajudicial	Acusado de abuso. Dejó el sacerdocio para casarse. Murió en julio de 2002. Incluido en un arreglo extrajudicial de la arquidiócesis en 2003.	Fuente: *Chicago Tribune 10.28.05; Chicago Archdiocesan Report 3.20.06 page 2* Registros: *BA.org Assignment Record*
Knoernschild, John Carmelitas Orange, California	1970 Sa	Demandado	Acusado por un ex alumno de la Escuela Carmelita Crespi de haber abusado sexualmente de él en 1977-1978. Knoernschild estaba en la arquidiócesis de Los Ángeles antes de que se estableciera la de Orange, en 1976. Dejó la arquidiócesis en 1996, volvió en 1998, y se fue otra vez en 2001.	Fuente: *LA Archdiocesan Report 2.17.04 Errata 1* Registros: *LA Archdiocesan Report Addendum 11.15.05; LA Times Database 4.20.06*
Kohlbeck, Frank Diocesano Los Ángeles, California	? Sa	Demandado	Acusado del abuso de cuatro personas entre 1981 y 1983. Era seminarista en la época de los abusos. Mencionado en al menos un juicio civil.	Fuente: *LA Archdiocesan Report 2.17.04 page 7* Registros: *LA Times Database 4.20.06*
Kohler, Thomas M. Diocesano Filadelfia, Pensilvania	1968 Sa	Acusado	Destituido de su cargo en 1994. Desde entonces goza de licencia. Acusado de abuso de un varón a mediados de los 70 y de tomar fotos de un joven de 15 años desnudo en 1994 en Nueva Jersey. Se presentó una denuncia penal por esto. Mencionado también en un juicio civil en 1995. Secularizado en 2005.	Fuente: *USA Today 11.11.02; Philadelphia Grand Jury Report; Philadelphia Inquirer 6.24.05; Philadelphia Inquirer 9.18.05* Registros: *Philadelphia Archdiocesan Priest Data Profile*
Kohnke, John Abadía de San Norberto Los Ángeles, California	? Sa	Aprehen-dido	Aprehendido en 1974 por haber tenido cópula oral con un menor entre 1973 y 1974. Mencionado en un juicio civil en 2003. Murió.	Fuente: *Pasadena Star-News 11.24.03; LA Archdiocesan Report 2.17.04 page 5; Orange County Weekly 10.28.05* Registros: *LA Archdiocesan Report Addendum 11.15.05; LA Times Database 4.20.06*

Kornacki, Matthew J. Diocesano Filadelfia, Pensilvania	1973 Sa	Declarado culpable	Acusado de posesión de pornografía infantil de 2001 a 2003; se le concedió licencia en 2003 y se le sometió a tratamiento. En 2004 un jurado de acusación lo declaró procesable, y confesó. Condenado a 30 meses en una prisión federal. Se impusieron restricciones permanentes a su ministerio.	Fuente: *WPVI Filadelfia / AP 8.24.04;* *Philadelphia Grand Jury Report; Morning Call 5.29.04; Morning Call 8.26.04* Registros: *Philadelphia Archdiocesan Priest Data Report*
Kostelnick, Albert T. Diocesano Filadelfia, Pensilvania	1954 Sa	Acusado	Acusado del abuso (manoseo) de al menos 18 niñas durante un lapso de 32 años. Denunciado en 1987, 1988 y 1992. No fue destituido del ministerio activo sino hasta 2002. Su ministerio está bajo restricción permanente y ha accedido a vivir bajo supervisión.	Fuente: *Philadelphia Grand Jury Report;* *Philadelphia Inquirer 9.22.05* Registros: *Philadelphia Archdiocesan Priest Data Profile*
Kowalczyk, Adalbert Diocesano San Diego, California	1941 Sa	Demandado	Demandado en 2002. Acusado del abuso de al menos una niña en un juicio entablado en 1993 y sobreseído por prescripción del delito. También trabajó en Chicago cuando se ordenó.	Fuente: *San Diego Union Tribune 12.10.02;* *San Bernardino [California] Sun 12.06.02* Registros: *BA.org Assignment Record*
Krumm (Crumm), Gus Franciscanos Portland, Oregon	1982 Sa	Arreglo extrajudicial	En 1995 se arregló extrajudicialmente un juicio por abuso en el seminario de San Antonio en 1980. Restituido en 1987. Destituido en 2003. Acusado de abuso. Otro litigio terminó en arreglo extrajudicial en marzo de 2006 en Los Ángeles. Tres acusadores conocidos, y abusos cometidos de 1980 a 1987. Al menos un acusador se incluyó en un arreglo extrajudicial con la orden en marzo de 2006.	Fuente: *Statesman Journal 1.28.03; LA Times 3.14.06; LA Archdiocesan Report--Errata Notice # 1; Sacramento Bee 7.14.03 ; Santa Barbara Independent 8.10.06; LA Times 3.08.06* Registros: *LA Archdiocesan Report Addendum 11.15.05; LA Times Database 4.20.06*

LaBelle, Ralph W. Diocesano Nueva York, Nueva York	1978 Sa	Acusado	Destituido en 2002 por mala conducta de carácter no sexual con dos muchachos de 15 años. También acusado de molestar a otros chicos antes de ordenarse y de dar alcohol a un niño de 11 años. Secularizado en 2005.	Fuente: *The Journal News (New York) 4.21.02 (in collection of articles); Journal News 9.14.03; Journal News 4.25.02 (in collection of articles); Newsday 7.09.05 ; Journal News 7.09.05* Registros: *BA.org Summary of Directory Entries*
Lacar, Sylvio Diocesano Los Ángeles, California	? Sa	Demandado	Acusado del abuso de una adolescente a principios de los 80. Se entabló juicio civil en 1984. Sacerdote externo de Filipinas empleado en la arquidiócesis.	Fuente: *Associated Press 2.8.84; LA Archdiocesan Report 2.17.04 page 4; Milla v. Tamayo, 187 Cal.App.3d 1453* Registros: *LA Times Database 4.20.06*
LaPierre, David Capuchinos Los Ángeles, California	1969 Sa	Demandado	Acusado del abuso de una persona en 1983-1984 según informe de la arquidiócesis de Los Ángeles. Se entabló al menos un juicio civil. Se desconoce su estado actual.	Fuente: *LA Archdiocesan Report 2.17.04 page 5* Registros: *LA Times Database 4.20.06*
Larson, Robert K. Diocesano Wichita, Kansas	1958 Sa	Declarado culpable	Director de las Catholic Charities. Acusado de abusar de más de 17 jóvenes varones. Se declaró culpable en 2001 de haber abusado de cuatro y de un cargo grave; otros cinco de quienes niega haber abusado se suicidaron después. El abuso incluyó sodomía.	Fuente: *Links to Articles* Registros: *Detailed BA.org Record*
Laurano, Anthony J. Diocesano Boston, Massachusetts	1950 Sa	Demandado	Demandado. Se le concedió licencia en 2003. Acusado del abuso de un muchacho en 1991. El juicio penal estaba en curso en abril de 2006. También acusado del abuso de un hombre con discapacidad intelectual y, en 1970, del abuso de un seminarista de 25 años. Su nombre se suprimió del directorio católico de 2003 por las acusaciones vertidas en un artículo del Boston Globe de marzo de 2003.	Fuente: *Patriot Ledger (Quincy, Massachusetts) 3.08.05; Washington Post 4.27.06; Boston Globe 4.27.06; Boston Globe 3.05.03* Registros: *Archdiocesan of Boston Assignment Record*

LaVoie, Victor C. Diocesano Boston, Massachusetts	1971 Sa	Acusado	Destituido en 2002. Acusado de abuso.	Fuente: *Boston Globe 7.26.01* Registros: *Boston Archdiocesan Assignment Record*
Lawless, Fergus Franciscanos Los Ángeles, California	1933 Sa	Acusado	Acusado por una persona de abusos cometidos en 1952–1953 según la adenda de un informe de la arquidiócesis. Mencionado en un juicio civil.	Fuente: *LA Archdiocesan Report Addendum 11.15.05* Registros: *LA Times Database 4.20.06*
LeBrun, Paul Francis Orden de la Santa Cruz Phoenix, Arizona	1983 Sa	Aprehen- dido	Aprehendido en 2002. Acusado de abusar sexualmente de muchachos en las diócesis de Fort Wayne-South Bend, Indiana, y Phoenix, Arizona. Negó los cargos. Declarado culpable en 2005 y condenado en 2006 a 111 años de cárcel.	Fuente: *South Bend Tribune 9.22.02; South Bend Tribune 6.8.03; South Bend Tribune 6.8.03; South Bend Tribune 7.16.03 ; Arizona Republic 10.27.05; South Bend Tribune 10.28.05; Arizona Republic 11.17.05; South Bend Tribune 11.19.05; South Bend Tribune 1.14.06* Registros: *South Bend Tribune 9.22.02*
Leneweaver, Raymond O. Diocesano Filadelfia, Pensilvania	1962 Sa	Acusado	Acusado del abuso de al menos 12 jóvenes de 1966 a 1980. Dejó el ministerio activo en 1980. Secularizado en 2005. Enseñó en escuelas públicas desde que dejó el sacerdocio.	Fuente: *Philadelphia Grand Jury Report; Philadelphia Inquirer 9.09.05; Philadelphia Inquirer 9.18.05* Registros: *Philadelphia Archdiocesan Priest Data Profile*
León, Modesto Claretianos Los Ángeles, California	? H	Acusado	Acusado del abuso de una persona en 1995-1996 según informe de la arquidiócesis. Se entabló un juicio civil.	Fuente: *LA Archdiocesan Report 2.17.04 page 6* Registros: *LA Times Database 4.20.06*

Leu, James E. Diocesano Davenport, Iowa	1971 Sa	Declarado culpable	Acusado en 1989 de abusar sistemáticamente de dos monaguillos en 1985-1989. Se declaró culpable y así lo declaró el tribunal en 1989. Condenado a dos años de cárcel. Trabajó con Bass. El obispo O'Keefe fue depuesto.	Fuente: *Iowa City Press-Citizen 8.25.04;* *Ruling 10.26.92* Registros: *Detailed BA.org Assignment Record*
Liberatore, Jr., Albert M. Diocesano Scranton, Pensilvania	1989 Sa	Demandado	Acusado del abuso de un monaguillo. Según un juicio civil federal, se informó del abuso al obispo en 2000, pero no hizo nada. El abuso continuó dos años más. Aprehendido en 2004, declarado culpable y condenado en 2005 a 10 años de libertad condicional. Secularizado en julio de 2006.	Fuente: *Clarion-Ledger 5.19.04; Times Leader* *5.20.04; Citizens Voice 11.9.04;* *Scranton Times 11.9.04 ; Citizens Voice* *5.19.05; Philly.com (AP) 6.8.05; New* *York Newsday 8.11.05; Times Leader* *1.18.06; Times Leader 2.14.06; Times* *Leader 3.21.06; Times Leader 7.9.06;* *Times Leader 7.13.06; Times Leader* *7.28.06 ; KentuckyW 7.28.06* Registros: *Times Leader 7.9.06*
Lindner, Jerold W. Jesuitas Los Ángeles, California	1976 Sa	Arreglo extrajudicial	Un juicio civil en que se le acusaba del abuso de dos hermanos en 1975 terminó en un arreglo extrajudicial por 625 mil dólares en 1998. Mencionado en al menos otro juicio civil en 2003 con dos víctimas que lo acusaban de abusos entre 1973 y 1983. Un artículo enumera a 10 víctimas, en su mayoría familiares.	Fuente: *Whittier (California) Daily News /* *AP 12.14.02; LA Archdiocesan Report* *2.17.04 page 5; Los Angeles Times* *12.__.02; USA Today 11.11.02* Registros: *LA Archdiocesan Report Addendum* *11.15.05; LA Times Database 4.20.06*
Llanos, Theodore Diocesano Los Ángeles, California	1974 Sa	Acusado	Acusado en 1995 por muchas personas (más de 30) de abusos cometidos hace años. Demandado por seis en 1996. Se suicidó en 1997. Los juicios se sobreseyeron en 1996 por prescripción del delito. Se entabló otro juicio civil en 1997 y dos más en 2003. Llanos tuvo al menos 21 víctimas. Número 4 en la lista de los 10 peores abusadores de la arquidiócesis.	Fuente: *Detroit Free Press 5.25.02; LA* *Archdiocesan Report 2.17.04 page 2; LA* *Times 8.18.02* Registros: *LA Archdiocesan Report Addendum* *11.15.05; LA Times Database 4.20.06*
Lombard, Samuel J. Diocesano Boston, Massachusetts	1946 Sa	Acusado	Acusado de abuso.	Fuente: *Boston Globe 3.03.02* Registros: *Boston Archdiocesan Assignment Record*

Loofborough, Charles Redentoristas Los Ángeles, California	? H	Demandado	Acusado de abusos cometidos entre 1978 y 1981. Mencionado en un juicio en 2003 por un acusador. Se ignora su estado actual.	Fuente: *LA Archdiocesan Report 2.17.04 page 6* Registros: *LA Times Database 4.20.06*
Loomis, Richard A. Diocesano Los Ángeles, California	1976 Sa	Demandado	Demandado en 2003. Acusado del abuso de una persona de 1968 a 1971. Otro incidente en 1974 se supo en 2004. Se le concedió licencia en 2004. Trabajó como investigador canónico de acusaciones de abuso desde 2001.	Fuente: *Los Angeles Times 2.07.04; LA Archdiocesab Report 2.17.04 page 2* Registros: *LA Archdiocesan Report Addendum 11.15.05; LA Times Database 4.20.06*
López, Fernando Diocesano Los Ángeles, California	2000 Sa	Aprehen-dido	Aprehendido en 2004. Acusado de abuso. Transferido de una iglesia en Roma a Santo Tomás Apóstol en Los Ángeles en 2001. Es ciudadano y sacerdote visitante de Colombia. Una condena de cárcel en 2005 fue anulada por un tribunal de apelaciones en abril de 2006.	Fuente: *Desert Sun (California) / AP 9.29.04; ABC News 4.14.06* Registros: *LA Times Database 4.20.06*
López, Joseph Claretianos Los Ángeles, California	< 1963 Sa	Acusado	Acusado del abuso de una niña de 1962 a 1966. La orden informó de esto a la arquidiócesis en 1992. López dejó el sacerdocio en 1970.	Fuente: *LA Archdiocesan Report 2.17.04 page 5* Registros: *LA Archdiocesan Report Addendum 11.15.05; LA Times Database 4.20.06*
Lorenzoni, Larry Salesianos Los Ángeles, California	1951 Sa	Demandado	Acusado del abuso de una persona en 1957-1958 según informe de la arquidiócesis. Mencionado en un juicio civil. Trabajó en el Vaticano de 1986 a 1990 y después en la Oficina Provincial de los Salesianos.	Fuente: *LA Archdiocesan Report 2.17.04 page 5; SF Weekly 1.05.06* Registros: *LA Times Database 4.20.06*

Lovell, Lawrence Joseph (LJ) Claretianos Los Ángeles, California	1951 Sa	Declarado culpable	Declarado culpable en 1986 (Los Ángeles, libertad condicional) y en 2004 (Phoenix, 14 años de cárcel) por cargos de abuso. Se le concedió licencia en 1985 y lo secularizaron en 1992. Se entablaron juicios civiles en 1996 y diciembre de 2003.	Fuente: *Arizona Daily Sun 1.8.05; LA Archdiocesan Report 2.17.04 page 5; Associated Press 8.31.04; Pasadena Star-News 11.24.03* Registros: *LA Archdiocesan Report Addendum 11.15.05; LA Times Database 4.20.06*
Lupo, William L. Diocesano Chicago, Illinois	1965 Sa	Acusado	Destituido en 2002. Negó los cargos. Acusado de abusar de chicas adolescentes.	Fuente: *USA Today 11.11.02; Chicago Archdiocesan Report 3.20.06 page 2; Chicago Sun-Times 1.17.03; Chicago Tribune 6.24.02* Registros: *BA.org Assignment Record*
Lutz, Robert J. Diocesano Chicago, Illinois	1950 Sa	Acusado	Acusado de abuso. Demandado pero exonerado en causa civil. Hubo más acusaciones. Murió en enero de 2006. No figura en la lista de sacerdotes con acusaciones fundadas emitida por la arquidiócesis en marzo de 2006.	Fuente: *Chicago Lawyer 1.94; Chicago Tribune 9.14.92; Daily Southtown 1.17.06* Registros: *Detailed BA.org Assignment Record*
Lyons, Denis Diocesano Los Ángeles, California	1958 Sa	Demandado	Destituido en 2002 tras acusaciones de abusos cometidos en 1979. Aprehendido en 2003 y acusado por un jurado de abuso de adolescentess. Los cargos se desecharon en 2003 luego de un fallo de la Suprema Corte. Demandado al menos una vez. Mencionado en las listas de sacerdotes abusivos de las diócesis de Los Ángeles y Orange. Puede haber abusado de hasta cinco niños.	Fuente: *Long Beach Press Telegram 4.26.03; LA Archdiocesan Report 2.17.04 page 3; LA Times 1.11.04; OC Weekly 3.04.05* Registros: *LA Times Database 4.20.06*

Lyons, John P. Diocesano Boston, Massachusetts	1955 Sa	Aprehendido	Aprehendido en 2002. Acusado de abuso de un niño de ocho años. Destituido.	Fuente: *Boston Globe 9.13.02* Registros: *Boston Archdiocesan Assignment Record*
MacSweeney, Eugene Diocesano Los Ángeles, California	1927 Sa	Demandado	Murió el 26 de marzo de 1975. Acusado del abuso de una persona hacia 1959 según un informe arquidiocesano. Se entabló juicio civil en diciembre de 2003.	Fuente: *LA Archdiocesan Report 2.17.04 page 2* Registros: *LA Archdiocesan Report Addendum 11.15.05; LA Times Database 4.20.06*
Maday, Norbert J. Diocesano Chicago, Illinois	1964 Sa	Declarado culpable	Declarado culpable en 1994. Agresión sexual de dos niños. Condena de 20 años. Incluido en un arreglo extrajudicial con la arquidiócesis en octubre de 2003. Se entabló otro juicio en mayo de 2006 según nota del 2 de mayo de 2006 de *CBS News* y artículo del *Chicago Tribune* del 3 de mayo de 2006.	Fuente: *Chicago Tribune 6.09.94; Chicago Archdiocesan Report 3.20.06 page 2; Chicago Tribune 6.09.94; Chicago Tribune 10.03.03* Registros: *BA.org Assignment Record*
Magaldi, Philip A. Diocesano Providence, Rhode Island	1960 Sa	Demandado	Un hombre entabló juicio en 1999 en Boston acusándolo de haber abusado de él en Massachusetts mientras pertenecía a la diócesis de Providence. El juicio se desechó en 2000 al morir el quejoso. Magaldi dejó la diócesis en 1988 al surgir acusaciones de malos manejos financieros. En 1990 ingresó en la diócesis de Fort Worth, Texas, bajo el obispo Delaney y pidió permiso de ausencia en 1992, cuando se declaró culpable de malversación. Restituido al ministerio activo al cabo de ocho meses. Ejerció hasta que se entabló un juicio en 1999. Se jubiló.	Fuente: *Boston Herald 7.23.99; New Oxford Review 6.17.05; Star Telegram 6.26.05; Dallas Morning News 6.12.02 ; Star Telegram 8.18.05; Star Telegram 8.10.05; Star Telegram 2.16.06; WFAA/Dallas Morning News 2.24.06; CBS 11 8.11.06* Registros: *Fort Worth Diocese 6.10.05*

Maio, Eugene A. Jesuitas Los Ángeles, California	< 1963 Sa	Acusado	Acusado del abuso de una persona en 1963 según informe de la arquidiócesis. Se ignora su paradero.	Fuente: *LA Archdiocesan Report 2.17.04 page 5* Registros: *LA Times Database 4.20.06*
Malone, Donald T. Diocesano Nueva York, Nueva York	1960 Sa	Acusado	Destituido en 1988 de su cargo de director de escuela secundaria al ser acusado de insinuarse a un adolescente. Luego lo transfirieron a tres parroquias antes de darle licencia permanente. También aprehendido en 1979 por exhibición deshonesta.	Fuente: *USA Today 11.11.02; Journal News 4.12.02 (in collection of articles)* Registros: *BA.org Summary of Directory Entries*
Manning, Paul F. Diocesano Boston, Massachusetts	1967 Sa	Acusado	Absuelto en 1994 por un jurado de abusar de un niño de 11 años en 1993. Aun así no tiene permitido ejercer el sacerdocio y lo privaron de facultades en 1996. En 2002 un hombre y una mujer se decidieron a acusarlo de haber abusado de ellos cuando eran menores de edad.	Fuente: *Boston Globe 12.10.02; Boston Globe 5.12.02; Boxton Globe 3.05.03* Registros: *Boston Archdiocesan Assignment Record; Same Record with Addendum*
Marshall, Thomas R. Paulistas Los Ángeles, California	< 1959 Sa	Declarado procesable por un jurado de acusación	Se le imputaron 20 cargos de actos obscenos con niños menores de 14 años entre 1959 y 1963 (al menos tres acusadores). Transferido a Canadá. El fiscal de distrito intenta extraditarlo desde 2003. Mencionado en un juicio civil en diciembre de 2003.	Fuente: *Associated Press 3.26.03; LA Archdiocesan Report 2.17.04 page 5* Registros: *LA Times Database 4.20.06*
Martin, James Aloysius Diocesano Los Ángeles, California	< 1934 Sa	Acusado	Acusado del abuso de una persona entre 1934 y 1938 según informe de la arquidiócesis. Se jubiló en 1954. Murió según un informe.	Fuente: *LA Archdiocesan Report 2.17.04 page 2* Registros: *LA Times Database 4.20.06*
Martin, Jon C. Diocesano Boston, Massachusetts	1965 Sa	Acusado	Acusado de abuso. Renunció en 2001.	Fuente: *Boston Globe 1.31.03* Registros: *Boston Archdiocesan Assignment Record*

Martínez, Ernest Salesianos Los Ángeles, California	? H	Demandado	Acusado del abuso de una persona de 1965 a 1966 según un informe arquidiocesano. Trabaja en la Escuela Secundaria Obispo Mora según el Directorio Católico Oficial de 1989. Mencionado en al menos un juicio civil.	Fuente: *LA Archdiocesan Report 2.17.04 page 6* Registros: *LA Times Database 4.20.06*
Martínez, Rubén D. Oblatos de María Inmaculada Los Ángeles, California	1968 Sa	Demandado	Acusado del abuso de siete personas entre 1970 y 1981 según un informe arquidiocesano. Se entablaron al menos dos juicios civiles en diciembre de 2003. Trabajaba en la diócesis Oakland en 2003.	Fuente: *LA Archdiocesan Report 2.17.04 page 5* *LA Archdiocesan Report Addendum 11.15.05; LA Times Database 4.20.06*
Martínez, Frank R. Jr. Diocesano Davenport, Iowa	1982 Sa	Acusado	Acusado de insinuársele a un joven de 15 años en un cuarto de motel. También trabajo en las diócesis de Springfield, Illinois, y Rochester, Nueva York.	Fuente: *Des Moines Register 7.08 04* Registros: *Detailed BA.org Assignment Record*
Martini, Richard M Diocesano Los Ángeles, California	1980 Sa	Demandado	Acusado del abuso de una persona en 1990-1991 según un informe arquidiocesano. Se entabló juicio en diciembre de 2003. La arquidiócesis dice haber investigado y que las acusaciones son infundadas. Seguía activo en febrero de 2004.	Fuente: *Los Angeles Times 2.7.04; LA Archdiocesan Report 2.17.04 page 2; Ten-Minute Activist 4.02.06* Registros: *LA Archdiocesan Report Addendum 11.15.05; LA Times Database 4.20.06*
Mateo, Leonardo Diocesano Los Ángeles, California	1956 Sa	Acusado	Sacerdote externo de Filipinas. Llegó a Los Ángeles en 1959. En un juicio en 2003 se le acusó del abuso de una persona en California en 1959. Dejó Los Ángeles en 1960. Terminó en la diócesis de Joliet en 1977, donde se le hicieron acusaciones en 1983 y 1991. Dejó esa diócesis en 1984, trabajó en Chicago y luego volvió a la arquidiócesis de Cebú. Murió en 2004.	Fuente: *LA Archdiocesan Report 2.17.04 page 4; Diocese of Joliet Press Release 4.09.06; Herald News 5.17.06; Chicago Sun-Times 4.11.06* Registros: *LA Archdiocesan Report Addendum 11.15.05; LA Times Database 4.20.06*

Mateos, Francisco Vicentinos Los Ángeles, California	1958 Sa	Demandado	Ordenado en España en 1958. Llegó a Los Ángeles en 1974. Acusado del abuso de una persona entre 1976 y 1979 según un informe arquidiocesano. Demandado en diciembre de 2003. La arquidiócesis investigó y dice que no hay bases para destituirlo. Sigue ejerciendo el sacerdocio.	Fuente: *LA Times 2.9.04; LA Archdiocesan Report 2.17.04 page 5* Registros: *LA Archdiocesan Report Addendum 11.15.05; LA Times Database 4.20.06*
Mayer, Robert E. Diocesano Chicago, Illinois	1964 Sa	Declarado culpable	Se entabló un juicio civil en 1982 acusándolo de exhibirse ante varios niños. Tras un arreglo extrajudicial no se le imputaron cargos penales. Declarado culpable en 1992 del abuso de una niña de 13 años. Condenado a tres años de cárcel. Renunció en enero de 1994. Suprimido del registro de infractores sexuales del condado de Lake, Illinois, el 8 de marzo de 2006 , al expirar su plazo de registro. Cuatro hombres entablaron otro juicio civil en junio de 2006 acusándolo de abuso cuando eran jóvenes.	Fuente: *Chicago Sun-Times 12.09.94; Chicago Archdiocesan Report 3.20.06 page 2; Chicago Tribune 12.12.92; Chicago Tribune 2.06.93* Registros: *BA.org Assignment Record*
McAndrews, John Kevin Diocesano Boston, Massachusetts	1949 Sa	Demandado	Demandado en 2002. Acusado de abuso.	Fuente: *Eagle Tribune 6.29.02; Civil Complaint 6.4.02* Registros: *Boston Archdiocesan Assignment Record; Funeral Record with Additional Info*

McCaffrey, Vincent Diocesano Chicago, Illinois	1978 Sa	Declarado culpable	Renunció en diciembre de 1993. Declarado culpable en 2002. Condena de 20 años por pornografía infantil. Incluido en un arreglo extrajudicial con la arquidiócesis en octubre de 2005. Confesó bajo juramento haber abusado de hasta 40 niños. Demandado en mayo de 2006 por un hombre que lo acusa de abusos de 1982 a 1986, cuando él tenía entre ocho y 12 años.	Fuente: *Chicago Tribune 5.18.06*; *Chicago Archdiocesan Report 3.20.06 page 2*; *Chicago Sun-Times 1.17.03*; *Chicago Tribune 10.28.05* Registros: *BA.org Assignment Record*
McConaghy, R. Thomas Orden de Hermanos Cristianos de La Salle Rockville Centre, Nueva York	1981 Sa	Acusado	Renunció. Acusado de abuso de un estudiante en una academia militar en el estado de Nueva York entre 1973 y 1975, antes de ordenarse. Se ordenó para la diócesis de Norwich, Connecticut, la cual sí informó a la de Rockville Centre sobre la acusación de abuso.	Fuente: *The Day 3.9.05*; *1010 W Indiana S (Nueva York) 3.08.05*; *Norwich Bulletin 3.08.05*; *The Westerly (Rhode Island) Sun 3.19.05* Registros: *BA.org Assignment Record*
McCormack, Daniel Diocesano Chicago, Illinois	1994 Sa	Acusado	Acusado de abuso de al menos tres niños. El Departamento de Servicios para la Niñez y la Familia investiga. Destituido. Se entabló juicio civil. Hay otras tres posibles víctimas. Nuevas acusaciones relativas a otra víctima en las noticias el 7 de mayo de 2006. Le han imputado cargos penales por el abuso de cinco niños.	Fuente: *Chicago Sun-Times 1.26.06*; *CBS2 3.14.06*; *Chicago Tribune 3.21.06*; *Chicago Tribune 4.02.06*; *Chicago Tribune 8.17.06* Registros: *BA.org Assignment Record*

McDonald, James T. Diocesano Boston, Massachusetts	1953 Sa	Acusado	Acusado de abuso de niñas. Confesó. Murió.	Fuente: *Boston Globe 2.12.03* Registros: *Boston Archdiocesan Assignment Record*
McDonald, Paul E. Diocesano Boston, Massachusetts	1964 Sa	Acusado	Acusado de abuso.	Fuente: *Boston Globe 12.13.02* Registros: *Boston Archdiocesan Assignment Record; Resime 1; Resume 2*
McDonald, Robert Joseph Diocesano Chicago, Illinois	1973 Sa	Acusado	Recién identificado como abusador en el informe de la arquidiócesis de Chicago del 20 de marzo de 2006. Renunció en junio de 1990.	Fuente: *Chicago Archdiocesan Report 3.20.06 page 2* Registros: *BA.org Assignment Record*
McDonough, John Roger Diocesano San Luis, Missouri	< 1965 Sa	Demandado	Mencionado en 2006 en un juicio civil en que se le acusa del abuso de un niño de edad comprendida entre los 11 y los 13 años en 1982. Murió en 1985.	Fuente: *Kansas City Star (AP) 6.21.06; Saint Louis Post-Dispatch 6.21.06; KWMU (AP) 6.22.06* Registros: *Saint Louis Post-Dispatch 6.22.06*
McElhatton, Thomas Dominicos Los Ángeles, California	< 1943 Sa	Demandado	Acusado del abuso de una persona de 1943 a 1945 según un informe arquidiocesano. Se entabló un juicio civil en noviembre de 2003 con acusaciones de una persona.	Fuente: *LA Archdiocesan Report 2.17.04 page 5* Registros: *LA Times Database 4.20.06*

McGloin, James Marianistas Los Ángeles, California	? H	Demandado	Acusado del abuso de una persona en 1963 según un informe arquidiocesano. Mencionado en un juicio civil. Se desconoce su estado actual.	Fuente: *LA Archdiocesan Report 2.17.04 page 6* Registros: *LA Times Database 4.20.06*
McGuire, Donald J. Jesuitas Chicago, Illinois	1961 Sa	Declarado procesable por un jurado de acusación	Demandado en 2003. Acusado de abuso. Se le formularon cargos penales en 2005. No se le puede procesar en Illinois. Declarado culpable el 24 de febrero de 2006 en Wisconsin. En julio de 2006, a los 76 años, lo condenaron a 20 años de libertad condicional y confinamiento en un hogar para ancianos. Si falla la apelación, también pasará siete años en la cárcel.	Fuente: *Chicago Tribune 7.19.06; Chicago Tribune 2.17.06; Chicago Tribune 2.24.06; TMJ4 7.18.06 ; Janesville Gazette 3.07.06; Catholic New World 3.05.06; Chicago Tribune 2.23.06; Chicago Tribune 10.22.05; Wilmette Life 9.18.03; ABC7 9.17.03; Janesville Gazette 7.19.06* Registros: *BA.org Assignment Record*
McHugh, Patrick Diocesano Los Ángeles, California	1943 Sa	Demandado	Según un informe de la arquidiócesis, una persona lo acusó de abusos cometidos de 1972 a 1974. Según los diarios, al menos siete demandaron en 2003 por abusos sufridos en los años 60. Un juicio civil fue sobreseído por el tribunal en 2005. Los periódicos afirman que murió en 1979, pero figura en el Directorio Católico de 1989 (?).	Fuente: *Santa Cruz Sentinel 3.4.03; LA Archdiocesan Report 2.17.04 page 2; Santa Cruz Sentinel 3.16.04; BA.org compilation re Diocese of Monterey* Registros: *LA Times Database 4.20.06*
McKenzie, Joseph M. Diocesano Filadelfia, Pensilvania	1951 Sa	Acusado	Acusado del abuso de dos menores varones y otros dos jóvenes entre 1966 y 1981. Gozó de al menos cuatro permisos por enfermedad durante su sacerdocio. Murió en 1989.	Fuente: *Philadelphia Grand Jury Report* Registros: *Philadelphia Archdiocesan Priest Data Profile*
McKeon, Martin Franciscanos Los Ángeles, California	< 1954 Sa	Demandado	Acusado del abuso de dos personas de 1962 a 1965 según un informe arquidiocesano que consigna su muerte. Un acusador incluido en un juicio civil entablado en diciembre de 2003.	Fuente: *LA Archdiocesan Report 2.17.04 page 5* Registros: *LA Times Database 4.20.06*

McLaughlin, Paul J. Diocesano Boston, Massachusetts	1955 Sa	Acusado	Acusado del abuso de un niño en los años 60.	Fuente: *LA Times 1.14.03* Registros: *Boston Archdiocesan Assignment Record*; *List of Yakima Assignment*
McLoughlin, Richard J. Diocesano Filadelfia, Pensilvania	1969 Sa	Acusado	Acusado del abuso de un niño en 1968 y de una joven de 15 años en 1976. Se le concedió licencia en 1994 y en 2002. Se le impusieron más restricciones en 2004. El asunto se turnó al Vaticano.	Fuente: *Philadelphia Grand Jury Report* Registros: *Philadelphia Archdiocesan Priest Data Profile*
McMahon, Benjamin Diocesano Boston, Massachusetts	1968 Sa	Acusado	Acusado de abuso.	Fuente: *Boston Globe 12.18.02* Registros: *Boston Archdiocesan Assignment Record*
McNamara, Patrick H. Jesuitas Los Ángeles, California	1955 ? Sa	Demandado	Acusado del abuso de una persona en los años 60 (¿en la Universidad Loyola?) según un informe arquidiocesano. Se cree que dejó el sacerdocio en 1968. Escribió varios libros. Murió en 2001. Mencionado en un juicio civil.	Fuente: *LA Archdiocesan Report 2.17.04 page 5* Registros: *LA Times Database 4.20.06*
McNamara, Peter John Diocesano Chicago, Illinois	1970 Sa	Acusado	Recién identificado como abusador en el informe de la arquidiócesis del 20 de marzo de 2006. Renunció en agosto de 1971.	Fuente: *Chicago Archdiocesan Report 3.20.06 page 2* Registros: *BA.org Assignment Record*

McPartland, Paul G. Diocesano Boston, Massachusetts	1957 Sa	Acusado	Acusado de abuso.	Fuente: *Boston Globe 2.7.03* Registros: *Boston Archdiocesan Assignment Record;* *Letter from Law 5.13.02 Granting Retirement*
McQuade, Richard E. Diocesano Boston, Massachusetts	1957 Sa	Acusado	Acusado de abuso.	Fuente: *Boston Herald 2.25.03* Registros: *Boston Archdiocesan Assignment Record;* *Letter from Law 6.24.96 Announcing Administrative Leave; Letter from Law 9.9.96 Ending Administrative Leave*
Meffan, Robert V. Diocesano Boston, Massachusetts	1953 Sa	Acusado	Acusado de abuso de niñas.	Fuente: *Boston Globe 12.04.02* Registros: *Boston Archdiocesan Assignment Record*
Méndez, José J. Agustinos recoletos Los Ángeles, California	1983 Sa	Demandado	Acusado del abuso de una persona de 1985 a 1987 según un informe arquidiocesano. Dejó la arquidiócesis en 1993. Se entabló al menos un juicio civil.	Fuente: *LA Archdiocesan Report 2.17.04 page 5* Registros: *LA Archdiocesan Report Addendum 11.15.05; LA Times Database 4.20.06*

Meyer, Louis L. Congregación de la Santa Cruz Los Ángeles, California	< 1968 Sa	Demandado	Acusado del abuso de una niña en 1968 en el juicio civil BC308361, Tribunal Superior de Los Ángeles, entablado en 2003. Mencionado en la adenda de un informe de la arquidiócesis.	Fuente: *LA Archdiocesan Report 2.17.04 page 5; LA Archdiocesan Report Errata Notice # 1* Registros: *LA Times Database 4.20.06*
Miani, Titian Jim (Athos?) Salesianos Los Ángeles, California	1955 Sa	Demandado	Aprehendido en 2003 y declarado procesable por un jurado de acusación por el presunto abuso de dos niñas. Los cargos se desecharon en 2003 debido a un fallo de la Suprema Corte de California. Un informe de la arquidiócesis consigna a cuatro acusadores y abusos cometidos de 1957 a 1967. Se entabló al menos un juicio civil. Dejó la arquidiócesis en 1967. Fue a San Francisco y luego a Stockton.	Fuente: *AP 6.20.03; Press-Enterprise 7.15.03; LA Archdiocesan Report 2.17.04 page 5; LA Weekly 12.05.04 ; LA Archdiocesan Report Addendum 10.12.05* Registros: *LA Archdiocesan Report Addendum 11.15.05; LA Times Database 4.20.06*
Miller, George Michael Vicentinos Los Ángeles, California	1963 Sa	Demandado	Se jubiló en 1997. Acusado del abuso de un niño en los años 70 y 80. Lo aprehendieron en 2002, pero los cargos se desecharon en 2003 debido a un fallo de la Suprema Corte de California. Un informe de la arquidiócesis consigna a seis acusadores. Mencionado por dos personas en un juicio civil en octubre de 2003.	Fuente: *LA Times 4.20.06; LA Archdiocesan Report 2.17.04 page 2; Ventura County Star 12.7.03; LA Times 8.18.02 ; Ventura County Star 3.16.03; LA Times 12.11.02; LA Times 10.28.03; Pasadena Weekly 4.20.06* Registros: *LA Archdiocesan Report Addendum 11.15.05; LA Times Database 4.20.06*
Mitchell, John D. Paulistas Los Ángeles, California	1938 Sa	Acusado	Acusado por una persona de abuso en 1968 según la fe de erratas de un informe de la arquidiócesis.	Fuente: *LA Archdiocesan Report Errata Notice # 3* Registros: *LA Times Database 4.20.06*
Molthen, Vincent Redentoristas Los Ángeles, California	1951 Sa	Acusado	Acusado del abuso de una persona de 1961 a 1962 según un informe arquidiócesano. Murió.	Fuente: *LA Archdiocesan Report 2.17.04 page 5* Registros: *LA Times Database 4.20.06*

Monahan, Joseph R Diocesano Filadelfia, Pensilvania	1962 Sa	Acusado	Acusado en 2002 del abuso de un niño de octavo grado en 1969. Lo enviaron a San Luis para tratarlo por alcoholismo en 1972 y luego empezó a trabajar. En 1980 lo admitió esa diócesis, que no supo de las acusaciones sino hasta 2005, poco antes del informe del jurado de acusación. Se le concedió licencia de inmediato.	Fuente: *Philadelphia Grand Jury Report; Saint Louis Post Dispatch 6.18.06* Registros: *Philadelphia Archdiocesan Priest Data Profile*
Monroe, Harry E. Diocesano Indianápolis, Indiana	1974 Sa	Demandado	Transferido varias veces en el curso de 10 años. Se le concedió licencia en 1981, cuando una mujer se quejó del abuso sufrido por su hijo. Fue «relevado de sus deberes ministeriales» por el arzobispo O'Meara en 1984. Su último domicilio conocido fue en Nashville. El joven cuya madre denunció el abuso de 1981 se suicidó antes de cumplir 20 años. Acusado de haber abusado de muchos jóvenes antes de 1984. Les daba marihuana y alcohol. Mencionado en varios juicios en 2005 y 2006. Se habían entablado 13 juicios civiles hasta el 17 de agosto de 2006.	Fuente: *Tribune-Star 9.26.05; Tribune-Star 11.7.05; Tribune-Star 11.13.05; Indianapolis Star 6.06.06 ; Fort Wayne News Sentinel 6.06.06; John Doe WC Complaint 6.13.06; Tribune-Star 6.13.06; Indianapolis Star 7.30.06; Ft. Wayne News-Sentinel (AP) 7.31.06; Ft. Wayne News-Sentinel (AP) 8.01.06; Indianapolis Star 8.15.06; WTWO 8.17.06; WISH 8.17.06 ; Journal Gazette 8.18.06; Tribune Star 8.19.06* Registros: *Indianapolis Star 9.09.05*
Monte, Alfred J. Agustinos Los Ángeles, California	1940 Sa	Demandado	Acusado por una persona de un abuso cometido en 1947 según un informe arquidiocesano. Figura como finado. Mencionado en al menos un juicio.	Fuente: *LA Archdiocesan Report 2.17.04 page 5* Registros: *LA Times Database 4.20.06*
Moody, Michael Andre Hermanos de San Francisco Los Ángeles, California	? H	Demandado	Acusado del abuso de dos personas en 1980 según un informe arquidiocesano. Mencionado en un juicio civil en diciembre de 2003.	Fuente: *LA Archdiocesan Report 2.17.04 page 6* Registros: *LA Times Database 4.20.06*

Moriarty, Paul J. Diocesano Boston, Massachusetts	1948 Sa	Demandado	Demandado en 2002. Acusado de encubrimiento. Murió.	Fuente: *Boston Globe 9.19.02* Registros: *Boston Archdiocesan Assignment Record;* *Other Assignment Records; Letter 2.12.60* *on Juvenile Court Chaplaincy*
Morrissette, Robert H. Diocesano Boston, Massachusetts	1975 Sa	Acusado	Suspendido. Confesó haber abusado de niños. Secularizado según el artículo de marzo de 2006.	Fuente: *Boston Globe 12.4.02; Boston Globe* *3.19.06* Registros: *Boston Archdiocesan Assignment Record;* *Other Assignment Record; Memo 8.13.97* *about Hotel Job and Therapy*
Mulholland, John H. Diocesano Filadelfia, Pensilvania	1965 Sa	Acusado	Acusado del abuso de seis o más niños y otras víctimas antes de 1970. En 2004 la arquidiócesis decidió que los cargos no eran creíbles, pero que necesitaba ayuda psiquiátrica. Siguió ejerciendo hasta poco después del informe del jurado de acusación publicado en 2005.	Fuente: *Philadelphia Grand Jury Report;* *Philadelphia Inquirer 9.23.05* Registros: *Philadelphia Archdiocesan Priest Data* *Profile*
Mullin, Jay Michael Diocesano Boston, Massachusetts	1969 Sa	Arreglo extrajudicial	Arreglo extrajudicial en 1992 por 50 mil dólares. El sacerdote negó las acusaciones; dijo que la diócesis forzó el arreglo extrajudicial.	Fuente: *Boston Globe 2.24.02* Registros: *Boston Archdiocesan Assignment Record*

Mulsoff, Donald John Diocesano Chicago, Illinois	1969 Sa	Acusado	Destituido en 2002. Acusado de abuso. Secularizado en septiembre de 2005. Murió en noviembre de 2005.	Fuente: *USA Today 11.11.02; Chicago Archdiocesan Report 3.20.06 page 2; Chicago Sun-Times 1.17.03; Chicago Sun-Times 9.27.05* Registros: *BA.org Assignment Record*
Murguía, Ralph Salesianos Los Ángeles, California	? H	Demandado	Acusado del abuso de una persona entre 1957 y 1960 según la adenda de un informe arquidiocesano. Mencionado en un juicio civil.	Fuente: *LA Archdiocesan Report Addendum 11.15.05* Registros: *LA Times Database 4.20.06*
Murphy, David [J.] C. Diocesano Boston, Massachusetts	1963 Sa	Arreglo extrajudicial	Arreglo extrajudicial. Destituido en 2002. Acusado de abuso.	Fuente: *Boston Globe 2.24.02* Registros: *Boston Archdiocesan Assignment Record*

Murphy, Francis A. Diocesano Anchorage, Alaska	1957 Sa	Acusado	Transferido a Alaska en los años 60. Acusado del abuso de cinco adolescentes varones. Dejó Alaska a mediados de los 80 para someterse a terapia para el alcoholismo. Los informes de abuso sexual de niños varones y pornografía surgieron hacia la época en que partió de Anchorage. La primera queja oficial ante la diócesis fue en 1994. Trabajó en Boston después del tratamiento. El archivo de personal de la diócesis de Boston publicado en 2003 incluía un informe policial de 1985. Destituido en 1995. Luego trabajó en la diócesis de Gallup, Nuevo México. Cinco quejosos obtuvieron 1.4 millones de dólares en un arreglo extrajudicial en agosto de 2006.	Fuente: *Juneau Empire 2.09.03; Anchorage Daily News 8.04.06; Arizona Republic 2.04.03; Anchorage Daily News 2.26.04 ; Boston Globe 2.05.03; Gallup Independent 8.03.05; KTVirginia 8/04/06* Registros: *Boston Archdiocesan Assignment Record*
Murphy (de Memphis), James W. Diocesano Memphis, Tennessee	1948 Sa	Acusado	Acusado de abusar sexualmente de niños varones con Janssen, Geerts y Bass en viajes a la diócesis de Davenport, Iowa. También acusado de abusar de niños en la diócesis de Nashville, en lugares que llegarían a formar parte de las diócesis de Memphis y Knoxville. Trabajó también en un centro de retiro de la arquidiócesis de Saint Paul y Mineápolis.	Fuente: Registros: *Detailed BA.org Assignment Record*
Murray, Daniel J. Diocesano Los Ángeles, California	1973 Sa	Demandado	Demandado en 2003. Acusaciones de abuso de un joven de 1973 a 1979. Un arreglo extrajudicial de 500 mil dólares a fines de 2003 mantuvo el secreto durante un año. Se le concedió licencia. Era ex director de vocaciones de la diócesis de Orange. También acusado de mala conducta sexual en 1991, pero la diócesis no pudo fundarlas. Mencionado en la adenda de un informe de la arquidiócesis.	Fuente: *NBC 4 (LA) 9.30.03; LA Archdiocesan Report Addendum 11.15.05; OC Weekly 3.04.05; Orange County Register 5.17.05 ; Daily Pilot 9.08.04; LA Times 9.28.03* Registros: *LA Times Database 4.20.06; OC Weekly 3.04.05*

Murray, John J. Diocesano Filadelfia, Pensilvania	1947 Sa	Acusado	Acusado del abuso de dos chicas adolescentes en 1991. Se le concedió licencia con facultades restringidas en 1992, y en 1993 «se retiró». Se añadieron restricciones en 2004. Murió en marzo de 2006.	Fuente: *Philadelphia Grand Jury Report* Registros: *Philadelphia Archdiocesan Priest Data Profile*
Nawn, Henry J. Diocesano Filadelfia, Pensilvania	1955 Sa	Demandado	Acusado del abuso de cinco varones de entre 15 y 17 años en los años 60. La arquidiócesis no recibió la primera acusación sino hasta 1997. Murió en 1996. Mencionado en juicios civiles en 2004 y 2006.	Fuente: *Philadelphia Grand Jury Report; Class Action Suit filed 6.06; Philadelphia Daily News 3.16.04; Philadelphia Inquirer 9.18.05* Registros: *Philadelphia Archdiocesan Priest Data Profile*
Nhi, Tran Dinh Diocesano Arlington, Virginia	1971 Sa	Acusado	Se le concedió licencia en mayo de 2006 al ser acusado de haber abusado de dos niñas entre 1975 y 1980. La diócesis considera las acusaciones «creíbles».	Fuente: *WVEC (Virginia) AP 5.10.06; Washington Post 5.11.06* Registros: *Catholic Herald (Virginia) 5.11.06*
Nocita, Michael Stephen Diocesano Los Ángeles, California	1977 Sa	Demandado	Acusado del abuso de tres personas de 1975 a 1985 según un informe arquidiocesano. Mencionado en al menos un juicio civil. Una acusación (de hechos ocurridos entre 1980 y 1982) se notificó a la policía en 1988. Se le concedió licencia en 1991. Se le revocaron facultades en 2000.	Fuente: *LA Archdiocesan Report 2.17.04 page 2; LA Times 4.20.06; LA Times 11.17.05; Random Lengths News (LA) 1.12.06* Registros: *LA Archdiocesan Report Addendum 11.15.05; LA Times Database 4.20.06*

Nyhan, W. James Diocesano Boston, Massachusetts	1973 Sa	Declarado culpable	Destituido en 2002. Acusaciones según los archivos diocesanos. Aprehendido en 2003 en Charleston, Carolina del Sur. El juicio penal empieza en abril de 2006. Acusaciones tanto en Boston como en Charleston. Se declaró culpable poco antes de comenzar el juicio penal, el 25 de abril de 2006. Una condena de 30 años de cárcel se cambió por cinco años de libertad condicional. El juicio civil, en Charleston, terminó por mediación en agosto de 2006.	Fuente: *Boston Globe 6.27.02; Post and Courier 4.24.06; The Guardian 4.25.06; Post and Courier 4.25.06 ; WIS TV 8.22.06; Billerica Minuteman 5.04.06; Boston Globe 12.04.02* Registros: *Boston Archdiocesan Assignment Record; Juvenile Court Chaplaincy Not Included en Record; Letter to Law 1996 Describing Rome Program*
O'Brien, William John Diocesano Chicago, Illinois	1973 Sa	Demandado	Acusado de abuso. Destituido de ejercer públicamente el ministerio en junio de 2005. La arquidiócesis pidió que lo secularicen, pero la petición seguía pendiente en Roma en septiembre de 2005. Demandado en abril de 2006 por dos víctimas.	Fuente: *Daily Southtown 6.6.05; Associated Press 6.6.05; Chicago Archdiocesan Report 3.20.06 page 3; NBC5 Chicago 4.20.06* Registros: *BA.org Assignment Record*
O'Byrne, John Diocesano Los Ángeles, California	1961 Sa	Demandado	Acusado del abuso de una persona en 1965-1966 según la adenda de un informe arquidiocesano. Mencionado en un juicio.	Fuente: *LA Archdiocesan Report Addendum 11.15.05* Registros: *LA Times Database 4.20.06*
O'Carroll, Charles W. Diocesano Los Ángeles, California	1922 Sa	Demandado	Ordenado en Irlanda; empleado en Los Ángeles en 1923. Admitido en la diócesis de Los Ángeles en 1929. Acusado del abuso de una persona de 1956 a 1958 según un informe arquidiocesano. Murió en 1987. Mencionado en un juicio civil.	Fuente: *LA Archdiocesan Report 2.17.04 page 2* Registros: *LA Archdiocesan Report Addendum 11.15.05; LA Times Database 4.20.06*
O'Connor, Donal P. Diocesano Los Ángeles, California	1955 Sa	Demandado	Acusado del abuso de tres personas de 1959 a 1961 según un informe arquidiocesano. Se le concedió licencia y luego se jubiló en 2002. Mencionado en al menos un juicio civil.	Fuente: *LA Archdiocesan Report 2.17.04 page 2* Registros: *LA Archdiocesan Report Addendum 10.12.05; LA Times Database 4.20.06*

O'Dwyer, Patrick Diocesano Los Ángeles, California	1924 Sa	Demandado	Acusado del abuso de una persona en 1959. Murió en 1971. Se entabló un juicio civil en su contra.	Fuente: *LA Archdiocesan Report 2.17.04 page 2* Registros: *LA Archdiocesan Report Addendum 11.15.05; LA Times Database 4.20.06*
O'Gorman, Thomas Diocesano Chicago, Illinois	1977 Sa	Declarado procesable por un jurado de acusación	Declarado procesable por un jurado de acusación. Acusado del abuso de un menor y destituido en 1992. Dejó el sacerdocio en 1994. En 2004 se supo que le escribía los discursos al esposo de Anne Burke, jefa de la junta de vigilancia sobre abuso sexual del episcopado de EU.	Fuente: *Chicago Tribune 9.28.93; Jersey Journal 4.10.04* Registros: *BA.org Assignment Record*
O'Leary, Arthur P. Diocesano Boston, Massachusetts	? Sa	Acusado	Acusado de abuso según archivos diocesanos.	Fuente: *Boston Herald 2.5.03; Documents from O'Leary's Archdiocesan File* Registros: *Boston Archdiocesan Assignment Record*
O'Leary, Mark Dominicos Los Ángeles, California	1985 Sa	Acusado	Acusado por dos personas de abuso en el sur de California de 1974 a 1977.	Fuente: *ABC7News.com 4.6.05/statement of Order 4.7.05; LA Archdiocesan Report Errata Notice # 2; ABC7 10.14.05* Registros: *LA Times Database 4.20.06*
O'Loghlen, Martin Sagrado Corazón Los Ángeles, California	1961 Sa	Acusado	Acusado del abuso de una persona de 1965 a 1968 según un informe arquidiocesano. Activo en Myanmar y Filipinas en 2004 según artículos.	Fuente: *LA Archdiocesan Report 2.17.04 page 5* Registros: *LA Times Database 4.20.06*
O'Neill, James W. Diocesano Wilmington, Delaware	1968 Sa	Demandado	Destituido. Acusado del abuso de una persona de 1976 a 1985. La diócesis intenta que se sobresea el juicio por prescripción del delito desde el 26 de junio de 2006.	Fuente: *Winston-Salem Journal 4.22.02; News Journal 11.20.05 (Major Account); News Journal 6.26.06; News Journal 6.27.06; Philadelphia Inquirer 9.17.05; News Journal 11.20.05* Registros: *News Journal 11.20.05*
O'Rourke, Thomas E. Jesuitas Los Ángeles, California	1943 Sa	Acusado	Acusado del abuso de una persona en 1968 según la adenda de un informe arquidiocesano. Murió.	Fuente: *LA Archdiocesan Report Addendum 11.15.05* Registros: *LA Times Database 4.20.06*

O'Toole, Paul L. Chicago, Illinois	1967 Sa	Arreglo extrajudicial	Una mujer anunció en 2006 que había recibido una suma como arreglo extrajudicial de la arquidiócesis de Chicago en 2004. Sostuvo que O'Toole había abusado sexualmente de ella cuando tenía 16 años, en 1966, y que el abuso continuó hasta sus 19 años por parte de los padres John F. Rohrich y Howard Strum.	Fuente: *WBBM 2.11.06; Sun-Times 2.12.06* Registros: *BA.org Assignment Record*
Orellana Mendoza, Samuel Diocesano Los Ángeles, California	1968 Sa	Demandado	Ordenado en El Salvador. Trabajaba en Los Ángeles en 1981; admitido en la diócesis en 1987. Demandado en 2003. Acusado de abuso de una niña en 1987. Mencionado en un informe de la arquidiócesis. Ésta investigó y no halló motivos para destituirlo.	Fuente: *Los Angeles Times 2.7.04; LA Archdiocesan Report 2.17.04 page 2* Registros: *LA Archdiocesan Report Addendum 11.15.05; LA Times Database 4.20.06*
Ormechea, John Baptist Pasionistas Chicago, Illinois	1965 Sa	Demandado	Obtuvo permiso de ausencia en 1993 cuando una familia en Chicago lo acusó de haber abusado de su hijo en 1983. Evaluado y restituido al sacerdocio. Destituido de la parroquia de Louisville, Kentucky, en 2002 al ser acusado por cuatro hombres de haber abusado de ellos cuando eran jóvenes en Chicago. Transferido a Roma. Mencionado por al menos seis personas en juicios civiles, una de las cuales sostuvo que lo habían destituido de Chicago en 1988 tras otra acusación más.	Fuente: *Chicago Tribune 11.25.03; Dallas Morning News 9.12.04; Louisville Courier-Journal 2.27.03; Post-Dispatch 12.05.03* Registros: *BA.Org Assignment Record*
Ouellette, Lionel P. Diocesano Boston, Massachusetts	? Sa	Acusado	Acusado de abuso. Murió.	Fuente: *Boston Globe 2.7.03* Registros: *Boston Archdiocesan Assignment Record; Obituary*

ANEXO

Pacheco, Gary Franciscanos Los Ángeles, California	1974 Sa	Arreglo extrajudicial	Al principio se entablaron dos juicios en su contra. Uno terminó en arreglo extrajudicial en 1994. Negó las acusaciones. Destituido en 1987. Mencionado en un informe de la arquidiócesis como abusador de una persona en 1975. También figura en la lista de sacerdotes abusivos de la diócesis de Orange. Es posible también que lo hayan nombrado en un litigio en curso.	Fuente: *USA Today 11.11.02; LA Archdiocesan Report 2.17.04 page 5; LA Times 1.11.04; Fresno Bee 12.17.03 ; Monteeay Harold 5.25.05; OC Weekly 3.04.05* Registros: *LA Times Database 4.20.06; OC Weekly 3.04.05*
Pecharich, Michael P. Diocesano Los Ángeles, California	1973 Sa	Acusado	Destituido en 2002. Confesó haber molestado a un adolescente hace 19 años. Acusado de abusar de cuatro personas de 1974 a 1984 según un informe arquidiocesano. También figura en la lista de sacerdotes abusivos de la diócesis de Orange. Mencionado en al menos un juicio civil.	Fuente: *Orange County Register 5.18.05 (Major Account); LA Archdiocesan Report 2.17.04 page 3; LA Times 1.11.04; LA Times 5.25.05 ; Letter from Mother of Victim to Bishop Brown 3.30.02; Documents from Complaint File of Orange Diocese; LA Times 5.18.05; Random Lengths News 1.12.06* Registros: *LA Archdiocesan Report Addendum 11.15.05; LA Times Database 4.20.06; OC Weekly 3.04.05*
Peck, Daniel P. Franciscanos Los Ángeles, California	1965 Sa	Acusado	Acusado del abuso de una persona en 1996 según un informe arquidiocesano. Se desconoce su estado actual.	Fuente: *LA Archdiocesan Report 2.17.04 page 5* Registros: *LA Times Database 4.20.06*
Peguero, Robert H. Franciscanos Los Ángeles, California	1975 Sa	Acusado	Acusado por dos víctimas de abusos cometidos en 1987.	Fuente: *LA Archdiocesan Report Errata Notice # 1* Registros: *LA Times Database 4.20.06*
Peña, Amado Piaristas Los Ángeles, California	? Se	Declarado procesable por un jurado de acusación	Acusado de abusar de una persona en 1983 según un informe arquidiocesano. Acusado en 2003 de molestar a dos niños. Transferido a Massachusetts y aprehendido, también acusado de abusar de dos niños allí. Los cargos en California se desecharon en 2003 por decisión de la Suprema Corte del estado.	Fuente: *Associated Press 3.30.03; LA Archdiocesan Report 2.17.04 page 7* Registros: *LA Times Database 4.20.06*

Pérez, Henry Diocesano Phoenix, Arizona	1973 Sa	Declarado procesable por un jurado de acusación	Admitido en la diócesis de Phoenix como marista. Demandado dos veces en Phoenix en 1993. Acusado de abuso. Declarado procesable por un jurado de acusación en Phoenix en 2003 por el abuso de dos personas en los años 70 y principios de los 80. Admitido en la diócesis de Orange en 1989. Licencia en 1991. Aparece tanto en la fe de erratas de un informe de la arquidiócesis de Los Ángeles como en una lista de sacerdotes abusivos de la diócesis de Orange. Dos juicios civiles en 2003. Murió.	Fuente: Associated Press 6.2.03; *LA Archdiocesan Report Addendum 11.15.05*; *LA Times 1.11.04*; *Mercury News 12.10.03* ; *OC Weekly 7.09.04*; *Associated Press 8.31.04*; *OC Weekly 3.04.05* Registros: *LA Times Database 4.20.06*; *OC Weekly 3.04.05*
Picardi, Jr., John M. Diocesano Boston, Massachusetts	? Sa	Acusado	Destituido en 2003. Acusado de abuso según archivos diocesanos.	Fuente: *Arizona Republic 2.5.03; 2.12.03* Registros: *Boston Archdiocesan Assignment Record*
Pick, Louis V. Diocesano Los Ángeles, California	1939 Sa	Demandado	Acusado del abuso de una persona en 1947 según un informe arquidiocesano. Murió en 1969. Mencionado en al menos un juicio civil.	Fuente: *LA Archdiocesan Report 2.17.04 page 2* Registros: *LA Archdiocesan Report Addendum 11.15.05*; *LA Times Database 4.20.06*
Pillon, Gordon Diocesano Orange, California	1979 Sa	Acusado	Según un artículo del 24 de mayo de 2006, la diócesis de Peoria acababa de concederle licencia al saber de unas acusaciones de mala conducta sexual que datan de principios de los años 80, cuando Pillon era sacerdote de la diócesis de Orange. Ingresó en la de Peoria en los años 90. También trabajó en Charlotte, Carolina del Norte, de 1996 a 1999.	Fuente: *WQAD, 5.24.06*; *Belleville News- Democrat (AP) 5.25.06*; *Peoria Journal Star 5.25.06* Registros: *Partial Assignment Report--Pantagraph 5.25.06*

Piña, Joseph D. Diocesano Los Ángeles, California	1972 Sa	Demandado	Acusado del abuso de una niña en los años 70. Investigación policiaca en 2002. Hay otra acusadora. Mencionado en un juicio civil entablado en 2003. Sometido a licencia de inactividad permanente en 1999. Mencionado en un informe de la arquidiócesis en 2004.	Fuente: *National Catholic Reporter 8.30.02; LA Archdiocesan Report 2.17.04 page 2; LA Times 8.18.02; LA Times 4.20.06 ; Ten Minute Activist 2.04.06* Registros: *LA Archdiocesan Report Addendum 11.15.05; LA Times Database 4.20.06*
Pipala, Edward Diocesano Nueva York, Nueva York	1966 Sa	Declarado culpable	La arquidiócesis supo del abuso en 1977, lo envió a tratamiento y luego lo restituyó. Destituido del sacerdocio en 1992; declarado culpable de sodomía en 1993. Pasó siete años en prisión con cargos estatales y federales. Liberado en julio de 2000. Numerosas víctimas en el lapso de 20 años. Mencionado en varios juicios civiles. ¿Secularizado?	Fuente: *Buffalo News 6.13.02; USA Today 11.11.02; New York Daily News 4.16.02 (in collection of articles); Dallas Morning News 6.12.02* Registros: *BA.org Summary of Directory Entries*
Pleimann, Bernard Marianistas Los Ángeles, California	? H	Acusado	Acusado del abuso de una persona en 1963. Llamado Ploughman en un informe del 17 de febrero de 2004; el nombre se corrigió a Pleimann en la fe de erratas, número 1.	Fuente: *LA Archdiocesan Report 2.17.04 page 7; LA Archdiocesan Report Errata Notice # 1* Registros: *LA Times Database 4.20.06*
Plesetz, Gerald John Diocesano Los Ángeles, California	1970 Sa	Demandado	Transferido a la diócesis de Orange en 1976. Aprehendido en 2002. Acusado del abuso de una adolescente de 1973 a 1977 y de tener un hijo con ella. Los cargos se desecharon tras un fallo de la Suprema Corte de California en 2003. Una mujer adulta también lo acusó de tener un hijo con ella. Dejó el sacerdocio en 1977 para casarse. Secularizado en 1978. Un juicio civil.	Fuente: *USA Today 11.11.02; LA Archdiocesan Report 2.17.04 page 3; OC Weekly 3.04.05* Registros: *LA Archdiocesan Report Addendum 11.15.05; LA Times Database 4.20.06; OC Weekly 3.04.05*

Plourde, Raymond C.	? Sa	Arreglo extrajudicial	Arreglo extrajudicial en 1992. Acusado del abuso de un niño de 12 años. Después se le pidió su renuncia.	Fuente: *WCVB-TV 12 20 02* Registros: *Boston Archdiocesan Assignment Record*; *Another Assignment Record*
Diocesano Boston, Massachusetts				
Porter, Thomas A. Diocesano Los Ángeles, California	1965 Sa	Demandado	Acusado del abuso de una persona de 1966 a 1968 según un informe arquidiocesano. Tuvo permiso de inactividad de 1968 a 1973. Secularizado en 1973. Mencionado en un juicio civil.	Fuente: *LA Archdiocesan Report 2.17.04 page 2* Registros: *LA Archdiocesan Report Addendum 11.15.05; LA Times Database 4.20.06*
Poster, Richard J. Diocesano Davenport, Iowa	1992 Sa	Declarado culpable	Confesó y lo declararon culpable en 2003, condenado a un año de cárcel. Posesión de pornografía infantil; imágenes de niños y adolescentes varones en actividades sexuales.	Fuente: *Des Moines Dispatch 8.29.03; Quad-City Times 1.22.04; Des Moines Register 1.31.04* Registros: *Detailed BA.org Assignment Record*
Powell, John J. Jesuitas Chicago, Illinois	1956 Sa	Demandado	Demandado en 2003. Acusado del abuso de siete niñas en los años 60 y 70. Seis víctimas (dos juicios). Los litigios terminaron en arreglo extrajudicial en octubre de 2005.	Fuente: *NBC5.com (Chicago) 9.8.03; Chicago Tribune 10.22.05* Registros: *BA.org Assignment Record*
Power, James F. Diocesano Boston, Massachusetts	1962 Sa	Arreglo extrajudicial	Arreglo extrajudicial. Acusado de abuso. Destituido en 2002.	Fuente: *Boston Globe 9.23.02* Registros: *Boston Archdiocesan Assignment Record; Resume; Another Resume*

Pritchard, Edward B Diocesano Washington, DC	1974 Sa	Aprehendido	Aprehendido en 1995. Acusado del abuso de tres monaguillos. Se declaró culpable en diciembre de 1995 y lo condenaron a cinco años de libertad condicional. Murió.	Fuente: *Boston Globe 2.16.95; Washington Post 2.09.95; see also Schaefer articles* Registros: *Washington Post 2.11.95*
Pryzbylo, Chester Chicago, Illinois	1976 Sa	Demandado	Demandado en 2006, acusado de abusar sexualmente de un niño de los 13 a los17 años en 1987-1991. Se acusó al obispo auxiliar Alfred L. Abramowitz de haber sabido del abuso en su momento y no haber hecho caso a la víctima.	Fuente: *Renew America 3.23.06 (text of complaint); Herald News 3.23.06; Chicago Tribune* Registros: *BA.org Assignment Record*
Purcell, Patrick Dominicos Los Ángeles, California	< 1950 Sa	Demandado	Demandado en 2003. Acusado del abuso de un menor varón de 1950 a 1951. Murió.	Fuente: *Udo ...v. Defendant..; LA Cty, California; # B0308395; LA Archdiocesan Report Errata # 1* Registros: *LA Times Database 4.20.06*
Quinlan, Celestine Capuchinos Los Ángeles, California	< 1957 Sa	Demandado	Acusado del abuso de cuatro personas entre 1957 y 1962 según un juicio civil en 2003. Murió en 1970. Figura en un informe de la arquidiócesis.	Fuente: *Ukiah Daily Journal 10.3.03; LA Archdiocesan Report 2.17.04 page 5* Registros: *LA Times Database 4.20.06*
Ramos, Eleuterio V. Diocesano Los Ángeles, California	1966 Sa	Arreglo extrajudicial	Arreglo extrajudicial en 1994. Acusado del abuso de dos niños. Hay otros varios litigios. Para saber más véase el reportaje del *OC Weekly*, el del *Orange County Register* del 18 de mayo de 2005 y los enlaces con documentos. Se mudó de Los Ángeles a Orange en 1976. Se le concedió licencia en 1985. Murió en 2004. Se incluyeron al menos 13 víctimas en arreglos extrajudiciales en 2005.	Fuente: *OC Weekly 12.14.05 (Major Account); LA Archdiocesan Report 2.17.04 page 3; LA Times 1.11.04; LA Times 5.25.05; OC Weekly 2.05.04; OC Weekly Story Collection; Orange County Register 5.18.05; Orange County Register 5.17.05; LA Times 10.16.03; OC Weekly 7.09.04* Registros: *LA Archdiocesan Report Addendum 11.15.05; LA Times Database 4.20.06; Assignment List created by BA.Org; OC Weekly 3.04.05*

Raux, Redmond H. Diocesano Boston, Massachusetts	1982 Sa	Arreglo extrajudicial	Arreglo extrajudicial en 1986 por 200 mil dólares, según archivos diocesanos.	Fuente: *Florida Today 12.13.02* Registros: *Boston Archdiocesan Assignment Record*
Rebeiro, Anthony J. Diocesano Boston, Massachusetts	1956 Sa	Acusado	Destituido en 2002. Acusado de abuso.	Fuente: *Boston Archdiocese website* Registros: *Boston Archdiocesan Assignment Record*
Redmond, Donald Orden de San Benito (OSB) Davenport, Iowa	1957 Sa	Acusado	Acusado de abuso de niños en parroquias de Davenport, Iowa, y Kansas City, Kansas.	Fuente: *Topeka Capital-Journal 4.25.02* Registros: *Detailed BA.org Assignment Record*
Regan, Joseph Hermanos de la Santa Cruz Los Ángeles, California	? H	Demandado	Al «hermano Joseph» se le menciona como abusador de una persona en un juicio civil en 2003 contra la arquidiócesis de Los Ángeles. El abuso presuntamente se cometió en 1965. Murió hacia 1989.	Fuente: *LA Archdiocesan Report Errata Notice # 1; LA Archdiocesan Report Addendum 11.15.05* Registros: *LA Times Database 4.20.06*

ANEXO

Reilly, David F. Diocesano Cincinnati, Ohio	1975 Sa	Acusado	Se le concedió licencia en agosto de 2006 cuando un hombre lo acusó de haber tenido contacto impropio con él en los años 70, cuando tenía 13 o 14 años. Reilly admite el contacto, pero dice que no fue tan grave como se dice en la acusación.	Fuente: *Cincinnati Enquirer 8.19.06; Hamilton Journal News 8.19.06; Dayton Daily News 8.19.06; Middeltown Journal 8.20.06* Registros: *Cincinnati Post 8.19.06*
Reilly, James Joseph Diocesano Fort Worth, Texas	1945 Sa	Acusado	Acusado del abuso de cuatro jóvenes hace unos 30 años. Un acusador lo denunció en 2002, pero la diócesis tardó tres años en decirle que había otros tres. Murió en 1999 de complicaciones del Alzheimer.	Fuente: *Dallas Morning News 6.10.05; Star Telegram 1.25.06; Star Telegram 6.26.05; Star Telegram 8.18.05 ; Star Telegram 8.10.05; Star Telegram 2.16.05; CBS 11 8.12.06; WFAA/Dallas Morning News 2.24.06* Registros: *Fort Worth Diocese 6.10.05*
Reilly, Patrick Diocesano Los Ángeles, California	1958 Sa	Demandado	Demandado en 2003 por una persona. Acusado de abusos cometidos de 1980 a 1984. A fines de 2004 la arquidiócesis decidió que las acusaciones eran infundadas y le permitió seguir ejerciendo el sacerdocio, pero en calidad de jubilado.	Fuente: *Burbank Leader 2.7.04; LA Archdiocesan Report 2.17.04 page 2; Los Angeles Times 2.07.04* Registros: *LA Archdiocesan Report Addendum 11.15.05; LA Times Database 4.20.06*
Reilly, Terrence Dominicos Los Ángeles, California	1959 Sa	Demandado	Acusado en 2002 del abuso de una persona en 1976. Se entabló juicio civil en diciembre de 2003. Según un informe de la arquidiócesis de Los Ángeles, hay cuatro acusadores y los abusos se cometieron de 1959 a 1976.	Fuente: *LA Archdiocesan Report 2.17.04 page 5; ABC7 10.14.05* Registros: *LA Archdiocesan Report Addendum 11.15.05; LA Times Database 4.20.06*
Rentería, Rudolf John Diocesano Fort Worth, Texas	1979 Sa	Acusado	Acusado de contacto sexual impropio con un niño de 14 años en 1981. El obispo lo reprendió, pero él alegó que no podía confesar ni negar los cargos a causa del alcohol. Transferido varias veces. Luego de una «serie de incidentes de conducta desordenada y abuso de alcohol» en la parroquia de Lewisville, lo enviaron a tratamiento a Southdown y en 1987 lo restituyeron como capellán de hospital. Proscrito del ministerio en 2002.	Fuente: *Dallas Morning News 7.1.02; Star Telegram 2.16.06; Star Telegram 8.18.05; Star Telegram 2.24.06 ; WFAA/Dallas Morning News 2.24.06; Star Telegram 6.26.05; CBS 11 8.11.06* Registros: *Fort Worth Diocese 6.10.05*

Robinson, Gerald J. Diocesano Toledo, Ohio	1964 Sa	Acusado	Se le concedió licencia en 2003 o 2004. Acusado en 2003 de abusar sexualmente de una niña de 14 años en 1978 en el hospital Mercy, en Toledo; la acusadora se refirió a un abuso ritual por parte de varios sacerdotes. Acusado en 2005 del abuso ritual de una niña de 1968 a 1975. Declarado culpable el 11 de mayo de 2006 del asesinato ritual de una monja en 1980 en el hospital Mercy y condenado a 15 años de cárcel.	Fuente: *Court TV (Toledo Ohio) 4.27.06; Toledo Blade 7.19.06; Beacon Journal (AP) 7.19.06* Registros: *BA.org Assignment Record*
Roche, Allan E Diocesano Boston, Massachusetts	1946 Sa	Acusado	Acusaciones según archivos diocesanos. Murió en 1997.	Fuente: *Boston Herald 2.25.03* Registros: *Boston Archdiocesan Assignment Record; Another Assignment Record*
Rodie, Ernest Hermanos de la Santa Cruz de Texas Los Ángeles, California	? H	Demandado	Acusado del abuso de una persona de 1964 a 1965. Mencionado en la adenda de un informe de la arquidiócesis. Mencionado en un juicio civil.	Fuente: *LA Archdiocesan Report Addendum 11.15.05* Registros: *LA Times Database 4.20.06*
Rodríguez, Carlos René Vicentinos Los Ángeles, California	1986 Sa	Declarado culpable	Declarado culpable en 2004 del abuso de dos personas de 1988 a 1993. Condenado a ocho años de cárcel. Primer informe de abuso en 1987. Se le concedió licencia en 1993. Acusado de abuso antes de 1994 en un juicio civil. Secularizado en 1993 (¿1998?).	Fuente: *Contra Costa Times /AP 3.13.04; LA Archdiocesan Report 2.17.04 page 5; LA Archdiocesan Report Errata Notice # 1; Ventura County Star 12.07.03 ; Los Angeles Daily News 7.01.03; Ventura County Star 1.09.05; USA Today 11.11.02* Registros: *LA Archdiocesan Report Addendum 11.15.05; LA Times Database 4.20.06*

ANEXO

Roebert, Michael M. Diocesano Los Ángeles, California	1966 Sa	Demandado	Acusado del abuso de un joven de 1969 a 1970. Demandado en noviembre de 2003. Mencionado en un informe de la arquidiócesis. Ésta investigó en 2004 y decidió que las acusaciones eran infundadas.	Fuente: *LA Archdiocesan Report 2.17.04 page 2* Registros: *LA Archdiocesan Report Addendum 11.15.05; LA Times Database 4.20.06*
Roemer, Donald Patrick Diocesano Los Ángeles, California	1970 Sa	Declarado culpable	Declarado culpable en 1981. Condenado a dos años en un hospital psiquiátrico y 10 años de libertad condicional. Abuso de niños. Una niña también lo acusa de lo mismo. Se entablaron juicios en 1984, 2003 y 2004. Es el número 8 en la lista de la arquidiócesis de los 10 sacerdotes con más acusaciones de abuso (suman 13). Confesó al menos 30 casos.	Fuente: *Ventura County (California) Star 12.11.02; LA Archdiocesan Report 2.17.04 page 2; LA Times 10.28.03; Ten Minute Activist 2.06.04* Registros: *LA Archdiocesan Report Addendum 11.15.05; LA Times Database 4.20.06*
Rogers (en Philly), Francis P. Diocesano Filadelfia, Pensilvania	1946 Sa	Acusado	Acusado del abuso de muchos niños varones, desde poco después de su ordenación y durante décadas. Se jubiló en 1995. Murió en 2005.	Fuente: *Philadelphia Grand Jury Report; Philadelphia Inquirer 9.22.05; Philadelphia Inquirer 9.18.05* Registros: *Philadelphia Archdiocesan Priest Data Profile*
Roper, William Claretianos Los Ángeles, California	< 1968 Sa	Demandado	Acusado en 2002 del abuso de una niña de 1968 a 1969. Mencionado en un juicio civil y en un informe de la arquidiócesis.	Fuente: *LA Archdiocesan Report 2.17.04 page 6* Registros: *LA Archdiocesan Report Addendum 11.15.05; LA Times Database 4.20.06*
Rowe, Dorian G Diocesano Los Ángeles, California	1964 Sa	Demandado	En un juicio civil de 2003 se le acusa de abusar de un joven de 1967 a 1968. Un informe de la arquidiócesis consigna 2 acusadores con incidentes de 1967-1979. Murió 1991.	Fuente: *LA Archdiocesan Report 2.17.04 page 2* Registros: *LA Archdiocesan Report Addendum 11.15.05; LA Times Database 4.20.06*
Rozo Rincón, Efraín Diocesano Los Ángeles, California	1953 Sa	Demandado	Sacerdote externo de Colombia empleado en Los Ángeles durante dos años. Acusado de abuso en 1969. Dejó la arquidiócesis en 1969. Se entabló un juicio civil en diciembre de 2003. Figura en un informe de la arquidiócesis.	Fuente: *LA Archdiocesan Report 2.17.04 page 3* Registros: *LA Archdiocesan Report Addendum 11.15.05; LA Times Database 4.20.06*

Rucker, George Neville Diocesano Los Ángeles, California	1946 Sa	Demandado	La primera investigación policiaca data de 1967, y el primer juicio civil de 1994. Aprehendido en 2002 por cargos relativos a 12 niñas. Los cargos criminales se desecharon en 2003 debido a un fallo de la Suprema Corte. Ocupa el número 1 en la lista de los 10 sacerdotes más abusivos de la arquidiócesis de Los Ángeles, con 41 acusadores conocidos.	Fuente: *LA Times 8.18.02; LA Archdiocesan Report 2.17.04 page 3; LA Times 4.20.06;* San Jose Mercury News 10.18.05 ; *Daily Breeze 10.19.05; Mercury News 12.10.03; LA Weekly 2.26.04; WashingtonLB 7.08.03* Registros: *LA Archdiocesan Report Addendum 11.15.05; LA Times Database 4.20.06*
Ruge, Kenneth Charles Diocesano Chicago, Illinois	1963 Sa	Arreglo extrajudicial	Acusado de abuso. Destituido en 1991. Murió en mayo de 2002. Incluido en un arreglo extrajudicial en 2003 pr la arquidiócesis. En un nuevo juicio entablado en abril de 2006 se le acusa de abuso junto con otro sacerdote.	Fuente: *Chicago Tribune 10.3.03; Chicago Archdiocesan Report 3.20.06 page 3; Chicago Sun-Times 1.17.03; Chicago Tribune 4.25.06* Registros: *BA.org Assignment Record*
Ruhl, John (Jon) Vicentinos Orange, California	1964 Sa	Arreglo extrajudicial	Acusado del abuso de al menos tres personas de 1970 a 1982. La diócesis supo de una acusación en 1992. Se le menciona en un informe de la arquidiócesis. También figura en una lista de abusadores de la diócesis de Orange. Mencionado en al menos un juicio civil. Un arreglo extrajudicial por 500 mil dólares en 2004 o 2005.	Fuente: *LA Times 12.04.04; LA Archdiocesan Report 2.17.04 page 6; Detroit Free Press 5.19.05; LA Times 5.19.05* Registros: *LA Times Database 4.20.06; OC Weekly 3.04.05*
Ryan, Frederick J. Diocesano Boston, Massachusetts	1964 Sa	Demandado	Demandado en 2002. Acusado de abuso. Renunció. Secularizado en 2006.	Fuente: *Boston, WCVB-TV 12.20.02; Boston Globe 3.18.06; Townonline.com 3.23.06* Registros: *Boston Archdiocesan Assignment Record*

Ryan, Joseph Francis Diocesano Los Ángeles, California	1936 Sa	Acusado	Se le concedió licencia muchas veces desde 1945 hasta 1960. Admitido en la arquidiócesis de Filadelfia en 1965. Murió en 1976. Acusado en 2002 del abuso de un joven y su hermana de 1945 a 1946. Mencionado en un juicio civil.	Fuente: *LA Archdiocesan Report 2.17.04 page 3* Registros: *LA Archdiocesan Report Addendum 11.15.05; LA Times Database 4.20.06*
Rynne, Paul P. Diocesano Boston, Massachusetts	1956 Sa	Demandado	Demandado en 2003. Acusado de abuso. Murió.	Fuente: *Boston Globe 1.30.03* Registros: *Boston Archdiocesan Assignment Record*
Sabadish, Joseph F. Diocesano Filadelfia, Pensilvania	1945 Sa	Acusado	Acusado del abuso de un joven y su hermana a principios de los 60. También es sospechoso en el asesinato de una joven, pero nunca fue aprehendido. Murió en 1999.	Fuente: *Philadelphia Grand Jury Report; Class Action Suit filed 06.06; Philadelphia Inquirer 9.25.05* Registros: *Philadelphia Archdiocesan Priest Data Profile*
Salazar Jiménez, John Anthony Piaristas Los Ángeles, California	1984 Sa	Declarado culpable	Declarado culpable en 1987 de molestar a dos niños. Condenado a seis años de cárcel. Se entabló juicio civil en 1986. Transferido a la diócesis de Amarillo en 1991. En 2002 se desecharon los cargos penales debido a un fallo de la Suprema Corte. Declarado procesable en 2003 por agresión contra un joven de 18 años en Dallas. Declarado culpable el 1 de julio de 2005. Condenado a cadena perpetua.	Fuente: *San Jose Mercury News 12.31.87 (Major Accounts); LA Archdiocesan Report 2.17.04 page 6; LA Times 8.18.02; Dallas Morning News 7.06.05 ; USA Today 11.11.02; LA Archdiocesan Report Errata; LA Times 11.26.02; LA Daily News 7.01.03; BA.Org compilation re Amarillo Texas Diocese; Los Angeles New Times 8.15.02* Registros: *LA Archdiocesan Report Addendum 11.15.05; LA Times Database 4.20.06*

Salinas, Gabriel Agustinos reco- letos Los Ángeles, California	? Sa	Acusado	Acusado del abuso de una persona de 1958 a 1960 según un informe arquidiocesano. Murió.	Fuente: *LA Archdiocesan Report 2.17.04 page 6* Registros: *LA Times Database 4.20.06*
Sánchez, Juan Francisco Salesianos Los Ángeles, California	1957 Sa	Acusado	Acusado del abuso de una persona en 1992 según un informe arquidiocesano.	Fuente: *LA Archdiocesan Report 2.17.04 page 6* Registros: *LA Times Database 4.20.06*
Sánchez, Manuel Ontiveros Diocesano Los Ángeles, California	1954 Sa	Demandado	Ordenado en España en 1954. Trabajaba en la arquidiócesis de Los Ángeles en 1971; admitido en ella en 1976. Demandado en 2003. Acusado del abuso de una persona de 1978 a 1981 según un informe arquidiocesano. La arquidiócesis, luego de investigar, decidió que no había pruebas que respaldaran los cargos. Se jubiló y volvió a España en 2000.	Fuente: *Los Angeles Times 2.07.04; LA* *Archdiocesan Report 2.17.04 page 3;* *Daily Bulletin 3.27.06* Registros: *LA Archdiocesan Report Addendum* *11.15.05; LA Times Database 4.20.06*
Sandstrom, Lawrence Hermanos de la Santa Cruz Los Ángeles, California	? H	Demandado	Acusado del abuso de cinco jóvenes entre 1955 y 1969 según un informe arquidiocesano. Dos entablaron juicio civil en diciembre de 2003 acusándolo de abusos cometidos entre 1967 y 1969.	Fuente: *LA Archdiocesan Report 2.17.04 page 7* Registros: *LA Times Database 4.20.06*
Santillán, Juan (John) Piaristas Los Ángeles, California	1969 Sa	Demandado	Destituido en 2002. Acusado del abuso de un joven (entre los 12 y los 17 años) en los años 70. Se entabló juicio civil en 1998, pero se desechó. La policía investigó en 2002. Un informe de la arquidiócesis consigna a dos acusadores entre 1977 y 1985. Ejerce el sacerdocio en Bolivia desde 1998.	Fuente: *USA Today 11.11.02; LA Archdiocesan* *Report 2.17.04 page 6; LA Times* *8.18.02* Registros: *LA Archdiocesan Report Addendum* *11.15.05; LA Times Database 4.20.06*

Satchell, Martin J. Diocesano Filadelfia, Pensilvania	1993 Sa	Acusado	Acusado en 1993 (año de su ordenación) de «acusaciones creíbles de mala conducta hacia un menor [varón]». Se le dio licencia administrativa en1993 (tras cuatro meses de seguir ejerciendo) y hasta 2003. Secularizado por propia petición en junio de 2004. Enseñó en varias escuelas prestigiosas entre 1993 y 2004.	Fuente: *Philadelphia Grand Jury Report;* *Philadelphia Inquirer 6.24.05;* *Philadelphia Inquirer 6.06.05;* *Philadephia Daily News 6.09.05* Registros: *Philadelphia Archdiocesan Priest Data Profile*
Satterthwaite, Richard Congregación de Hermanos Cristianos Los Ángeles, California	? H	Demandado	Acusado del abuso de una persona de 1961 a 1962 en la escuela secundaria Cantwell según la adenda de un informe de la arquidiócesis. Mencionado en un juicio civil.	Fuente: *LA Archdiocesan Report Addendum 11.15.05* Registros: *LA Times Database 4.20.06*
Savino, Dominic Carmelitas Los Ángeles, California	1958 Sa	Demandado	Destituido en 2002. Acusado del abuso de cuatro estudiantes de secundaria varones de 1977 a 1980 según un informe arquidiocesano. La policía investiga. También acusado de haber abusado de otros cinco colegiales en Louisville, Kentucky, de 1966 a 1973. Tiene licencia. Mencionado en un juicio civil.	Fuente: *USA Today 11.11.02; LA Archdiocesan Report 2.17.04 page 6; LA Times 8.18.02; Los Angeles 1.31.03* Registros: *LA Archdiocesan Report Addendum 11.15.05; LA Times Database 4.20.06*
Scanlan, William J. Diocesano Boston, Massachusetts	1972 Sa	Acusado	Hay acusaciones según archivos diocesanos. Las negó.	Fuente: *Boston Globe 12.10.02; R CaliforniaB Documents; Associated Press 11.18.2005* Registros: *Boston Archdiocesan Assignment Record*
Schaefer, Thomas S. Diocesano Washington, DC	1953 Sa	Declarado culpable	Declarado culpable en 1996 del abuso de cinco personas. Una condena de 16 años de cárcel se redujo a uno. Abusó de al menos 21 niños. Vivía en Vianney.	Fuente: *Saint Louis Post Dispatch 3.3.02; Washington Post 3.20.06; BA.org collection of articles on Schaefer* Registros: *BA.org Assignment Record*

Schaller, Emmett Gilroy	?	Demandado	Acusado del abuso de una persona de 1979 a 1980 según informe de la arquidiócesis. Quizá haya dejado el sacerdocio. Mencionado en un juicio civil.	Fuente: *LA Archdiocesan Report 2.17.04 page 6* Registros: *LA Times Database 4.20.06*
	Sa			
Oblatos de María Inmaculada				
Los Ángeles, California				
Schmeer, John P.	1964	Demandado	Demandado en 2004. Acusado del abuso de tres niños (de 1966 a 1967 y en 1986). Se han formulado otras acusaciones. Las primeras se hallaron no creíbles en 2003, pero tras una investigación ulterior en 2004 se decidió que la última acusación sí lo era. Su ministerio se sometió a restricciones y vive bajo supervisión.	Fuente: *Philadelphia Inquirer 6.16.04; Philadelphia Grand Jury Report; Philadelphia Inquirer 2.06.05; Philadelphia Inquirer 9.25.05* Registros: *Philadelphia Archdiocesan Priest Data Profile*
	Sa			
Diocesano				
Filadelfia, Pensilvania				
Scott, George M.	1925	Demandado	Acusado de haber abusado de un niño y una niña de siete u ocho años entre 1947 y 1958. Mencionado por dos quejosos en un juicio civil entablado en diciembre de 2003. Murió en 1986.	Fuente: *LA Archdiocesan Report 2.17.04 page 3; Press-Telegram (San Pedro, California) 1.12.04* Registros: *LA Archdiocesan Report Addendum 11.15.05; LA Times Database 4.20.06*
Diocesano	Sa			
Los Ángeles, California				
Shafer, Drake R.	1973	Demandado	Demandado en 2003, cuando era vicario general. Acusado de haber abusado sexualmente de un menor varón. Negó el cargo, pero en 2002 escribió un mensaje electrónico a la víctima reconociéndolo.	Fuente: *Associated Press 7.18.03; Des Moines Register 7.18.03; Des Moines Register 3.20.04* Registros: *Detailed BA.org Assignment Record*
	Sa			
Diocesano				
Davenport, Iowa				
Shanley, Paul R.	1960	Aprehendido	Declarado culpable en 2005 de abuso sexual.	Fuente: *Shanley documents; Boston Globe 4.9.02 (Major Accounts)* Registros: *Assignment*
	Sa			
Diocesano				
Boston, Massachusetts				

Sharkey, Joe Siervos de María Los Ángeles, California	? H	Demandado	Acusado del abuso de una persona de 1967 a 1968 según un informe arquidiocesano. Mencionado en un juicio civil. También figura en una lista de abusadores de la diócesis de Orange.	Fuente: *LA Archdiocesan Report 2.17.04 page 7;* *OC Weekly 3.04.05* Registros: *LA Times Database 4.20.06; OC Weekly 3.04.05*
Sharpe Joseph F. Diocesano Los Ángeles, California	1943 Sa	Demandado	Demandado en 2003. Acusado del abuso de una persona de 1958 a 1964 según un informe arquidiocesano. Sacado de la diócesis de Los Ángeles y admitido en la de Orange en 1976. También figura en la lista de esta última de sacerdotes abusivos. Murió en 1999.	Fuente: *The Wanderer 1.8.04; LA Archdiocesan Report 2.17.04 page 3; LA Times 12.18.03; OC Weekly 10.28.05-11.03.05 ; Ten Minute Activist 2.06.04* Registros: *LA Archdiocesan Report Addendum 11.15.05; LA Times Database 4.20.06; OC Weekly 3.04.05*
Shea, Thomas F. Diocesano Filadelfia, Pensilvania	1964 Sa	Acusado	Acusado de abuso de seis niños en los años 70. Se le concedió licencia en 1994 y se jubiló con restricciones en 1995. Se añadieron restricciones en 2004 y accedió a una restricción permanente de su ministerio y a vivir bajo supervisión.	Fuente: *Philadelphia Grand Jury Report* Registros: *Philadelphia Archdiocesan Priest Data Profile*
Sheahan, John A. Diocesano Orange, California	1960 Sa	Demandado	Acusado del abuso de cuatro personas de 1961 a 1965 según un informe arquidiocesano. Un juicio civil entablado en diciembre de 2003 incluye acusaciones del abuso de tres personas en el lapso en cuestión. Nótese que el apellido se escribió Sheehan en el juicio civil. Se sometió a una operación en el cerebro a principios de los años 70 y luego se jubiló por prescripción médica.	Fuente: *LA Archdiocesan Report 2.17.04 page 3;* *OC Weekly 3.04.05* Registros: *LA Archdiocesan Report Addendum 11.15.05; LA Times Database 4.20.06; OC Weekly 3.04.05*
Shelander, Donald E. Diocesano Cincinnati, Ohio	1970 Sa	Acusado	Se jubiló. Acusado en 2006 de abusos cometidos en los años 70 y 80, se le dio licencia.	Fuente: *Cincinnati Enquirer 3.15.06; The Beacon Journal 3.15.06* Registros: *The Beacon Journal 3.15.06*

Shimmaly, Edward E. Diocesano Los Ángeles, California	1961 Sa	Demandado	Acusado del abuso de una persona entre 1961 y 1963 según la adenda de un informe arquidiocesano. Mencionado en al menos un juicio civil. Murió. El nombre figura como Shimmaly en el directorio pero como Schimmaly en la adenda arquidiocesana.	Fuente: *LA Archdiocesan Report Addendum 11.15.05* Registros: *LA Times Database 4.20.06*
Shoback, Edward J. Diocesano Scranton, Pensilvania	1967 Sa	Acusado	Relevado de sus deberes ministeriales en 2004 tras confesar haber tenido mala conducta sexual con un menor hace más de 20 años.	Fuente: *Wilkes-Barre Times Leader 7.27.04* Registros: *Times Leader 7.9.06*
Sicoli, David C. Diocesano Filadelfia, Pensilvania	1975 Sa	Acusado	Acusado del abuso de al menos 12 muchachos de entre 15 y 17 años durante su sacerdocio. Se le dio licencia administrativa en 2004 y luego se le añadieron restricciones. Su caso se ha turnado al Vaticano para revisión.	Fuente: *Philadephila Inquirer 2.6.05; Philadelphia Grand Jury Report; Phillyburbs.com 7.06.05; Philadelphia Inquirer 9.22.05* Registros: *Philadelphia Archdiocesan Priest Data Profile*
Siegele, Charles J. Diocesano Filadelfia, Pensilvania	1953 Sa	Demandado	Acusado del abuso de seis o siete niños en los años 50 y 60. Una queja terminó en arreglo extrajudicial en los 90. Mencionado en un juicio civil entablado en 2004. Mencionado en una demanda colectiva en 2006. Murió en 1989.	Fuente: *USA Today 11.11.02; Philadelphia Grand Jury Report; Philadelphia Daily News 3.16.04; Class Action Suit filed 6.06* Registros: *Philadelphia Archdiocesan Priest Data Profile*

Silva Flores, Fidencio Simón Misioneros del Espíritu Santo Los Ángeles, California	1978 Sa	Demandado	Demandado por muchos en 2002. Acusado del abuso de niños de 1979 a 1985. Los cargos penales se desecharon debido a un fallo de la Suprema Corte. Se cree que está en México. Puede haber abusado de hasta 28 víctimas. La arquidiócesis de Los Ángeles lo llama Fidencio Flores Silva. La ficha de la base de datos es del Directorio Católico Oficial de 1988.	Fuente: *USA Today 11.11.02; AP 3.28.03; LA Archdiocesan Report 2.17.04 page 6; LA Times 8.18.02 ; Ventura County Star 12.07.03; Ventura County Star 4.27.03; National Catholic Reporter 4.17.03; KCBS 5.03.02; Ventura County Star 1.09.05; Ten-Minute-Activist 2.06.04* Registros: *LA Archdiocesan Report Addendum 11.15.05; LA Times Database 4.20.06*
Skotek, Thomas D. Diocesano Scranton, Pensilvania	1963 Sa	Acusado	Relevado de sus deberes sacerdotales en abril de 2002 luego de que la diócesis anunció que había confesado «alguna conducta inapropiada» ocurrida hace más de 30 años. El entonces obispo Timlin dijo que habían investigado a Skotek varios años antes al recibir otra queja de mala conducta. Pero lo restituyeron después de evaluarlo. Las edades de las víctimas de los dos casos nunca se han revelado.	Fuente: *Pennsylvania Times Leader 5.26.02; Dallas Morning News 6.12.02* Registros: *Times Leader 7.9.06*
Skylstad (Bp), William Diocesano Spokane, Washington	1960 Sa	Demandado	Demandado en 2006. Acusado del abuso de una adolescente a principios de los años 60. Según el obispo, una investigación no halló prueba alguna de que las acusaciones fueran ciertas.	Fuente: *Chicago Tribune / AP 3.09.06; USA Today 3.08.06; Seattle Times (AP) 6.08.06* Registros: *Skylstad Timeline - Spokesman-Review 3.08.06*
Smith, Alphonsus N. Diocesano Washington, DC	1956 Sa	Declarado culpable	En 1995 Smith reconoció haber tenido un amorío con un joven de 1988 a 1993. Se entabló juicio civil en 1995, desechado por prescripción del delito. Condenado en 1996 a 16 años de cárcel por el abuso de cuatro personas. La condena quedó reducida a un año. Vivió en Vianney. Murió en 2005.	Fuente: *Boston Globe 2.16.95; 1997 MD App. LEXIS 39.; Washington Post 2.09.95;* see also Schaefer articles Registros: *Washington Post 2.11.95*

Smith, Thomas J. Diocesano Filadelfia, Pensilvania	1973 Sa	Acusado	Acusado en 2002 y 2005 del abuso de al menos tres niños de entre 12 y 13 años en los 70 y 80. Una primera investigación halló no creíbles las acusaciones. Al hacerse más acusaciones, todas se declararon creíbles. Su caso se encuentra bajo la revisión del Vaticano.	Fuente: *Philadelphia Grand Jury Report;* *Philadelphia Inquirer 9.25.05;* *Philadelphia Inquirer 9.25.05* Registros: *Philadelphia Archdiocesan Priest Data Profile*
Snieg, Marion Joseph Diocesano Chicago, Illinois	1955 Sa	Acusado	Destituido en 2002. Murió en junio de 2005. Incluido en un arreglo extrajudicial con la arquidiócesis en octubre de 2005.	Fuente: *USA Today 11.11.02; Chicago Archdiocesan Report 3.20.06 page 3; Chicago Sun-Times 1.17.03; Chicago Tribune 10.28.05* Registros: *B.A.org Assignment Record*
Spagnolia, D. George Diocesano Boston, Massachusetts	1964 Sa	Acusado	Destituido en 2002. Una presunta víctima.	Fuente: *Boston Globe 3.16.02* Registros: *Boston Archdiocesan Assignment Record; Resume*
Sprouffske, Matthew Michael Carmelitas Los Ángeles, California	1954 Sa	Acusado	Acusado en 1986 del abuso de una familiar menor de 14 años en los 50. Los cargos penales se desecharon en 2003 debido a un fallo de la Suprema Corte. Murió.	Fuente: *LA Times 12.11.02; LA Archdiocesan Report Addendum 11.15.05; LA Archdiocesan Report 2.17.04 page 6; Contra Costa Times (AP) 6.20.03 ; LA Times 11.26.02* Registros: *LA Times Database 4.20.06*
Stadtfeld, Joseph Siervos de María Los Ángeles, California	? H	Demandado	Acusado del abuso de dos personas entre 1958 y 1966. Murió en 2001. El apellido figura aquí según un informe arquidiocesano. En su nota necrológica se escribía tanto Stadfeld como Stadfield. Según un informe arquidiocesano se entabló un juicio civil.	Fuente: *LA Archdiocesan Report 2.17.04 page 7; The Tidings 8.31.01 Obituary* Registros: *LA Times Database 4.20.06*

Stallkamp, Louis G. Diocesano Los Ángeles, California	1967 Sa	Acusado	Acusado del abuso de dos personas de 1974 a 1979. Murió en 1994. Mencionado en un informe de la arquidiócesis. Se entabló juicio civil en diciembre de 2003. También trabajó en la diócesis de Orange.	Fuente: *LA Archdiocesan Report 2.17.04 page 3*; *OC Weekly 3.04.05* Registros: *LA Archdiocesan Report Addendum 11.15.05*; *LA Times Database 4.20.06*; *OC Weekly 3.04.05*
Steingraber, Louis M. Diocesano Filadelfia, Pensilvania	1973 Sa	Acusado	Acusado del abuso de dos niños de entre 13 y 15 años en 1982 y de uno de 16 en otra ocasión. Se le dio licencia por enfermedad en 1983, lo restituyeron en otro cargo y en 1984 dejó el ministerio activo. Murió en septiembre de 1987 a los 41 años.	Fuente: *Philadelphia Grand Jury Report* Registros: *Philadelphia Archdiocesan Priest Data Profile*
Stewart, Victor E. Diocesano Chicago, Illinois	1978 Sa	Demandado	Demandado. Acusado del abuso de dos niños. Murió en junio de 1994.	Fuente: *Chicago Tribune 7.14.05*; *Chicago Archdiocesan Report 3.20.06 page 3*; *Chicago Defender 7.20.05* Registros: *BA.org Assignment Record*
Stinner, Francis Diocesano Nueva York, Nueva York	1967 Sa	Acusado	La primera queja se recibió en 1988. Unos padres de familia presentaron otra en 1995 al saber que seguía activo. Destituido de su cargo en 1997 al hacerse pública una acusación de abuso. La arquidiócesis pagó un cuantioso arreglo extrajudicial. Volvió a decir misa, pero este privilegio se le retiró en 2002. Al menos 10 víctimas. Secularizado en 2005.	Fuente: *Journal News (New York) 4.10.02 (in collection of articles)*; *USA Today 11.11.02*; *Times-Herald Record 7.20.05*; *Republican 3.14.04*; *New York Daily News and Journal News 3.22.02 (in collection of articles)*; *Newsday 7.09.05*; *Journal News 7.09.05* Registros: *BA.org Summary of Directory Entries*
Sullivan, Thomas J. Jesuitas Los Ángeles, California	1944 Sa	Demandado	Un abuso cometido en 1953 se denunció en 2002. Demandado en 2003 por una persona. Murió en 1992. Mencionado en un informe de la arquidiócesis que consigna a tres acusadores e incidentes ocurridos entre 1952 y 1958.	Fuente: *San Gabriel Valley Tribune 12.28.03*; *LA Archdiocesan Report 2.17.04 page 6* Registros: *LA Archdiocesan Report Addendum 11.15.05*; *LA Times Database 4.20.06*

Surette, C. Melvin Diocesano Boston, Massachusetts	1956 Sa	Arreglo extrajudicial	Arreglo extrajudicial. Acusado de abuso de niños.	Fuente: *Boston Globe 1.28.02* Registros: *Boston Archdiocesan Assignment Record; Other Assignment Record*
Sutphin, Carl M. Diocesano Los Ángeles, California	1958 Sa	Aprehen- dido	En 1991 se le acusó de haber abusado de uno, o quizá dos jóvenes, de 1964 a 1970. En 1994 se emitió un informe según el cual abusó de dos hermanos varones de entre 10 y 11 años hace mucho. Jubilado/destituido en 2002. Aprehendido en 2003. Se desecharon los cargos. Acusado del abuso de 17 personas de 1958 a 1978 según un informe de la arquidiócesis. Ocupa el número 6 en la lista arquidiocesana de los 10 peores abusadores.	Fuente: *Los Angeles Times 5.21.02; LA Archdiocesan Report 4.17.04 page 3; AP 4.04.03; LA Times 8.18.02 ; LA Times 11.01.02; NBC4.TV 4.05.03; SignOnSanDiego.com 5.27.03; LA Times 10.28.03; LA Daily News 7.01.03; National Catholic Reporter 3.18.05; LA Times 4.20.06; Rhode IslandCO Petition Naming Sutpin; LA New Times 5.02.02* Registros: *LA Archdiocesan Report Addendum 11.15.05; LA Times Database 4.20.06*
Swade, Thomas J. Diocesano Chicago, Illinois	1961 Sa	Acusado	Destituido en 1992 de ejercer públicamente el ministerio. Siguió empleado por la arquidiócesis con un cargo administrativo. Destituido del ministerio en junio de 2002. Incluido en un arreglo extrajudicial con la arquidiócesis en octubre de 2005.	Fuente: *Chicago Tribune 6.30.92; Chicago Archdiocesan Report 3.20.06 page 3; Chicago Sun-Times 1.17.03; Chicago Tribune 10.28.05* Registros: *BA.org Assignment Record*
Swierzy, Michael W. Diocesano Filadelfia, Pensilvania	1975 Sa	Declarado culpable	En 1998 confesó haber corrompido la moral de un menor; se le impusieron cinco años de libertad condicional. Hubo más acusaciones. Estuvo de licencia de 1997 a 2003. La arquidiócesis halló creíbles las acusaciones en 2004 y turnó el caso al Vaticano para revisión. Secularizado a principios de 2005. Murió en julio de 2005.	Fuente: *Associated Press 3.4.02; Philadelphia Grand Jury Report; Philadelphia Inquirer 6.24.05; Philadelphia Inquirer 9.17.05* Registros: *Philadelphia Archdiocesan Priest Data Profile*

Tacderas, Joseph Diocesano Los Ángeles, California	1979 ? Sa	Acusado	Acusado del abuso de una persona en 1983 según un informe arquidiocesano.	Fuente: *LA Archdiocesan Report 2.17.04 page 3* Registros: *LA Times Database 4.20.06*
Tague, Patrick J. Diocesano Boston, Massachusetts	1963 Sa	Demandado	Demandado en 2002. Acusado de encubrimiento y abuso.	Fuente: *USA Today 11.11.02; Globe 1.31.03* Registros: *Boston Archdiocesan Assignment Record*
Tamayo, Santiago L. Diocesano Los Ángeles, California	1959 Sa	Demandado	Ordenado en Filipinas. Empleado en la arquidiócesis en 1968 y admitido en ella en 1978. Acusado junto con otros sacerdotes del abuso de una niña en un juicio civil en 1984. Huyó a Filipinas. Murió en 1996 (¿1999?). Un informe de la arquidiócesis consigna el abuso de una persona entre 1978 y 1984.	Fuente: *LA Times 8.18.02; LA Archdiocesan Report 2.17.04 page 3; Milla v. Tamayo, 187 Cal.App.3d 1453; LA Times 5.07.02 ; LA Archdiocesan documents re Tamayo; Rhode Island CO Complaint against LA Archdiocesan, p. 14* Registros: *LA Archdiocesan Report Addendum 11.15.05; LA Times Database 4.20.06*
Tanghal, Albert Diocesano Chicago, Illinois	1991 Sa	Acusado	Recién identificado como abusador en el informe de la arquidiócesis de Chicago del 20 de marzo de 2006. Murió en diciembre de 2003. Originario de Filipinas.	Fuente: *Chicago Archdiocesan Report 3.20.06 page 3; Philippine News 3.29.06* Registros: *BA.org Assignment Record*
Taraborelli, Carmen F. Diocesano Filadelfia, Pensilvania	1970 Sa	Acusado	Acusado del abuso de un niño de quinto grado en los años 80. Se informó del asunto en 1999. Le dieron licencia administrativa en 1999. A partir de 2004 se impusieron restricciones permanentes a su ministerio y vive bajo supervisión.	Fuente: *Philadelphia Grand Jury Report* Registros: *Philadelphia Archdiocesan Priest Data Profile*
Telegdy, Louis A. Estigmáticos Davenport, Iowa	1942 Sa	Arreglo extrajudicial	Acusado de abusos cometidos a fines de los años 50 y principios de los 60. Arreglo extrajudicial en 2005. Trabajó también en muchas otras diócesis.	Fuente: *Franklin Report 2.25.04; Des Moines Register 7.20.04; Channel 8 News, WQAD 1.18.04* Registros: *Detailed BA.org Assignment Record*

Teluma, Lukas Bao Misioneros del Divino Verbo Los Ángeles, California	1975 Sa	Acusado	Acusado del abuso de una persona en 1995 según un informe arquidiocesano. Seguía ejerciendo en 2004.	Fuente: *LA Archdiocesan Report 2.17.04 page 6* Registros: *LA Times Database 4.20.06*
Tepe, Raymond (José) Diocesano Los Ángeles, California	1931 Sa	Acusado	Acusado del abuso de dos personas entre 1958 y 1968 según un informe arquidiocesano. Murió en 1969.	Fuente: *LA Archdiocesan Report 2.17.04 page 3* Registros: *LA Archdiocesan Report Addendum 11.15.05; LA Times Database 4.20.06*
Terra, Michael Diocesano Los Ángeles, California	1978 Sa	Demandado	Acusado en 2002 de haber tenido relaciones sexuales con una joven de 16 años de 1979 a 1980. Dejó el ministerio y le dieron licencia de inactividad en 1991. Se desconoce su estado actual. Mencionado en un informe de la arquidiócesis. Mencionado también en un juicio civil.	Fuente: *LA Archdioesan Report 2.17.04 page 3* Registros: *LA Archdiocesan Report Addendum 11.15.05; LA Times Database 4.20.06*
Thorne, Vance Zebulon Misioneros del Divino Verbo Little Rock, Arkansas	1953 Sa	Demandado	Acusado de abusos cometidos a principios de los años 70 según un informe de la arquidiócesis de Los Ángeles. Trabajó en otras diócesis, entre ellas Natchez, Mississippi, Austin, Texas, Jackson Mississippi, y Trenton, Nueva Jersey. Al menos tres juicios civiles y dos procesos penales emprendidos de 1986 a 1987 en Mississippi.	Fuente: *Doyle/Mouton Report Exec. Sum., by Tom Doyle; LA Archdiocesan Report 2.17.04 page 6* Registros: *LA Times Database 4.20.06*
Tivnan, Paul J. Diocesano Boston, Massachusetts	1963 Sa	Acusado	Destituido. Confesó el abuso de un muchacho de 15 años durante un lapso de meses.	Fuente: *New York Post 12.19.02* Registros: *Boston Archdiocesan Assignment Record*
Towner, Robert K. Diocesano Boston, Massachusetts	1969 Sa	Arreglo extrajudicial	Arreglo extrajudicial. Hay más acusaciones.	Fuente: *Boston Herald 3.22.02; 6.6.02* Registros: *Boston Archdiocesan Assignment Record*

Trauger, Francis X. Diocesano Filadelfia, Pensilvania	1972 Sa	Demandado	Acusado del abuso de 23 niños a principios de los años 80 y de un estudiante de secundaria en 1991. Se le dio licencia en 2003. Secularizado en 2005. Mencionado en un juicio civil.	Fuente: *Philadelphia Inquirer 12.18.03*; *Philadelphia Grand Jury Report*; *Philadelphia Inquirer 6.24.05*; *Philadelphia Inquirer 9.18.05* Registros: *Philadelphia Archdiocesan Priest Data Profile*
Tresler, Carl D. Diocesano Los Ángeles, California	1991 Sa	Acusado	Destituido en 1998. Acusado del abuso de un niño. Seguía activo en Perú según un artículo de marzo de 2005. Mencionado en un informe de la arquidiócesis.	Fuente: *USA Today 11.11.02; LA Archdiocesan Report 2.17.04 page 3; Dallas Morning News 3.16.05; LA Times 8.18.02* Registros: *LA Times Database 4.20.06*
Tu, Joseph (Ngoc Nguyen) Dominicos Fort Worth, Texas	1964 Sa	Acusado	Acusado del abuso de al menos tres mujeres menores de edad y otras tres jóvenes en la diócesis de Fort Worth en diversas épocas. Enviado a tratamiento en 1993. El diagnóstico fue «una personalidad psicosexual muy poco desarrollada». Entonces lo transfirieron a la diócesis de Galveston-Houston, donde trabajaba cuando se le concedió licencia, en 2006.	Fuente: *Fort Worth Star-Telegram 6.16.05; Fort Worth Star-Telegram 3.10.06; Dallas Morning News 3.07.06; Houston Chronicle 3.25.06 ; Dallas Morning News 2.24.06; Dallas Morning News 2.18.06; Dallas Morning News 3.02.06; Star Telegram 8.18.05; Tyler Morning Telegraph 6.26.05; Star Telegram 2.24.06; CBS 11 8.11.06* Registros: *Fort Worth Diocese 6.10.05*
Tugade, Valentine Diocesano Los Ángeles, California	? Sa	Demandado	Demandado en 1984. Acusado junto con otros seis sacerdotes del abuso de una niña de 1978 a 1984. Sacerdote externo de Filipinas empleado en la arquidiócesis. Volvió a Filipinas. Mencionado en un informe de la arquidiócesis. Se encontraba en Fremont, California, en 2002; en 2003 se demostró que era el padre de un niño producto del abuso.	Fuente: *UPI 2.8.84; LA Archdiocesan Report 2.17.04 page 4; Milla v. Tamayo, 187 Cal.App.3d 1453* Registros: *LA Times Database 4.20.06*

Urrutigoity, Carlos Sociedad de San Juan Scranton, Pensilvania	1991 Sa	Acusado	Urrutigoity y Eric Ensey, otro sacerdote de una orden tradicionalista, fueron acusados del abuso de al menos dos seminaristas a fines de los años 90. Se entablaron por lo menos dos juicios civiles. Uno terminó en arreglo extrajudicial en 2005 y el obispo Martino le revocó a la sociedad el permiso para funcionar en la diócesis. Vivía en Paraguay en marzo de 2006.	Fuente: *Dallas Morning News 6.12.02; Scranton Times 10.31.02; Times Leader 3.24.04; Times Leader 7.21.04 ; Catholic News Service 12.01.04; Citizens Voice 5.10.05; Times Leader 3.4.06; The River Reporter 3.9.06; Times Leader 7.9.06* Registros: *Times Leader 7.9.06*
Vader, Anthony Joseph Diocesano Chicago, Illinois	1952 Sa	Acusado	Destituido en 2003. Acusado de abuso.	Fuente: *Chicago Sun Times 6.15.03; Chicago Archdiocesan Report 3.20.06 page 3* Registros: *BA.org Assignment Record*
Van Handel, Robert Franciscanos San Francisco, California	1975 Sa	Declarado culpable	Director fundador del Coro de Niños de Santa Bárbara y director de la escuela secundaria del seminario de San Antonio. Declarado procesable en 1994 por abuso de estudiantes. Condenado en agosto de 1994 a ocho años de cárcel por el abuso de uno. Liberado en 2002. Mencionado en varios juicios civiles. Según un informe de la arquidiócesis, abusó de seis personas entre 1970 y 1982. Cuatro demandas terminaron en arreglo extrajudicial en 2006.	Fuente: *LA Times (AP) 8.13.94; San Francisco Gate 1.3.03; LA Archdiocesan Report 2.17.04 page 6; LA Times 3.14.06 ; LA Times 12.30.04; Santa Barbara News-Press 2.26.06; KansasBY 8.09.06; Santa Barbara Independent 8.10.06* Registros: *LA Times Database 4.20.06*
Van Liefde, Christopher Diocesano Los Ángeles, California	1973 Sa	Demandado	En 1992 una mujer lo denunció por conducta sexual inapropiada en 1973 y 1974. Se le concedió licencia en 2002. Hubo otra acusación en 2003. Demandado en 2003. Según informe de la arquidiócesis de Los Ángeles hubo dos acusadores y los hechos ocurrieron de 1971 a 1975.	Fuente: *The Wander 1.8.04; LA Archdiocesan Report 2.17.04 page 3; LA Times 8.18.02; USA Today 11.11.02 ; LA Daily News 6.20.02* Registros: *LA Archdiocesan Report Addendum 11.15.05; LA Times Database 4.20.06*

Van ter Toolen, Vincent Carmelitas Los Ángeles, California	? Sa	Acusado	Acusado de abuso entre 1962 y 1964. Dejó la arquidiócesis en 1970. En 2002 el acusador denunció abusos cometidos hacia 1961, cuando él tenía de tres a cinco años de edad. Van der Toolen murió. Mencionado en un informe de la arquidiócesis y en un juicio civil.	Fuente: *LA Archdiocesan Report 2.17.04 page 6* Registros: *LA Archdiocesan Report Addendum 11.15.05; LA Times Database 4.20.06*
Verhart, John Salesianos Los Ángeles, California	? H	Demandado	Una persona lo acusó de abusos sufridos de 1957 a 1958 según un informe arquidiocesano. Mencionado en al menos un juicio civil.	Fuente: *LA Archdiocesan Report 2.17.04 page 7* Registros: *LA Times Database 4.20.06*
Vetter, Henry Xavier Pasionistas Los Ángeles, California	1938 Sa	Demandado	Acusado en 1993 de abusos cometidos a principios de los años 60. Después hubo otras varias acusaciones de abusos en los años 60 y principios de los 70. Murió. Quizá haya trabajado en México tras dejar la arquidiócesis. Un informe de ésta consigna a siete acusadores, y hechos ocurridos de 1953 a 1973. Mencionado en al menos un juicio en 2003.	Fuente: *LA Archdiocesan Report 2.17.04 page 6; LA Archdiocesan Report Addendum 11.15.05* Registros: *LA Times Database 4.20.06*
Villa Gómez, Gillmero Nemoria Diocesano Los Ángeles, California	1957 Sa	Demandado	Acusado del abuso de una persona de 1964 a 1965 según un informe arquidiocesano. El nombre también aparece como «Gillmero Nemorio Villagómez» en ciertos directorios católicos oficiales. Jubilado. Citado en un juicio civil.	Fuente: *LA Archdiocesan Report 2.17.04 page 3* Registros: *LA Archdiocesan Report Addendum 11.15.05; LA Times Database 4.20.06*
Virtue, William D. Diocesano Joliet, Illinois	1975 Sa	Demandado	Acusado de abusos cometidos en la diócesis de Joliet en 1980 y 1981. Se le concedió licencia en febrero de 2006. Registro parcial de asignaciones en el artículo del 24 de febrero de 2006. No figura en la lista de abusadores confirmados emitida por la diócesis de Joliet el 9 de abril de 2006. Se entabló juicio civil en mayo de 2006. Trabajó en las diócesis de Joliet, Rockford y Peoria.	Fuente: *Pantagraph 2.24.06; The Herald News 4.11.06; CBS2chicago.com 5.24.06; Herald News 5.25.06* Registros: *Partial Assignment Record*

Vita, William S. Diocesano Los Ángeles, California	? Sa	Demandado	Acusado del abuso de una persona de 1947 a 1953 según la adenda de un informe arquidiocesano. Mencionado en un juicio civil.	Fuente: *LA Archdiocesan Report Addendum 11.15.05* Registros: *LA Times Database 4.20.06*
Wadeson, John H. Misioneros del Divino Verbo Los Ángeles, California	1969 Sa	Acusado	Acusado del abuso de dos personas de 1973 a 1977 según un informe arquidiocesano. También trabajó en las diócesis de Trenton, Nueva Jersey, y Portland, Oregon.	Fuente: *LA Archdiocesan Report 2.17.04 page 6* Registros: *LA Times Database 4.20.06*
Walls, David E. Diocesano Filadelfia, Pensilvania	1960 Sa	Acusado	Acusado del abuso de dos adolescentes, hermano y hermana, y de otra persona, de 1987 a 1988. Se le dio licencia administrativa en 1988, que en 2002 se prorrogó con restricciones; se añadieron restricciones en 2004. El caso se turnó al Vaticano para revisión.	Fuente: *Philadelphia Grand Jury Report;* *Philadelphia Inquirer 9.25.05* Registros: *Philadelphia Archdiocesan Priest Data Profile*
Walsh, James Joseph Diocesano Los Ángeles, California	? Sa	Demandado	Mencionado en un juicio (¿en 2003?) por una persona que lo acusaba de abusos cometidos en 1967 y 1968. Murió en 1984. Mencionado en la fe de erratas, número 1, de un informe de la arquidiócesis.	Fuente: *LA Archdiocesan Report Errata Notice # 1* Registros: *LA Times Database 4.20.06*
Ward, Robert A. Diocesano Boston, Massachusetts	1974 Sa	Acusado	Se formularon acusaciones según archivos diocesanos.	Fuente: *Boston Globe 12.12.02* Registros: *Boston Archdiocesan Assignment Record; Residence Change*
Warren, A. Thomas Diocesano Los Ángeles, California	1966 Sa	Acusado	Acusado del abuso de cinco personas en 1991 según un informe arquidiocesano. Su nombre se ha añadido a la lista de sacerdotes abusivos afiliados a la diócesis de Tucson, según un artículo de junio de 2004. Según éste, Warren murió en 2001.	Fuente: *LA Archdiocesan Report 2.17.04 page 3* Registros: *LA Times Database 4.20.06*

Weber, Francis J. Diocesano Los Ángeles, California	1941 Sa	Acusado	Acusado del abuso de dos personas en 1959 según un informe arquidiocesano. Murió en 1989. (Nació el 11 de febrero de 1914.)	Fuente: *LA Archdiocesan Report 2.17.04 page 3* Registros: *LA Times Database 4.20.06*
Weitz, Wilfred Benedictinos Los Ángeles, California	1936 Sa	Demandado	Acusado del abuso de una persona de 1959 a 1961 según un informe arquidiocesano. Murió en 1991. Mencionado en al menos un juicio.	Fuente: *LA Archdiocesan Report 2.17.04 page 6; LA Archdiocesan Report Addendum 11.15.05* Registros: *LA Times Database 4.20.06*
Welsh, Joseph L. Diocesano Boston, Massachusetts	1968 Sa	Acusado	Se le pidió la renuncia. Acusado de abuso.	Fuente: Boston Globe 9.12.02 Registros: *Boston Archdiocesan Assignment Record*
Wempe, Michael Edwin Diocesano Los Ángeles, California	1966 Sa	Declarado culpable	Acusado del abuso de 13 personas de 1972 a 1995 según un informe arquidiocesano. Demandado varias veces de 2002 a 2003. Los cargos penales originales se desecharon debido a un fallo de la Suprema Corte. Se le volvió a aprehender en 2003. Declarado culpable de un cargo penal en 2006. Condenado a tres años de cárcel en mayo de 2006.	Fuente: *Associated Press 9.11.03; LA Times 2.23.06; LA Archdiocesan Report 2.17.04 page 3; LA Times 8.18.02 ; LA Times 1.25.06; KTLA 5.05.06; Desert Press 5.06.06; Tribune (AP) 8.17.04; Pasadena Star-News 11.20.05; BA.Org Official Catholic Directory Story re Wempe; Contra Costa Times (AP) 6.30.03; LA Times 6.27.03; National Catholic Reporter 3.18.05 ; Contra Costa Times (AP) 7.29.06* Registros: *LA Archdiocesan Report Addendum 11.15.05; LA Times Database 4.20.06*
Weniger, Lawrence P. Diocesano Scranton, Pensilvania	? Sa	Acusado	Acusado de manosear a varios niños a mediados de los años 60. Un acusador dice que no puede creer que la diócesis no supiera de la conducta de Weniger. Murió en 1972. El obispo admitió ante un periódico en 2002 que se habían recibido acusaciones de varias personas después de la muerte de Weniger.	Fuente: *Times-Leader 7.9.06* Registros: *Times Leader 7.9.06*

White, Paul D.	1961	Arreglo extrajudicial	Arreglo extrajudicial en 1998. Acusado de haber abusado de un niño.	Fuente: *Boston Globe 1.31.02* Registros: *Boston Archdiocesan Assignment Record*
Diocesano Boston, Massachusetts	Sa			
Wiebler, William F.	1955	Demandado	Acusado de abusos cometidos en los años 70 y 80. Se jubiló en 1991. Hay varios juicios pendientes. Secularizado en mayo de 2006. Se entablaron otros dos juicios en mayo de 2006. También trabajó en la diócesis de Jackson, Mississippi.	Fuente: *Des Moines Register 7.8 04; Des Mointes Register 7.26.05; Press Citizen (AP) 5.12.06; Saint Louis Post Dispatch 5.13.06* Registros: *Detailed BA.org Assignment Record*
Diocesano Davenport, Iowa	Sa			
Wiejata, Sylwester	1996	Acusado	Acusado del abuso de una niña de 13 años en 2000. Bajo tratamiento en 1999 y con licencia en 2000. Secularizado en 2002.	Fuente: *Philadelphia Grand Jury Report* Registros: *Philadelphia Archdiocesan Priest Data Profile*
Diocesano Filadelfia, Pensilvania	Sa			
Wilson, James L. Diocesano Boston, Massachusetts	1990 Sa	Arreglo extrajudicial	Arreglo extrajudicial. Acusado de abuso.	Fuente: *Boston Globe 12.12.02* Registros: *Boston Archdiocesan Assignment Record*
Wishard, John W.	1962	Declarado culpable	Declarado culpable en 1980. Cópula oral con un niño. Cinco años de libertad condicional que terminó en 1982. El delito grave se redujo a leve en 1991 y luego se desechó. Ejerció como capellán de la policía y lo despidieron en 2002. Mencionado en un informe de la arquidiócesis.	Fuente: *USA Today 11.11.02; LA Archdiocesan Report 2.17.04 page 3; LA Times 8.18.02* Registros: *LA Times Database 4.20.06*
Diocesano Los Ángeles, California	Sa			

ANEXO

Wisniewski, Thomas J. Diocesano Filadelfia, Pensilvania	1974 Sa	Acusado	Acusado del abuso de un muchacho de 15 años de 1983 a 1987. Se le concedió licencia con restricciones en 2002. Se aumentaron las restricciones en 2004. Ahora su ministerio está bajo restricción permanente y vive bajo supervisión.	Fuente: *Philadelphia Grand Jury Report* Registros: *Philadelphia Archdiocesan Priest Data Profile*
Wolfe, Philip Mark Franciscanos Los Ángeles, California	1982 Sa	Declarado culpable	Declarado culpable en 1989 del abuso de un niño. Condenado a un año de cárcel y cinco de libertad condicional. Se suicidó en 1994. Mencionado en un informe de la arquidiócesis que consigna a tres acusadores y hechos ocurridos de 1975 a 1989. Un juicio civil entablado en 1991 terminó en arreglo extrajudicial en 1992. Estuvo en el seminario de San Antonio.	Fuente: *New York Times 12.01.93; LA Archdiocesan Report 2.17.04 page 6; Undated letter--Independent Board of Inquiry re St. Anthony Seminary; 1993 Report on Investigation of St. Anthony's Seminary* Registros: *LA Times Database 4.20.06*
Yakaitis, Michael T. Diocesano Chicago, Illinois	? Sa	Acusado	Acusado de abuso de adolescentes varones. Confesó y lo enviaron a terapia.	Fuente: *Maroon News (U de Chicago Student Newspaper) 2.12.05; NBC 5 Chicago 2.9.05* Registros: *BA.org Assignment Record*
Yeager, Robert J. Diocesano Toledo, Ohio	1962 Sa	Acusado	Según un artículo de 2004, los abogados de la diócesis llegaron a un arreglo extrajudicial con una presunta víctima de abuso. Yeager siguió siendo el principal recaudador de fondos de la diócesis. No se le dio licencia sino hasta mayo de 2006, cuando terminó la investigación de la diócesis y se declararon «creíbles» las acusaciones. Otra víctima lo ha denunciado. Se jubiló en 2005.	Fuente: *Toledo City Paper 9.2-8.04; Toledo Blade 5.24.06; Lima News 5.24.06; Advertiser-Tribune 5.25.06* Registros: *Toledo Blade 5.24.06*

* Fuente: Asociación Bishop & Accountability.

Manto Púrpura
de Sanjuana Martínez
se terminó de imprimir en **Noviembre** 2006 en
Comercializadora y Maquiladora Tucef, S.A. de C.V.
Venado N° 104, Col. Los Olivos
C.P. 13210, México, D. F.